报关实务

（第 2 版）

主　编　王海燕　朱文涛
副主编　李嘉倩

北京理工大学出版社
BEIJING INSTITUTE OF TECHNOLOGY PRESS

内容简介

本书以项目为导向，从报关从业人员的实际工作任务出发，主要通过与海关业务关系的建立、报关单证准备、进出口报关作业流程操作、进出口商品归类、进出口税费核算五个工作项目来学习报关的专业知识和技能。

本书体现了行动导向教学的核心思想，即以就业为导向，以企业实际工作流程为主线，采取项目教学。课程项目的选择和任务设计紧扣报关实际作业流程，同时与学生所学专业紧密结合，着重培养学生报关的专业核心能力，让学生感到整个学习过程均在职业活动的实际环境中进行，所涉及的知识有较强的针对性和实用性，从而激发学生的学习兴趣，激发学生自主学习的热情，同时让学生感到在完成任务的过程中实现了专业技能的提升。

本书可供高职高专院校报关与国际货运专业、物流管理专业及其他相关专业教学使用，也可作为报关行业从业人员的学习参考用书。

图书在版编目（CIP）数据

报关实务 / 王海燕，朱文涛主编. —2 版. —北京：北京理工大学出版社，2017.8（2022.1 重印）

ISBN 978-7-5682-4448-0

Ⅰ.①报…　Ⅱ.①王…②朱…　Ⅲ.①进出口贸易-海关手续-中国　Ⅳ.①F752.5

中国版本图书馆 CIP 数据核字（2017）第 181844 号

出版发行 / 北京理工大学出版社有限责任公司
社　　址 / 北京市海淀区中关村南大街 5 号
邮　　编 / 100081
电　　话 / (010)68914775(总编室)
　　　　　(010)82562903(教材售后服务热线)
　　　　　(010)68944723(其他图书服务热线)
网　　址 / http：//www. bitpress. com. cn
经　　销 / 全国各地新华书店
印　　刷 / 北京虎彩文化传播有限公司
开　　本 / 787 毫米×1092 毫米　1/16
印　　张 / 15
字　　数 / 353 千字
版　　次 / 2017 年 8 月第 2 版　2022 年 1 月第 5 次印刷
定　　价 / 45.00 元

责任编辑 / 周　磊
文案编辑 / 周　磊
责任校对 / 周瑞红
责任印制 / 李志强

再版前言

本书按照“项目导向、任务驱动、工学结合”的高职教育改革理念，以报关人才市场需求为导向，以报关员国家职业标准为依据，以企业报关工作过程为主线，从职业岗位所需技能出发，设计工作项目和工作任务。主要包括与海关的业务关系建立、报关单证准备、进出口报关作业流程操作、进出口商品归类、进出口税费核算等五个工作项目。

本书在编写过程中力求突出以下四个方面的特点：

（1）采用任务驱动、项目导向的教学模式。每个项目以实际业务作为背景，引出若干相关的任务；每个任务通过理论知识的掌握和实训技能的操练来实现学生对报关基础知识、基本理论和操作方法的了解和把握。

（2）强调实践性和操作性。本书在编写时重点突出对实际操作能力的培养，详细地阐述了报关业务过程中，各类海关监管货物报关业务的操作流程，以及所涉及的报关资格的获取、报关单证的填制与申请，商品归类和税费计算等工作，并附有相应的能力拓展任务。

（3）紧密跟进《中华人民共和国海关法》和其他相关法律、法规。报关工作与海关管理密不可分，本书内容依据海关法及相关法律法规的最新规定，同时也参阅了海关系统各类业务资料，力求报关工作与时俱进。

（4）以先进的教学理念贯穿始终。作为一本行动导向型的教材，本书突出对学生综合能力的培养，以学生为主体，通过采用角色扮演、项目实训、小组讨论等教学方法，配合二维码、教学软件等多媒体技术和现代教学技术手段，充分发挥学生自主学习的能动性，并培养学生的团队合作精神。

本书既可作为各类高等职业院校报关与国际货运专业、物流管理专业及其他相关专业的教学用书，也可作为报关行业管理人员和从业人员的培训教材或参考书。

本书由苏州健雄职业技术学院王海燕、朱文涛担任主编，李嘉倩担任副主编。同时，在本书的编写过程中，中国太仓外轮代理有限公司报关部潘建红经理在业务程序、项目设计和任务选定方面提供了具体的建议，并且在教材定稿期间，对教材提出了修改意见，使教材内容更贴近实际业务，因此，我们在此向其表示衷心感谢。

由于时间仓促及编者水平有限，本书难免存在不足和疏漏之处，敬请读者批评指正。我们将虚心吸取大家的意见和建议，不断完善和深化本书中的相关内容。

编　者

目录

项目一

与海关业务关系的建立

能力目标

1. 能熟练办理对外贸易经营者备案登记手续
2. 能正确办理报关单位的注册登记手续以及报关员的备案手续
3. 能通过调查等方式分析海关的构成、作用及权力等

知识目标

1. 掌握对外贸易经营者备案登记管理制度
2. 掌握报关单位、报关员的海关管理规定
3. 理解海关的性质、作用、权力和组织运行

案例导入

江苏太仓华丰有限责任公司（简称华丰公司），是一家于2009年12月28日新成立的公司，工商注册号为3205222415328，组织机构代码为78825466-2，主要从事服装加工生产。该公司地址为：太仓南郊新城区济南路100号，联系电话（传真）：0512-53980691。

华丰公司成立后，并不满足于国内市场，积极开拓国际市场。经多方接触洽谈后，终于在2017年3月1日取得了美国一家公司的女式大衣的加工订单，并且要于2017年9月月底之前将货品交付给位于洛杉矶的进口商。但是，华丰公司至今还未取得进出口经营权和报关权，那么该怎样办理相关手续呢？就此问题，华丰公司向太仓捷达报关公司进行业务咨询。太仓捷达报关公司派实习报关员小陈跟随王经理办理此事，王经理对小陈提出以下三个问题：

（1）华丰公司要取得这批女式大衣的进出口经营权，应该如何去办理对外贸易经营者备案登记手续？

（2）这批已经加工好的女式大衣要向海关申报出口，可以怎样报关？另外，如果想接受这批货物的委托报关工作，又该做些什么？

（3）在向海关进出口报关时，对于作为报关活动管理单位的海关，应该事先了解和掌握哪些信息？

案例思考

为了使学生更深入地了解对外贸易经营者获取进出口经营权，报关单位和报关员获得报关资格以及海关的性质、任务等，需要培养学生办理对外贸易经营者备案登记、办理报关单位和报关员的海关注册登记以及调研海关的职责等技能。为此，本项目围绕此案例对应设计了3个任务。

（1）办理对外贸易经营者备案登记手续。

（2）办理报关单位和报关员的注册登记手续。

（3）海关调研。

任务一　办理对外贸易经营者备案登记手续

任务目标

学生掌握对外贸易经营者备案登记制度，能够独立办理对外贸易经营者备案登记手续。

案例引入

工作项目中，江苏太仓华丰有限责任公司（简称华丰公司），是一家于2009年12月28日新成立的公司，工商注册号为3205222415328，组织机构代码为78825466-2，主要从事服装加工生产。该公司地址为：太仓南郊新城区济南路100号，联系电话（传真）：0512-53980691。华丰公司成立后，并不满足于国内市场，积极开拓国际市场。因此，该公司必须要办理对外贸易经营者备案登记手续，从而取得进出口经营权。

请以该公司名义完成此任务。

知识链接

对外贸易经营者备案登记管理制度

和平、发展、合作是当今世界潮流。改革开放以来，中国顺应经济全球化趋势，不断扩大对外开放，在平等互利的基础上积极同世界各国开展经贸合作。经过多年发展，对外贸易成为中国经济最为活跃、增长最快的部分之一，中国也成为排名世界前列的贸易大国。中国对外贸易的发展，将中国与世界更加紧密地联系起来，有力推动了中国的现代化建设，也促进了世界的繁荣与进步。

2001年12月11日，中国正式加入世界贸易组织（简称WTO）。15年来，中国经济融入全球经济的进程加快，中国对外贸易的活力进一步增强。2016年，我国货物贸易进出口总值24.33万亿元人民币，其中，出口13.84万亿元，进口10.49万亿元，贸易顺差3.35万亿元，我国继续保持货物贸易世界第一大国的地位。

一、对外贸易经营者

对外贸易经营者，是指依法办理工商登记或者其他执业手续，依照《中华人民共和国对外贸易法》和其他有关法律、行政法规、部门规章的规定从事对外贸易经营活动的法人、其他组织或者个人。

为了鼓励对外经济贸易的发展，发挥各方面的积极性，保障对外贸易经营者的对外经营自主权，我国制定了一系列法律、行政法规、部门规章，对对外贸易经营活动中涉及的相应内容进行规范，要求对外贸易经营者在进出口经营活动中必须遵守相应的法律、行政法规、部门规章。这些法律、行政法规、部门规章构成了我国的对外贸易经营者管理制度。对外贸易经营者管理制度是我国对外贸易管理制度之一。

二、备案登记制

对外贸易的快速发展得益于我国对外贸易体制改革的不断深化，具体过程见图 1-1。从 20 世纪 80 年代建立外贸经营权审批制度、鼓励设立出口型和技术先进型外商投资企业，到 20 世纪 90 年代赋予有条件的生产企业和科研院所外贸经营权、放宽经营资格标准，又到 2004 年 7 月 1 日起对外贸经营主体实行登记制，初步形成了与社会主义基本经济制度相适应的外贸经营体制，外贸政策的改变为我国对外贸易的发展增添了生机和活力。

根据 2004 年 7 月 1 日开始实施的《对外贸易经营者备案登记办法》，我国对从事外贸经营者的管理实行备案登记制，即法人、其他组织或者个人在从事对外贸易经营活动前，必须按照国家的有关规定，依法定程序在国务院商务主管部门备案登记，取得对外贸易经营资格后，方可在国家允许的范围内从事对外贸易经营活动。

对外贸易经营者未按照规定办理备案手续的，海关不予办理进出口货物的报关验放手续；对外贸易经营者可以接受他人的委托，在经营范围内代为办理对外贸易业务。

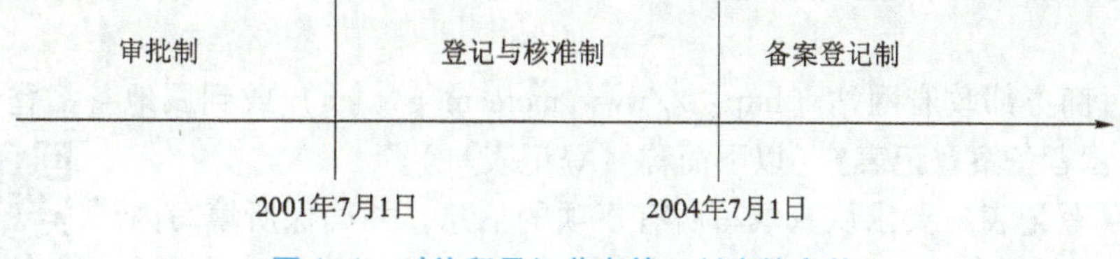

图 1-1　对外贸易经营者管理制度的变革

阅读资料

我国长期实行的外贸经营权审批制将于 2004 年 7 月 1 日起废止

（记者张毅）新修订的《中华人民共和国对外贸易法》（以下简称《外贸法》），将于 2004 年 7 月 1 日起正式实施。根据《外贸法》的有关规定，商务部日前制定发布了《对外贸易经营者备案登记办法》。自 2004 年 7 月 1 日起，取消对所有外贸经营主体外贸经营权的审批，改为备案登记制，个人履行法定程序后也可从事外贸经营活动。

外贸经营权审批制是从我国高度集中的计划经济垄断经营制度到市场经济制度之间的过渡。政府对外贸经营权的控制，在有外贸经营权和无外贸经营权的企业之间造成事实上的不平等。

根据加入世界贸易组织的承诺，我国将于 2004 年全面放开外贸经营权。新修订的《外贸法》明确将外贸经营权的获得由许可制改为登记制，并删除了对经营资格条件的要求。这种登记是一种自动登记的方式，不对外贸经营者取得经营权构成任何障碍，只为政府的监管提供一定的信息基础。

按照《对外贸易经营者备案登记办法》，企业只需填一张简单的登记表格，另外提供工商营业执照；如果是外商投资企业还需提供批准证书等文件，到备案登记机关备案后即可在5个工作日内办妥登记手续。这种登记是一种自动的、以收集信息为目的而进行的手续，不再是行政审批。

贸易权放开后，经营主体逐渐多元化，如何保证外贸秩序的健康发展呢？商务部有关权威人士指出，在放开贸易权的同时，规定备案登记的制度，使政府有关主管机关能够准确及时地掌握进出口贸易的实际信息，以维护贸易秩序，保障企业和国家的贸易利益。为了避免有些外贸经营者不履行应有的义务，从而给政府管理带来困难，新修订的《外贸法》将备案登记与海关的验放程序协调一致，最大限度地保障了政府主管机关对外贸秩序的有效监管，也有利于整体外贸的发展。

（资料来源：新华网 http：//www. xinhuanet. com/）

（一）备案登记机关

商务部是全国对外贸易经营者备案登记工作的主管部门。商务部对外贸易经营者备案登记管理工作实行全国联网和属地化管理。商务部委托符合条件的地方对外贸易主管部门（即备案登记机关）负责办理本地区对外贸易经营者备案登记手续，受理委托的备案登记机关不得自行委托其他机构进行备案登记。

（二）备案登记的程序

对外贸易经营者在本地区备案登记机关办理备案登记。对外贸易经营者备案登记程序包括：

（1）通过商务部政府网站（http：//www. mofcom. gov. cn）或到属地备案登记机关领取《对外贸易经营者备案登记表》（以下简称《登记表》）。

（2）按《登记表》要求认真填写所有事项的信息，并确保所填写内容是完整的、准确的和真实的；同时认真阅读《登记表》背面的条款，并由企业法定代表人或个体工商负责人签字、盖章。

商务部业务系统统一平台企业端——对外贸易经营者备案登记网站

（3）向备案登记机关提交相关备案登记材料，具体包括《登记表》、营业执照复印件、组织机构代码证书复印件，等等。

（4）备案登记机关应自收到对外贸易经营者提交的上述材料之日起5日内办理备案登记手续，在《登记表》上加盖备案登记印章。

（5）备案登记机关在完成备案登记手续的同时，应当完整准确地记录和保存对外贸易经营者的备案登记信息和登记材料，依法建立备案登记档案。

（6）对外贸易经营者应凭加盖备案登记印章的《登记表》在30日内到当地海关、检验检疫、外汇、税务等部门办理开展对外贸易业务所需的所有手续。逾期未办理的，其《登记表》自动失效。

商务部在线办事场景服务——对外贸易经营者备案登记系统网站

（7）《登记表》上的任何登记事项发生变更时，对外贸易经营者应在30日内办理《登记表》的变更手续，逾期办理变更手续的，其《登记表》自动失效。

三、国营贸易管理

（一）国营贸易管理的内容

为了对关系国计民生的重要进出口商品实行有效的宏观管理，国务院商务主管部门可以对部分进出口商品实施国营贸易管理。实行国营贸易管理的货物的进出口业务只能由经授权的企业经营，但国家允许部分数量的国营贸易管理货物的进出口业务由非授权企业经营的除外。

国营贸易企业是经国家特许，获得从事某类国营贸易管理货物进口经营权的企业或机构。进出口国营贸易企业名录由商务部确定、调整并适时公布。

目前，属于进口国营贸易管理的货物包括粮食（含小麦、玉米、大米）、棉花、食糖、原油、成品油、化肥等6种。进口上述货物需取得进口国营贸易资格。属于出口国营贸易管理的货物包括粮食（含玉米、大米）、棉花、钨、锑、白银等5种。出口上述货物需取得出口国营贸易资格。

未经批准擅自进出口实行国营贸易管理的货物，海关不予放行。

进出口国营贸易经营资格认定

（二）国营贸易管理的作用

1. 具有保护国内经济的积极作用

国家将国内有关国计民生的重要产品或国内需要重点保护行业的产品的进出口业务由国营贸易企业经营，一方面可以限制国外产品的大量无序进入对国内同类产品的产业造成损害，另一方面可以限制国内紧缺商品的出口，保障国内的充分供给。

2. 具有阻碍贸易自由化的消极作用

国营贸易的经营方式会削弱资源在世界范围内的流动，容易形成贸易纠纷和贸易壁垒，不利于世界贸易的公平竞争。

（三）我国实行国营贸易的承诺

（1）保证国营贸易企业的进口购买程序完全透明，符合《WTO协定》且应避免采取任何措施对国营贸易企业购买或销售的数量、价值或原产地施加影响，但是依据《WTO协定》进行的除外。

（2）应向世界贸易组织提供其国营贸易企业出口货物定价机制的全部信息。

任务实施

1. 完成步骤

（1）将学生分为5~6组，每组6~8人。

（2）以小组为单位，通过网络查找对外贸易经营者备案登记手续，了解并掌握操作流程及涉及的有关部门。

（3）设立一家从事进出口业务的外贸公司，制定公司章程，拟定公司注册资金等。

（4）到相关网站下载《对外贸易经营者备案登记表》，并根据要求填写完整。

（5）根据对外贸易经营者备案登记的实际流程，绘制备案登记流程图。

（6）在各组推荐的基础上，选定若干名学生在全班进行交流，并完成对这次任务的评价。

2. 考评标准（见表 1-1）

表 1-1 办理对外贸易经营者备案登记手续考评标准表

被考评人							
考评地点							
考评内容	办理对外贸易经营者备案登记手续						
考评标准	内 容	形式	分值	自我评价	他人评价	他组评价	教师评价
	公司介绍和公司章程可行，符合现实	电子	30				
	《对外贸易经营者备案登记表》填写准确	电子	30				
	登记备案流程图简洁、完整	纸质	30				
	展示过程表现良好（讲解流畅、语言清晰易懂）	阐述答辩	10				
合 计			100				
实际得分							

备注：

1. 实际得分 = 自我评价得分×20% + 他人评价得分×20% + 他组评价得分×20% + 教师评价得分×40%；
2. 考评满分为 100 分，60～74 分为及格，75～84 分为良好，85 分以上为优秀。

任务二 办理报关单位和报关员的海关注册登记手续

为了使报关专业的学生对今后工作单位和工作岗位完全熟悉和把握，具有岗位必备的知识和技能，需要学生具有办理报关单位注册登记、报关员备案的能力，同时熟悉报关岗位的内容。为此，本任务中设计了两个分任务。

分任务一 创建报关单位

任务目标

学生掌握海关对报关单位的管理内容，能够独立办理报关单位的海关注册登记手续。

案例引入

现设定本工作项目中的江苏太仓华丰有限责任公司（简称华丰公司），要进行自理报关，公司负责人要完成进出口货物收发货人的海关注册登记。如果是委托给太仓捷达报关公司进行代理报关，且太仓捷达报关公司还未注册成立，请以太仓捷达报关公司的名义进行公司创建。如太仓捷达报关公司成立 2 年后，因业务拓展，需要在南通和上海分别设立分支机构，进行海关注册登记。

请分别以华丰公司的名义和太仓捷达报关公司的名义创建报关单位。

知识链接

海关对报关单位的管理

一、报关

（一）报关的概念

报关是指进出口货物收发货人、进出境运输工具负责人、进出境物品的所有人或者其代理人向海关办理货物、物品或运输工具进出境手续及相关海关事务的过程。

《中华人民共和国海关法》（以下简称《海关法》）规定：“进出境运输工具、货物、物品，必须通过设立海关的地点进境或者出境。”因此，由设立海关的地点进出境并按规定办理海关手续是运输工具、货物、物品进出境的基本原则，也是进出境运输工具负责人、进出口货物收发货人、进出境物品的所有人应履行的一项基本义务。报关是与运输工具、货物及物品的进出境密切联系的一个概念。

需要说明的是，在进出境活动中，我们还经常使用“通关”这一概念。通关与报关既有联系又有区别。两者都是针对运输工具、货物、物品的进出境而言的，但报关是从海关行政管理相对人的角度，仅指向海关办理进出境手续及相关手续，而通关不仅包括海关行政管理相对人向海关办理有关手续，还包括海关对进出境运输工具、货物、物品依法进行监督管理，核准其进出境的管理过程。

思考：

报关与通关是不是一个概念？报关是通关的一个环节吗？

另外，在货物进出境过程中，有时还需要办理“报检”手续。报检也称报验，一般是指对外贸易关系人按照法律、行政法规、合同的规定或根据需要向进出口商品检验检疫机构申请办理检验、检疫、鉴定工作的手续，是进出口商品检验检疫工作的一个环节。一般而言，报检手续的办理要先于报关手续。

（二）报关的分类

1. 运输工具报关、货物报关和物品报关

由于海关对进出境运输工具、货物、物品的监管要求各不相同，因此履行运输工具报关、货物报关和物品报关的具体手续也各不相同。其中，进出境运输工具作为货物、人员及其携带物品的进出境载体，其报关主要是向海关直接交验随附的符合国际商业运输惯例的，能反映运输工具进出境合法性及其所承运货物、物品情况的合法证件、清单和其他运输单证，报关手续较为简单；进出境物品由于其非贸易性质，且一般限于自用、合理数量，其报关手续也很简单。进出境货物的报关较为复杂，为此，海关根据对进出境货物的监管要求，制定了一系列报关管理规范，并要求必须由具备一定的专业知识和技能且经海关核准的专业人员代表报关单位专门办理。

2. 进境报关和出境报关

海关对运输工具、货物、物品的进境和出境制定了不同的管理规定，所以运输工具、货物、物品根据进境或出境的目的不同分别形成了进境报关手续和出境报关手续。

3. 自理报关和代理报关

进出境运输工具、货物、物品的报关是一项专业性较强的工作，尤其是进出境货物的报关比较复杂，一些运输工具负责人、进出口货物收发货人或者物品的所有人，由于经济条件、时间、地点等方面的原因，不能或者不愿意自行办理报关手续，而委托代理人代为办理报关，从而形成了自理报关和代理报关两种报关类型。通常，我们所称的自理报关和代理报关主要是针对进出境货物的报关而言。

（1）自理报关。进出口货物收发货人自行办理报关业务称为自理报关。根据我国海关目前的规定，进出口货物收发货人必须依法向海关注册登记后方能自行办理报关业务。

（2）代理报关。代理报关是指接受进出口货物收发货人的委托并代理其办理报关业务的行为。我国海关法把有权接受他人委托办理报关业务的企业称为报关企业。报关企业必须依法取得报关企业注册登记许可并向海关注册登记后方能从事代理报关业务。

根据代理报关法律行为责任承担者的不同，代理报关又分为直接代理报关和间接代理报关。直接代理报关是指报关企业接受委托人（即进出口货物收发货人）的委托，以委托人的名义办理报关业务的行为；间接代理报关是指报关企业接受委托人的委托，以报关企业的名义办理报关业务的行为。在直接代理中，代理人代理行为的法律后果直接作用于被代理人，而在间接代理中，报关企业应当承担与进出口货物收发货人自己报关时所应当承担的相同的法律责任。目前，我国报关企业大多采用直接代理形式报关，经营快件业务的营运人等国际货物运输企业适用间接代理报关。

思考：

进出口货物收发货人能不能办理代理报关业务？

4. 口岸报关、属地报关与“属地+口岸”报关

（1）口岸报关，是指进出境货物由报关人在货物的进出境地海关办理海关手续的报关方式。

（2）属地报关，是指进出境货物由报关人在设有海关的货物指运地或起运地办理海关手续的报关方式。属地报关必须办理相应的转关手续。

（3）“属地+口岸”报关，是指进出境货物由报关人在属地海关办理申报手续，在口岸海关办理验放手续的报关方式。

5. 逐票报关与集中报关

（1）逐票报关，是指以每票货物为单位按规定的格式向海关申报，属于一种传统的报关方式。

（2）集中申报，是指对同一口岸多批次进出口的货物，经海关备案，收发货人可以先以清单方式申报办理货物验放手续，再以报关单形式集中办理其他海关手续的一种特殊通关方式。

6. 有纸报关与无纸报关

（1）有纸报关，是指报关员按海关规定的格式以书面形式向海关申报，属于传统申报

方式，其基本特点是手工操作。

（2）无纸报关，是指利用现代信息技术，采取联网方式，对进出口货物申报数据和报文进行自动处理的一种先进的报关方式，具有数据处理自动化程度高、通关速度快、成本低等特点。

（三）报关的基本内容

1. 进出境运输工具报关的基本内容

根据我国《海关法》规定，所有进出我国关境的运输工具必须经由设有海关的港口、车站、机场、国界孔道、国际邮件互换局（交换站）及其他可办理海关业务的场所申报进出境。进出境申报是运输工具报关的主要内容。

（1）运输工具申报的基本内容。总的说来，运输工具进出境报关时须向海关申明的主要内容有：运输工具进出境的时间、航次（车次）、停靠地点；运输工具进出境时所载运货物情况；运输工具服务人员名单及其自用物品、货币等情况；运输工具所载旅客情况；运输工具所载邮递物品、行李物品的情况；其他需要向海关申报清楚的情况。另外，运输工具报关时还需提交运输工具从事国际合法性运输必备的相关证明文件，如船舶国籍证书、吨税证书、海关监管簿、签证簿等，必要时还需出具保证书或缴纳保证金。

（2）运输工具舱单申报。为了适应国际海关合作的需要，促进国际贸易安全与便利进行，我国海关将运输工具舱单申报作为进出境运输工具报关的一个重要事项。

进出境运输工具舱单（以下简称舱单）是指反映进出境运输工具所载货物、物品及旅客信息的载体，包括原始舱单、预配舱单、装（乘）载舱单。原始舱单是指舱单传输人向海关传输的反映进境运输工具装载货物、物品或者乘载旅客信息的舱单；预配舱单是指反映出境运输工具预计装载货物、物品或者乘载旅客信息的舱单；装（乘）载舱单是指反映出境运输工具实际配载货物、物品或者载有旅客信息的舱单。

进（出）境运输工具载有（预计载有）货物、物品的，进出境运输工具负责人即舱单电子数据传输义务人应当按照海关备案的范围在规定时效向海关传输舱单电子数据，在海关接受原始舱单（预配舱单、装载舱单）主要数据传输后，方可办理货物、物品的进口申报手续或者是结关离境申请。

2. 进出境货物报关的基本内容

根据海关规定，进出境货物的报关业务应由依法在海关备案登记的报关员办理。进出境货物的报关业务包括：按照规定填制报关单，如实申报进出口货物的商品编码、实际成交价格、原产地及相应优惠贸易协定代码，并办理提交报关单证等与申报有关的事宜；申请办理缴纳税费和退税、补税事宜；申请办理加工贸易合同备案、变更和核销及保税监管等事宜；申请办理进出口货物减税、免税等事宜；办理进出口货物的查验、结关等事宜；办理应当由报关单位办理的其他事宜。

海关对不同性质的进出境货物规定了不同的报关程序和要求，具体内容在项目三中进行学习。

3. 进出境物品报关的基本内容

海关监管进出境物品包括行李物品、邮递物品和其他物品，三者在报关要求上有所不同。

《海关法》规定，个人携带进出境的行李物品、邮寄进出境的物品，应当以自用、合理数量为原则。对于行李物品而言，“自用”指的是进出境旅客本人自用、馈赠亲友而非为出售或出租，“合理数量”是指海关根据进出境旅客旅行目的和居留时间所规定的正常数量；对于邮递物品，则指的是海关对进出境邮递物品规定的征、免税限制。

自用合理数量原则是海关对进出境物品监管的基本原则，也是对进出境物品报关的基本要求。需要注意的是，对于通过随身携带或邮政渠道进出境的货物要按货物类别办理进出境报关手续。

思考：

在广告公司工作的李青，打算和朋友利用“十一”长假去日本迪士尼游玩。临行前单位委托他从日本购买一台尼康单反相机。于是，在回国时，她携带着这架单反相机进境。

分析讨论：该尼康相机应该按进出境物品报关，还是按进出境货物来报关？为什么？

（1）进出境行李物品的报关。当今世界上大多数国家的海关法律都规定对旅客进出境采用“红绿通道”制度。我国海关也采用了“红绿通道”制度。

我国海关规定，进出境旅客在向海关申报时，可以在分别以红色和绿色作为标记的两种通道中进行选择。带有绿色标志的通道称“无申报通道”（又称“绿色通道”），适用于携运物品在数量和价值上均不超过免税限额，且无国家限制或禁止进出境物品的旅客；带有红色标志的通道称“申报通道”（又称“红色通道”），适用于携带有应向海关申报物品的旅客。对于选择“红色通道”的旅客，必须填写《中华人民共和国海关进出境旅客行李物品申报单》（以下简称《申报单》）或海关规定的其他申报单证，在进出境地向海关作出书面申报。

（2）进出境邮递物品的报关。进出境邮递物品的申报方式由其特殊的邮递运输方式决定。我国是《万国邮政公约》的签约国，根据《万国邮政公约》的规定，进出口邮包必须由寄件人填写《报税单》（小包邮件填写绿色标签），列明所寄物品的名称、价值、数量，向邮包寄达国家的海关申报。进出境邮递物品的《报税单》和绿色标签随同物品通过邮政企业或快递公司呈递给海关。

（3）进出境其他物品的报关。

① 暂时免税进出境物品。

个人携带的暂时免税进出境物品须由物品携带者在进境或出境时向海关作出书面申报，并经海关批准登记，方可免税携带进出境，而且，应由本人附带出境或进境。

阅读资料：人肉代购将被限

② 享有外交特权和豁免权的外国机构或者人员进出境物品。

享有外交特权和豁免权的外国机构或者人员进出境物品包括外国驻中国使馆和使馆人员，以及外国驻中国领事馆、联合国及其专门机构和其他国际组织驻中国代表机构及其人员进出境的公务用品和自用物品。

外国驻中国使馆和使馆人员进出境公用、自用物品应当以海关核准的直接需用数量为限。其中公务用品是指使馆执行职务直接需用的进出境物品，包括：使馆使用的办公用品、办公设备、车辆；使馆主办或者参与的非商业性活动所需物品；使馆使用的维修工具、设备；使馆的固定资产，包括建筑装修材料、家具、家用电器、装饰品等；使馆用于免费散发的印刷品（广告宣传品除外）；使馆使用的招待用品、礼品等。自用物品是指使馆人员和与其共同生活的配偶及未成年子女在中国居留期间的生活必需用品，包括自用机动车辆（限摩托车、小轿车、越野车或9座以下的小客车）。

二、报关单位

（一）报关单位的概念

报关单位是指依法在海关登记注册的进出口货物收发货人和报关企业。《海关法》规定，“进出口货物收发货人、报关企业办理报关手续必须依法经海关注册登记。”《海关法》将报关单位划分为两类：进出口货物收发货人和报关企业。

1. 进出口货物收发货人

进出口货物收发货人是指依法直接进口或者出口货物的中华人民共和国境内的法人、其他组织或个人。一般而言，进出口货物收发货人指的是依法向国务院对外贸易主管部门或者其委托的机构办理备案登记的对外贸易经营者。对于一些未取得对外贸易经营者备案登记资格但按照国家有关规定需要从事非贸易性进出口活动的单位，如境外企业、新闻单位、经贸机构、文化团体等依法在中国境内设立的常驻代表机构，少量货样进出境的单位，国家机关、学校、科研院所等组织机构，临时接受捐赠、礼品、国际援助的单位，国际船舶代理企业等，在进出口货物时，海关也视其为进出口货物收发货人。

进出口货物收发货人经向海关注册登记后，只能为本单位进出口货物报关。

2. 报关企业

报关企业是指按照规定经海关准予注册登记，接受进出口货物收发货人的委托，以进出口货物收发货人的名义或者以自己的名义，向海关办理代理报关业务，从事报关服务的境内企业法人。

目前，我国从事报关服务的企业主要有两类：一类是主营国际货物运输代理等业务，兼营进出口货物代理报关业务的国际货物运输代理公司；另一类是主营代理报关业务的报关公司或报关行，即专业报关企业。

（二）报关单位的注册登记

根据《海关法》规定，进出口货物收发货人、报关企业办理报关手续，必须依法经海关注册登记。因此，向海关注册登记是进出口货物收发货人、报关企业向海关报关的前提条件。

1. 报关注册登记制度的概念

报关注册登记制度是指进出口货物收发货人、报关企业依法向海关提交规定的注册登记申请材料，经注册地海关依法对申请注册登记的材料进行审核，准予其办理报关业务的管理制度。

报关单位注册登记分为报关企业注册登记和进出口货物收发货人注册登记。报关企业应当经所在地直属海关或者其授权的隶属海关办理注册登记许可后，方能办理报关业务。进出口货物收发货人可以直接到所在地海关办理注册登记。

报关单位应当在每年6月30日前向注册地海关提交《报关单位注册信息年度报告》。报关单位所属人员从事报关业务的，报关单位应当到海关办理备案手续，海关予以核发证明报关单位可以在办理注册登记手续的同时办理所属报关人员备案。

2. 报关企业的注册登记

报关企业作为提供报关服务的企业，要有一定的经营规模、专业的报关人员和有经验的管理人员，并具备健全的组织机构和财务管理制度，同时应对报关服务市场有一定的了解。为此，海关对报关企业规定了具体的设立条件。报关企业注册登记应依法获得报关企业注册登记许可。

（1）注册登记许可。

① 报关企业设立条件。具备境内企业法人资格条件；法定代表人无走私记录；无因走私违法行为被海关撤销注册登记许可记录；有符合从事报关服务所必需的固定经营场所和设施；海关监管所需要的其他条件。

② 申请报关企业注册登记许可，应当提交的材料包括：《报关单位情况登记表》；企业法人营业执照副本复印件以及组织机构代码证书副本复印件（或“三证合一”、“多证合一”、“一照一码”的企业法人营业执照副本复印件，下同）；报关服务营业场所所有权证明或者使用权证明；其他与申请注册登记许可相关的材料。申请人按照规定提交复印件的，应当同时向海关交验原件。

③ 报关企业注册登记许可程序。申请人应当到所在地直属海关对外公布受理申请的场所向海关提出申请并递交申请注册登记许可材料。申请人可以委托代理人提出注册登记许可申请。申请人委托代理人代为提出申请的，应当出具授权委托书。

海关应根据法定条件和程序进行全面审查，于受理申请之日起 20 日内，将审查意见和全部申请材料报送直属海关。直属海关应当自收到申请的海关报送的审查意见之日起 20 日内作出决定。

④ 报关企业跨关区分支机构注册登记许可。报关企业在取得注册登记许可的直属海关关区外从事报关服务的，应当依法设立分支机构，并且向分支机构所在地海关备案。报关企业在取得注册登记许可的直属海关关区内从事报关服务的，可以设立分支机构，并且向分支机构所在地海关备案。

报关企业设立分支机构应当向其分支机构所在地海关提交的备案材料包括：《报关单位情况登记表》；报关企业《中华人民共和国海关报关单位注册登记证书》复印件；分支机构营业执照副本复印件以及组织机构代码证书副本复印件；报关服务营业场所所有权证明复印件或者使用权证明复印件；海关要求提交的其他备案材料。申请人按照规定提交复印件的，应当同时向海关交验原件。

（2）注册登记。申请人的申请符合法定条件的，海关应当依法作出准予注册登记许可的书面决定，并送达申请人，同时核发《中华人民共和国海关报关单位注册登记证书》。报关企业设立分支机构经审查符合备案条件的，海关应当核发《中华人民共和国海关报关单位注册登记证书》。申请人的申请不符合法定条件的，海关应当依法作出不准予注册登记许可的书面决定，并且告知申请人享有依法申请行政复议或者提起行政诉讼的权利。

报关企业注册登记许可期限为 2 年。被许可人需要延续注册登记许可有效期的，应当办理注册登记许可延续手续。报关企业分支机构备案有效期为 2 年，报关企业分支机构应当在有效期届满前 30 日持相关材料到分支机构所在地海关办理换证手续。报关企业办理注册登记许可延续手续，应当在有效期届满 40 日前向海关提出申请，同时提交规定的相关文件材料。依照海关规定提交复印件的，还应当同时交验原件。经审查认定符合注册登记许可条件，以及法律、行政法规、海关规章规定的延续注册登记许可应当具备的其他条件的，海关应当依法作出准予延续2年有效期的决定。报关企业应当在办理注册登记许可延续的同时办理换领《中华人民共和国海关报关单位注册登记证书》手续。

报关企业的企业名称、法定代表人发生变更的，应当持《报关单位情况登记表》《中华人民共和国海关报关单位注册登记证书》、变更后的工商营业执照或者其他批准文件及复印件，以书面形式到注册地海关申请变更注册登记许可。报关企业分支机构企业名称、企业性质、企业住所、负责人等海关备案内容发生变更的，应当自变更生效之日起30日内，持变更后的营业执照副本或者其他批准文件及复印件，到所在地海关办理变更手续。所属报关人员备案内容发生变更的，报关企业及其分支机构应当在变更事实发生之日起30日内，持变更证明文件等相关材料到注册地海关办理变更手续。

对被许可人提出的变更注册登记许可申请，注册地海关应当参照注册登记许可程序进行审查。经审查符合注册登记许可条件的，应当作出准予变更的决定，同时办理注册信息变更手续；经审查不符合注册登记许可条件的，海关不予变更其注册登记许可。

报关企业有下列情形之一的，海关应当依法注销注册登记许可：

（1）有效期届满未申请延续的；

（2）报关企业依法终止的；

（3）注册登记许可依法被撤销、撤回，或者注册登记许可证件依法被吊销的；

（4）由于不可抗力导致注册登记许可事项无法实施的；

（5）法律、行政法规规定的应当注销注册登记许可的其他情形。

海关依据规定注销报关企业注册登记许可的，应当同时注销该报关企业设立的所有分支机构。

3. 进出口货物收发货人的注册登记

进出口货物收发货人应当按照规定到所在地海关办理报关单位注册登记手续，应当提交下列文件材料，另有规定的除外：

（1）《报关单位情况登记表》；

（2）营业执照副本复印件以及组织机构代码证书副本复印件；

（3）对外贸易经营者备案登记表复印件或者外商投资企业（台港澳侨投资企业）批准证书复印件；

（4）其他与注册登记有关的文件材料。

申请人按照规定提交复印件的，应当同时向海关交验原件。

注册地海关依法对申请注册登记材料进行核对。经核对申请材料齐全、符合法定形式的，应当核发《中华人民共和国海关报关单位注册登记证书》。除海关另有规定外，进出口货物收发货人《中华人民共和国海关报关单位注册登记证书》长期有效。进出口货物收发货人在海关办理注册登记后，可以在中华人民共和国关境内口岸或者海关监管业务集中的地点办理本企业的报关业务。

下列单位未取得对外贸易经营者备案登记表，按照国家有关规定需要从事非贸易性进出口活动的，应当办理临时注册登记手续：

（1）境外企业，新闻、经贸机构，文化团体等依法在中国境内设立的常驻代表机构；

（2）少量货样进出境的单位；

（3）国家机关、学校、科研院所等组织机构；

（4）临时接受捐赠、礼品、国际援助的单位；

（5）其他可以从事非贸易性进出口活动的单位。

临时注册登记单位在向海关申报前，应当向所在地海关办理备案手续。特殊情况下可以向拟进出境口岸或者海关监管业务集中地海关办理备案手续。办理临时注册登记，应当持本单位出具的委派证明或者授权证明以及非贸易性活动证明材料。

临时注册登记的，海关可以出具临时注册登记证明，但是不予核发注册登记证书。临时注册登记有效期最长为1年，有效期届满后应当重新办理临时注册登记手续。

进出口货物收发货人企业名称、企业性质、企业住所、法定代表人（负责人）等海关注册登记内容发生变更的，应当自变更生效之日起30日内，持变更后的营业执照副本或者其他批准文件以及复印件，到注册地海关办理变更手续。

所属报关人员发生变更的，进出口货物收发货人应当在变更事实发生之日起30日内，持变更证明文件等相关材料到注册地海关办理变更手续。

进出口货物收发货人有下列情形之一的，应当以书面形式向注册地海关办理注销手续，海关在办结有关手续后，应当依法办理注销注册登记手续：

（1）破产、解散、自行放弃报关权或者分立成两个以上新企业的；

（2）被工商行政管理机关注销登记或者吊销营业执照的；

（3）丧失独立承担责任能力的；

（4）对外贸易经营者备案登记表或者外商投资企业批准证书失效的；

（5）其他依法应当注销注册登记的情形。

进出口货物收发货人未依照规定主动办理注销手续的，海关可以在办结有关手续后，依法注销其注册登记。

4. 报关单位的管理

报关单位应当妥善保管海关核发的注册登记证书等相关证明文件。发生遗失的，报关单位应当及时以书面形式向海关报告并说明情况。海关应当自收到情况说明之日起20日内予以补发相关证明文件。遗失的注册登记证书等相关证明文件在补办期间仍然处于有效期间的，报关单位可以办理报关业务。

报关单位向海关提交的纸质进出口货物报关单应当加盖本单位的报关专用章。报关专用章应当按照海关总署统一规定的要求刻制。

报关企业及其分支机构的报关专用章仅限在其取得注册登记许可或者备案的直属海关关区内使用。进出口货物收发货人的报关专用章可以在全关境内使用。

报关单位、报关人员违反规定，构成走私行为、违反海关监管规定行为或者其他违反《海关法》行为的，由海关依照《海关法》和《中华人民共和国海关行政处罚实施条例》的有关规定予以处理；构成犯罪的，依法追究刑事责任。

报关单位有下列情形之一的，海关予以警告，责令其改正，可以处1万元以下罚款：

（1）报关单位企业名称、企业性质、企业住所、法定代表人（负责人）等海关注册登记内容发生变更，未按照规定向海关办理变更手续的；

（2）向海关提交的注册信息中隐瞒真实情况、弄虚作假的。

（三）海关对报关单位的分类管理

为了鼓励企业守法自律，提高海关管理效率，保障进出口贸易的安全与便利，海关根据企业遵守法律、行政法规、海关规章、相关廉政规定和经营管理状况，以及海关监管、统计记录等，对在海关注册登记的进出口货物收发货人、报关企业的守法及进出口行为规范程度进行评估，划分出信用差别，按照 AA、A、B、C、D 共 5 个管理类别进行管理，并对企业的管理类别予以公开。

海关按照便利守法原则，对适用不同管理类别的企业，制定相应的差别管理措施，其中 AA 类企业为经海关验证的信用突出企业，A 类企业为信用良好企业，AA 类企业和 A 类企业适用相应的通关便利措施；B 类企业为信用一般企业，适用常规管理措施；C 类企业为信用较差企业，D 类企业为信用很差企业，C 类企业和 D 类企业适用严密监管措施。

全国海关实行统一的企业分类标准、程序和管理措施。

报关单位分类管理措施的实施：

(1) AA 类或者 A 类企业涉嫌走私被立案侦查或者调查的，海关暂停其与管理类别相应的管理措施。暂停期内，按照 B 类企业的管理措施实施管理。

海关总署第 255 号令——中华人民共和国海关企业信用管理暂行办法

(2) 企业仅名称或者海关注册编码发生变化的，其管理类别可以继续适用，但是有下列情形之一的，按照下列方式调整：

① 企业发生存续分立，分立后的存续企业承继分立前企业的主要权利义务或者债权债务关系的，其管理类别适用分立前企业的管理类别，其余的分立企业视为首次注册企业。

② 企业发生解散分立，分立企业视为首次注册企业。

③ 企业发生吸收合并，合并企业管理类别适用合并后存续企业的管理类别。

④ 企业发生新设合并，合并企业视为首次注册企业。

(3) 报关企业代理进出口货物收发货人开展报关业务，海关按照报关企业和进出口货物收发货人各自适用的管理类别分别实施相应的管理措施。

因企业的管理类别不同导致与应当实施的管理措施相抵触的，海关按照下列方式实施：

① 报关企业或者进出口货物收发货人为 C 类或者 D 类的，按照较低的管理类别实施相应的管理措施。

② 报关企业和进出口货物收发货人均为 B 类及以上管理类别的，按照报关企业的管理类别实施相应的管理措施。

(4) 加工贸易经营企业与承接委托加工的生产企业管理类别不一致的，海关对该加工贸易业务按照较低的管理类别实施相应的管理措施。

近年来，海关大力推进企业信用管理改革，在加强企业日常管理、全力履行监管职责的同时，落实对诚信守法企业差别化的监管措施，努力实现“诚信守法便利、失信违法惩戒”。AEO 制度就是海关对信用状况、守法程度和安全措施较好的企业进行认证，对通过认证的企业提供相应的通关便利。成为 AEO 认证的企业，意味着可享受到海关信用管理所释放的红利：通关待遇得到提升，通关时间缩短，通关成本降低，从而进一步提高企业的国际贸易竞争力。AEO 企业出口货物到 AEO 互认的国家（地区）时，可享受到对方海关进口通关便利。

AEO 是 Authorized Economic Operator 的简称，即“经认证的经营者”，由世界海关组织所倡导，通过构建海关与商界伙伴合作关系，来实现全球供应链贸易安全与便利的目标。

任务实施

1. 完成步骤

（1）将学生分为5～6组，每组6～8人。

（2）以小组为单位，从进出口货物收发货人和报关企业两方面实施任务。

（3）提交材料，办理华丰公司收发货人注册登记手续。

（4）申请太仓捷达报关公司名称预先核准。

（5）准备材料，申请太仓捷达报关公司注册登记许可。

（6）开立验资账户，办理验资报告。

（7）设立太仓捷达报关公司。

（8）填写注册登记申请书，办理太仓捷达报关公司注册登记手续。

（9）办理太仓捷达报关公司在南通和上海的分支机构注册登记手续。

（10）在各组推荐的基础上，选定若干名学生在全班进行交流，并完成对这次任务的评价。

2. 考评标准（见表1-2）

表1-2 创建报关单位考评标准表

被考评人							
考评地点							
考评内容	创建报关单位						
考评标准	内　容	形式	分值	自我评价	他人评价	他组评价	教师评价
	《报关企业注册登记许可（延续）申请书》和《报关企业（分支机构）注册登记申请书》的填写符合要求	电子	20				
	收发货人注册登记流程图、报关企业注册登记流程图设计合理、全面	纸质	20				
	报关单位的海关法律责任（可结合案例说明），请以PPT呈现	电子	30				
	展示过程表现良好（讲解流畅、语言清晰易懂）	阐述答辩	30				
	合　计		100				
	实际得分						

备注：

1. 实际得分=自我评价得分×20%+他人评价得分×20%+他组评价得分×20%+教师评价得分×40%；
2. 考评满分为100分，60～74分为及格，75～84分为良好，85分以上为优秀。

分任务二　成为报关员

任务目标

学生掌握报关员的工作内容并能够办理报关员的备案手续。

案例引入

现设定本工作项目中的太仓捷达报关公司实习报关员小陈，是一名利用暑假时间进行专业实习的大一学生。在为期一个多月的实习工作过程中，小陈深刻感受到报关岗位的重要性和挑战性，因而下定决心要认真学习，在不久的将来成为一名真正的报关员。

请以小陈的名义完成此任务。

知识链接

海关对报关员的管理

由于进出口货物的报关手续比较复杂，办理人员需要熟悉法律、税务、外贸、商品等知识，精通有关法律、法规、规章和掌握办理海关手续的技能。为此，我国海关规定进出口货物的报关业务应由经海关批准的专业人员代表进出口货物收发货人或者报关企业向海关办理。这些专业人员就是报关员。

一、报关员的沿革

旧中国洋关时期，在报关行工作的人员统称职员，均可代表本单位向海关报关，并无报关执业资格的限制。新中国成立初期，仍沿用这一做法。1953 年以后，在海关有关文件中开始出现"报关员"这一名词，但不是法律用语。改革开放初期，随着加工贸易的发展，东南沿海地区出现一支以报关为专职或固定职业的队伍，俗称报关员队伍。1983 年 4 月，原九龙海关文锦渡分关在广东省东莞县（今为东莞市）举办首期东莞县外贸公司报关员培训班，重点讲解了报关员注意事项及报关单内容。1983 年 7 月，海关总署下发《转发〈九龙海关关于举办首期报关员培训班情况报告〉的通知》，肯定了九龙海关的做法，并要求各地对照执行。这意味着"报关员"这一称谓得到海关总署的认可。

1985 年发布的《中华人民共和国海关对报关单位实施注册登记制度的管理规定》提出，报关员要接受海关培训，经考试合格发给报关员证，并凭此报关。1987 年实施的《海关法》规定，报关员应当经海关考核认可。1992 年实施的《中华人民共和国海关对报关单位和报关员的管理规定》，又明确规定报关员必须经过海关的业务培训和考核，具有报关员资格才能成为报关员，并对报关员的报关行为规则、义务和法律责任做了明确规定。

1997 年 4 月，海关总署发布了《中华人民共和国海关对报关员的管理规定》，决定实行报关员资格全国统一考试制度，废除各海关自行组织培训和考试并发放报关员证件的做法。根据上述规定，经考试合格取得报关员资格证书，经海关注册，获得报关员证后，才能从事报关活动。1997 年 12 月 25 日，首次报关员资格全国统一考试在全国范围内同时举行。

进入21世纪，海关对报关员的管理进一步完善：2003年3月，海关总署发布了《中华人民共和国海关关于报关员资格考试的管理规定》；2004年11月，海关总署发布了《中华人民共和国海关对报关员记分考核管理办法》；2005年11月，海关总署发布了《中华人民共和国海关关于报关员资格考试及资格证书管理办法》；2006年，海关总署先后发布了《中华人民共和国海关报关员执业管理办法》《报关员资格全国统一考试应试规则》和《报关员资格全国统一考试考生违纪行为处理规则》等规章和文件；2010年3月，海关总署发布了《中华人民共和国海关报关员资格考试及资格证书管理办法》。

2013年10月12日，海关总署发布公告，根据国务院简政放权、转变职能关于进一步减少资质资格类许可和认定的有关要求，海关总署结合群众路线教育实践活动，经过深入调研和广泛征求意见，决定改革现行报关从业人员资质资格管理制度，取消报关员资格核准审批，对报关人员从业不再设置门槛和准入条件，海关总署不再组织报关员资格全国统一考试。

2013年12月28日，第十二届全国人民代表大会常务委员会第六次会议通过了对《海关法》的修改。原《海关法》第十一条第一款规定："进出口货物收发货人、报关企业办理报关手续，必须依法经海关注册登记。报关人员必须依法取得报关从业资格。未依法经海关注册登记的企业和未依法取得报关从业资格的人员，不得从事报关业务。"现修改为"进出口货物收发货人、报关企业办理报关手续，必须依法经海关注册登记。未依法经海关注册登记，不得从事报关业务。"同时在其他相关条款中将"报关员"修改为"报关人员"。

《报关员国家职业标准（试行）》

2014年3月实施的《中华人民共和国海关报关单位注册登记管理规定》，将报关人员这一概念界定为：报关人员，是指经报关单位向海关备案，专门负责办理所在单位报关业务的人员。根据2007年中华人民共和国劳动和社会保障部、中华人民共和国海关总署联合制定的《报关员国家职业标准（试行）》，报关员是指从事向海关办理进出口货物的申报及相关事宜的人员。这样在海关不同法律规范中就出现了两个概念：一是"报关人员"，二是"报关员"。实际上，这两个概念并没有本质区别，只是从不同角度所进行的界定。从报关职业角度，报关从业人员统称为报关员；从法律角度，统称为报关人员。为便于表述，本教材所述报关员即指新修订海关法规中所指的报关人员。

二、报关员的备案

报关单位所属人员从事报关业务前，报关单位应当到注册地海关办理备案手续，备案时需提交《报关单位情况登记表（所属报关人员）》及拟备案报关人员身份证件复印件，并交海关验核有效身份证件原件。海关审核后核发《报关人员备案证明》。

海关不再核发《报关员证》。报关人员所持《报关员证》有效期在2014年3月12日及以前的，报关单位应当到注册地海关为该报关人员重新办理备案手续；有效期在2014年3月13日及以后的，无须重新办理备案手续，但如报关单位有需求的，也可以到海关领取该报关人员的备案证明。海关通过系统对报关单位的报关差错进行记录，但不再对报关人员进行报关业务岗位考核。

修订后的《报关单位注册登记管理规定》对报关员备案的规定如下：

（1）明确由报关单位为所属报关员办理海关有关手续。报关员与所属报关单位的劳动合同关系的真实性和有效性由报关单位负责，在《报关单位情况登记表》中注明并加盖公章确认。

（2）报关单位只需凭备案表和报关员身份证即可办理报关员备案。

（3）核发报关员卡，取消报关员证。报关员卡既是报关员的身份凭证，也是用来办理报关手续的业务卡。

（4）增加报关单位对报关员的法律责任。报关员在办理报关业务时的违法行为，报关单位要承担相应的法律责任并受到处罚。

报关员 IC 卡

三、海关对报关员的记分考核管理

为了维护报关秩序，提高报关质量，规范报关员的报关行为，保证通关效率，海关对报关员实行记分考核管理。报关员记分考核管理对象是在职报关员，海关对报关员的记分考核管理从性质上说是一种教育和管理措施，而不是行政处罚。

海关对报关员的记分考核，依据其报关单填制不规范、报关行为不规范的程度和行为性质，一次记分的分值分别是 1 分、2 分、5 分、10 分、15 分、30 分。记分周期从每年 1 月 1 日起至当年 12 月 31 日止，报关员在海关注册登记之日起至当年 12 月 31 日，不足 1 年的，按一个记分周期计算。报关员记分考核管理的具体量化标准见表 1-3。

表 1-3　报关员记分考核管理的具体量化标准

分值	序号	记分的原因	海关处理方式
记 1 分	①	电子数据报关单的有关项目填写不规范	退回，责令更正
	②	海关签印放行前，因报关员原因造成申报差错，报关单位要求修改申报单证，且未对国家贸易管制政策的实施、税费征收等造成危害	同意修改
	③	未按规定在纸质报关单证及随附单证上加盖报关专用章及其他印章或使用印章不规范	直接记分
	④	未按规定在纸质报关单及随附单证上签名盖章或者由其他人代表签名盖章	
记 2 分	①	海关签印放行前，因报关员填制报关单不规范，报关单位申请撤销申报单证，且未对国家贸易管制政策的实施、税费征收等造成危害	同意撤销
	②	报关员审核电子数据报关单时，要求报关员向海关解释、说明情况、补充材料或者要求提供货物样品等有关内容的，报关员拒不配合的	退回报关单

续表

分值	序号	记分的原因	海关处理方式
记5分	①	报关员自接到海关“现场交单”或“放行交单”通知之日起10日内，没有正当理由，未按照规定持打印的纸质报关单，备齐规定的随附单证，到货物所在地海关递交书面单证并办理相关海关手续	撤销报关单
	②	签印放行后，因报关员填制报关单不规范，报关单位向海关申请修改或者撤销报关单（因出口更换舱单除外），且不属于走私、偷逃税等违法违规性质	同意修改或撤销
	③	签印放行后，海关发现因报关员填制报关单不规范，报关单币值或者价格填报与实际不符且两者差额在100万元人民币以下，数量与实际不符且有4位数以下差值，经海关确认不属伪报，但影响海关统计	直接记分
记10分	①	出借本人报关员证件、借用他人报关员证件或者涂改报关员证件内容	
	②	签印放行后，海关发现因报关员填制报关单不规范，报关单币值或者价格填报与实际不符且两者差额在100万元人民币以下，数量与实际不符且有4位数以上差值，经海关确认不属伪报	
记20分	①	因违反海关监管规定行为被海关予以行政处罚，但未被暂停执业、取消报关从业资格	
记30分	①	因走私行为被海关予以行政处罚，但未被暂停执业、取消报关从业资格	

根据海关规定，记分达到30分的报关员，海关终止其报关员证效力，不再接受其办理报关手续。报关员应当参加注册登记地海关的报关业务岗位考核，经岗位考核合格之后，方可重新上岗。

任务实施

1. 完成步骤

（1）将学生分为5～6组，每组6～8人。

（2）以小组为单位，调查报关员的职业背景和发展趋势，形成调查报告。

（3）模拟报关员备案的过程。

（4）填写《报关单位情况登记表（所属报关人员）》。

（5）到报关单位实习，列出报关员的工作内容和执业禁止。

（6）在各组推荐的基础上，选定若干名学生在全班进行交流，并完成对这次任务的评价。

2. 考评标准（见表 1-4）

表 1-4　成为报关员评价标准表

被考评人							
考评地点							
考评内容	成为报关员						
考评标准	内　容	形式	分值	自我评价	他人评价	他组评价	教师评价
	报关员职业调查报告	电子	40				
	报关员学习网站（列举 4～5 个）	电子	10				
	《报关单位情况登记表（所属报关人员）》填写规范	电子	10				
	报关员的海关法律责任（可结合案例说明），请以 PPT 呈现	电子	20				
	展示过程表现良好（讲解流畅、语言清晰易懂）	阐述答辩	20				
合　计			100				
实际得分							

备注：

1. 实际得分 = 自我评价得分×20% + 他人评价得分×20% + 他组评价得分×20% + 教师评价得分×40%；
2. 考评满分为 100 分，60～74 分为及格，75～84 分为良好，85 分以上为优秀。

任务三　海关调研

任务目标

学生能够熟练搜集整理信息，制作海关知识 PPT，掌握海关的性质、任务、权力及组织结构。

案例引入

现设定本工作项目中太仓捷达报关公司实习报关员小陈，没有任何工作经验，对于报关活动的管理机构海关也是一无所知。于是，小陈的师傅王经理让她在工作的前两日，进入海关的报关大厅以熟悉海关的日常工作，并让她上网去了解海关的相关内容，要求她一周后提交一份有关海关解读的 PPT。

请以小陈的名义完成此任务。

知识链接

海关概述

一、海关的性质和任务

（一）海关的性质

1. 海关是国家行政机关

海关总署是国务院的直属机构之一，对内、对外代表国家行使行政管理权。

2. 海关是国家进出境监督管理机关

海关实施监督管理的对象是所有进出关境的运输工具、货物和物品。实施监督管理的范围是进出关境及与之有关的活动。

关境是指适用同一海关法或实行同一关税制度的领域，包括领水、领陆和领空。我国关境小于国境，我国单独关境有香港、澳门和台、澎、金、马单独关税区，在单独关境内，其各自实行单独的海关制度。欧盟作为由28个成员国组成的区域关税同盟，对于每个成员国来说，其关境大于国境。

3. 海关的监督管理是国家行政执法活动

海关执法必须依据《海关法》和其他法律、法规。海关事务属于中央立法事权，立法者为全国人大及其常务委员会和国务院。海关总署也可以根据法律和国务院的法规、决定、命令制定规章，作为执法依据的补充。各级省、市、自治区、直辖市人民代表大会和政府不得制定海关法律法规，地方法规、地方规章不是海关执法的依据。

（二）海关的任务

我国《海关法》规定，“中华人民共和国海关是国家的进出关境监督管理机关。海关依照本法和其他法律、行政法规，监管进出境的运输工具、货物、行李物品、邮递物品和其他物品，征收关税和其他税、费，查缉走私，并编制海关统计和办理其他海关业务。”其明确规定了海关的四项基本任务，分别是监管、征税、缉私和统计。

1. 监管

监管是海关最基本的任务。应注意的是，海关监管不是海关监督管理的简称，海关监管是依法对进出境运输工具、货物、物品的进出境活动所实施的一种行政管理，而海关监督管理则是海关全部行政执法活动的统称。

2. 征税

海关征税工作的基本法律依据是《海关法》与《关税条例》以及其他有关法律、行政法规。征税工作包括征收关税和进口环节海关代征税。

关税是国家中央财政收入的重要来源，是国家宏观经济调控的重要工具，也是世界贸易组织允许各缔约方保护其境内经济的一种手段。关税的征收主体是国家，由海关代表国家行使征收关税的职能。关税的课税对象是进出口货物和进出境物品。

3. 缉私

查缉走私是海关为保证顺利完成监管和征税等任务而采取的保障措施。查缉走私是指海关依照法律赋予的权力，在海关监管场所和海关附近的沿海沿边规定地区，为发现、制止、打击、综合治理走私活动而进行的一种调查和惩处活动。

走私是指进出境活动的当事人或相关人违反《海关法》及有关法律、行政法规，逃避海关监管，偷逃应纳税款、逃避国家有关进出境的禁止性或者限制性管理，非法运输、携带、邮寄国家禁止、限制进出境或者依法应当缴纳税款的货物、物品进出境，或者未经海关许可并且未缴应纳税款、交验有关许可证件，擅自将保税货物、特定减免税货物以及其他海关监管货物、物品、进境的境外运输工具在境内销售的行为。它以逃避监管、偷逃税款、牟取暴利为目的，扰乱经济秩序，冲击民族工业，对国家危害性极大，必须予以严厉打击。

国家实行联合缉私、统一处理、综合治理的缉私制度。应注意的是，各有关行政部门查获的走私案件，应当给予行政处罚的，均应移送海关依法处理。

4. 统计

凡是实际进出境并引起境内物质存量增加或减少的货物以及进出境物品超过自用合理数量的，均列入海关统计。对于部分不列入海关统计的货物和物品，则根据需要实施单项统计。

海关统计是海关依法对进出口货物贸易的统计，是国民经济统计的组成部分，是国家制定对外经济贸易政策、进行宏观经济调控、实施海关严密高效管理的重要依据，是研究我国对外贸易经济发展和国际经济贸易关系的重要资料。

以上4项基本任务是一个统一的有机联系的整体。除上述4项基本任务外，知识产权海关保护、海关反倾销、反补贴调查等也是海关的任务。

二、海关的权力

（一）海关权力的特点

1. 特定性

《海关法》规定，“海关是国家进出关境监督管理机关。”因此，只有海关才具有进出关境的监督管理权，其他任何机关、团体及个人都不具有这种权力。海关的这种权力只适用于进出关境监督管理领域。

2. 独立性

海关行使职权只对法律和上级海关负责，不受地方政府、其他机关单位或个人的干预。

3. 效力特定性

海关行政行为一经作出，就应推定其符合法律规定，即使管理相对人认为海关行政行为侵犯其合法权益，也必须遵守和服从。应注意的是，对效力特定性的理解应与对海关行政裁定、海关行政复议等海关事务的理解结合起来。

4. 优益性

海关在行使行政职权时，依法享有一定的行政优先权和行政收益权。

（二）海关权力行使的基本原则

1. 合法原则

一是主体资格合法。涉税走私犯罪案件的侦察权，只有缉私警察才能行使，并且海关行使某些权力时应经“授权或批准”，否则不能擅自行使这些权力；二是须有法律规范为依据，无法律规范授权的执法行为应属无效。应注意的是，对管理相对人来说，尽管属于无效，但也必须服从与遵守；三是程序合法；四是一切行政违法主体都应承担相应的法律责任。

2. 适当原则

海关关员可以根据具体情况和自己的意志，自行判断和选择采取最合适的行为方式及手段来行使职权，因此要遵循适当原则。为了防止自由裁量权的滥用，目前进行监督的法律途径主要有行政监督（行政复议）和司法监督（行政诉讼）程序。

3. 依法独立行使原则

《海关法》第三条规定，“海关依法独立行使职权，向海关总署负责。”

4. 依法受到保障原则

《海关法》规定，海关人员依法执行职务，有关单位和个人应如实回答询问并予以配合，任何单位和个人不得阻挠；海关人员执行职务受到暴力抗拒时，执行有关任务的公安机关和人民武装警察部队应当予以协助。

（三）海关权力的内容

根据《海关法》和其他法律、行政法规，海关的权力主要包括：行政许可权、税费征收权、行政检查权、行政强制权、行政处罚权和其他权力。

1. 行政许可权

行政许可权是指海关依据《中华人民共和国行政许可法》《海关法》及《海关实施〈中华人民共和国行政许可法〉办法》的规定，所具有的对公民、法人或者其他组织的申请，经依法审查、准予其从事与海关进出境监督管理相关的特定活动的权力。海关的行政许可权主要包括报关企业注册登记、海关监管货物仓储审批、承运境内海关监管货物的运输企业车辆注册、暂时进出境货物的核准、免税商店设立审批、保税仓库设立审批、加工贸易业务核准等许可。

2. 税费征收权

税费征收权是指海关依据《海关法》《进出口税则》《进出口关税条例》以及《中华人民共和国海关进出口货物征税管理办法》的规定，所具有的对进出境的货物、物品和运输工具行驶征收税费的职权。海关的税费征收权主要包括：审定进出口货物的完税价格、化验鉴定对商品进行归类、依法补征追征税款、依法减征或免征关税。

海关总署行政审批事项公开目录

3. 行政检查权

行政检查权是海关保证其行政管理职能得以履行的基本权力，主要包括：

（1）检查权。海关有权检查进出境运输工具，检查有走私嫌疑的运输工具和有藏匿走私货物、物品的场所，检查走私嫌疑人的身体。海关对进出境运输工具的检查不受海关监管区域的限制。对走私嫌疑人身体的检查，应在海关监管区和海关附近沿海沿边规定地区内进行。对于有走私嫌疑的运输工具和有藏匿走私货物、物品嫌疑的场所，在海关监管区和海关附近沿海沿边规定地区内，海关人员可直接检查，超出这个范围，在调查走私案件时，须经直属海关关长或者其授权的隶属海关关长批准，才能进行检查，但不能检查公民住处。详情参见表1-5。

表 1-5　海关检查权的行使一览表

对象	区域	检查权的行使
进出境运输工具	"两区"内 "两区"外	可直接检查
有走私嫌疑的运输工具	"两区"内	可直接检查
	"两区"外	经直属海关关长或其授权的隶属海关关长批准方可检查
有藏匿走私货物、物品嫌疑的场所	"两区"内	可直接检查
	"两区"外	① 不能检查公民住处； ② 在调查走私案件，经直属海关关长的批准或其授权的隶属海关关长批准方可检查
走私嫌疑人	"两区"内	可直接检查
	"两区"外	不能行使

（2）查验权。海关有权查验进出境货物、物品。海关查验货物认为必要时，可以直接提取货样。

（3）施加封志权。根据《海关法》的规定，海关对所有未办结海关手续、处于海关监管状态的进出境货物、物品、运输工具，有权施加封志。

（4）查阅、复制权。此项权力包括查阅进出境人员的证件，查阅与进出境运输工具、货物、物品有关的合同、发票、账册、单据、记录等相关资料。

（5）查问权。海关有权对违反《海关法》或者其他有关法律、行政法规的嫌疑人进行查问，调查其违法行为。

（6）查询权。海关在调查走私案件时，经直属海关关长或者其授权的隶属海关关长批准，可以查询案件涉嫌单位和涉嫌人员在金融机构、邮政企业的存款、汇款。

（7）稽查权。自进出口货物放行之日起3年内或者在保税货物、减免税进口货物的海关监管期限内及其后的3年内，海关可以对与进出口货物直接有关的企业、单位的会计账簿、会计凭证、报关单证以及其他有关资料和有关进出口货物实施稽查。根据《稽查条例》的规定，海关进行稽查时，可以行使下列职权：询问被稽查人的法定代表人、主要负责人和其他有关人员与进出口活动有关的情况和问题；检查被稽查人的生产经营场所；查询被稽查人在商业银行或者其他金融机构的存款账户；封存有可能被转移、隐匿、篡改、毁弃的账簿、单证等有关资料；封存被稽查人有违法嫌疑的进出口货物等。

4. 行政强制权

行政强制权是《海关法》及相关法律、行政法规得以贯彻实施的重要保障。具体包括：

（1）扣留权。海关在下列情况下可以行使扣留权（详见表1-6）。

① 对违反《海关法》或者其他有关法律、行政法规的进出境运输工具、货物和物品以及与之有关的合同、发票、账册、单据、记录、文件、业务函电、录音录像制品和其他资料，可以扣留。

② 在海关监管区和海关附近沿海沿边规定地区，对有走私嫌疑的运输工具、货物、物

品和走私犯罪嫌疑人，经直属海关关长或者其授权的隶属海关关长批准，可以扣留；对走私犯罪嫌疑人，扣留时间不得超过 24 小时，在特殊情况下可以延长至 48 小时。

③ 在海关监管区和海关附近沿海沿边规定地区以外，对其中有证据证明有走私嫌疑的运输工具、货物、物品，可以扣留。海关对查获的走私犯罪嫌疑案件，应扣留走私犯罪嫌疑人，移送海关侦查走私犯罪公安机构。

表 1–6　海关扣留权的行使一览表

<table>
<tr><th>对　象</th><th>区域</th><th>授　权</th></tr>
<tr><td rowspan="2">违反《海关法》或其他法律法规的进出境运输工具、货物、物品以及合同、发票等</td><td>“两区”内</td><td rowspan="2">直接扣留</td></tr>
<tr><td>“两区”外</td></tr>
<tr><td rowspan="2">有走私嫌疑的进出境运输工具、货物、物品</td><td>“两区”内</td><td>经直属海关关长或其授权的隶属海关关长批准可以扣留</td></tr>
<tr><td>“两区”外</td><td>经直属海关关长或其授权的隶属海关关长批准，在实施检查时，对其中有证据证明有走私嫌疑的，可直接扣留</td></tr>
<tr><td rowspan="2">走私犯罪嫌疑人</td><td>“两区”内</td><td>经直属海关关长或其授权的隶属海关关长批准可以扣留</td></tr>
<tr><td>“两区”外</td><td>无授权，不能行使</td></tr>
</table>

（2）提取货物变卖、先行变卖权。进口货物超过 3 个月未向海关申报，海关可以提取并依法变卖处理；进口货物收货人或其所有人声明放弃的货物，海关有权提取并依法变卖处理；海关依法扣留的货物、物品，不宜长期保留的，经直属海关关长或其授权的隶属海关关长批准，可以先行依法变卖；在规定期限内未向海关申报的以及误卸或溢卸的不宜长期保留的货物，海关可以按照实际情况提前变卖处理。

（3）强制扣缴和变价抵缴关税权。进出口货物的纳税义务人、担保人超过规定期限未缴纳税款的，经直属海关关长或者其授权的隶属海关关长批准，海关可以做出以下行为：

① 书面通知其开户银行或者其他金融机构从其存款内扣缴税款。

② 将应税货物依法变卖，以变卖所得抵缴税款。

③ 扣留并依法变卖其价值相当于应纳税款的货物或者其他财产，以变卖所得抵缴税款。

（4）抵缴、变价抵缴罚款权。根据《海关法》的规定，当事人逾期不履行海关处罚决定又不申请复议或者向人民法院提起诉讼的，海关可以将其保证金抵缴罚款，或者将其被扣留的货物、物品、运输工具依法变价抵缴罚款。

（5）其他特殊行政强制权。

① 滞报金、滞纳金征收。海关对超期申报货物征收滞报金；对于逾期缴纳进出口税费的，征收滞纳金。

② 处罚担保。根据《海关法》及有关行政法规的规定，对于有违法嫌疑的货物、物品、运输工具无法或不便扣留的，或者有违法嫌疑但依法不应予以没收的货物、物品、运输工

具，当事人申请先予放行或解除扣留的，海关可要求当事人或者运输工具负责人提供等值担保。未提供等值担保的，海关可以扣留当事人等值的其他财产；受海关处罚的当事人在离境前未缴纳罚款，或未缴清依法被没收的违法所得和依法被追缴的货物、物品、走私运输工具的等值价款的，应当提供相当于上述款项的担保。

③ 税收担保。经海关批准的暂准进出境货物、保税货物，其收发货人须缴纳相当于税款的保证金或者提供其他形式的担保后，才可准予暂时免纳关税。

④ 税收保全。进出口货物纳税义务人在规定的纳税期限内有明显的转移、藏匿其应税货物以及其他财产迹象的，海关可以责令其提供担保，纳税义务人不能提供纳税担保的，经直属海关关长或者其授权的隶属海关关长批准，海关可以采取下列税收保全措施：A. 书面通知纳税义务人开户银行或者其他金融机构暂停支付纳税义务人相当于应纳税款的存款；B. 扣留纳税义务人价值相当于应纳税款的货物或者其他财产。

5. 行政处罚权

海关有权对尚未构成走私罪的违法当事人处以行政处罚，包括对走私货物、物品及违法所得处以没收，对有走私行为和违反海关监管规定行为的当事人处以罚款，对有违法实情的报关企业和报关员处以暂停或取消报关资格的处罚等。

6. 其他权力

（1）配备武器权。海关为履行职责，可以配备武器。海关工作人员佩带和使用武器的规定，由海关总署会同公安部制定，报国务院批准。根据海关总署、公安部联合发布《海关工作人员使用武器和警械的规定》，海关使用的武器包括轻型枪支、电警棍、手铐以及其他经批准可使用的武器和警械。武器和警械使用范围为执行缉私任务时；使用对象为走私分子和走私嫌疑人；使用条件必须是在不能制服被迫逃逸的走私团体或遭遇武装掩护走私，不能制止走私分子或者走私嫌疑人以暴力劫夺查扣的走私货物、物品和其他物品，以及以暴力抗拒检查、抢夺武器和警械、威胁海关工作人员生命安全非开枪不能自卫时。

（2）连续追缉权。进出境运输工具或者个人违抗海关监管逃逸的，海关可以连续追至海关监管区和海关附近沿海沿边规定地区以外，将其带回处理。这里所称的“逃逸”，既包括进出境运输工具或者个人违抗海关监管，自海关监管区和海关附近沿海沿边规定地区向内（陆地）一侧逃逸，也包括向外（海域）一侧逃逸。海关追缉时需保持连续状态。

阅读资料：黄埔海关联合公安机关破获特大假冒商标休闲鞋案

（3）行政裁定权。包括应对外贸易经营者的申请，对进出口商品的归类、进出口货物原产地的确定、禁止进出口措施和许可证件的适用等海关事务的行政裁定的权力。

（4）行政奖励权。包括对举报或者协助海关查获违反《海关法》案件的有功单位和个人给予精神或者物质奖励的权力。

思考：

海关知识产权保护的重要意义是什么？海关知识产权保护有哪两种模式，是如何展开的？

三、海关的管理体制

1. 海关的管理体制

1987年1月，第六届全国人民代表大会常务委员会第十九次会议审议通过的《海关法》规定，“国务院设立海关总署，统一管理全国海关”，“海关依法独立行使职权，向海关总署负责，确定了海关总署作为国务院直属部门的地位，进一步明确了海关机构的隶属关系，把海关集中统一的垂直领导体制以法律的形式予以确立”。

2. 海关的设关原则

《海关法》以法律形式明确了海关的设关原则：“国家在对外开放的口岸和海关监管业务集中的地点设立海关。海关的隶属关系，不受行政区划的限制。”

“对外开放的口岸”是指由国务院批准，允许运输工具及所载人员、货物、物品直接出入国（关）境的港口、机场、车站以及允许运输工具、人员、货物、物品出入国（关）边境通道。国家规定，在对外开放的口岸必须设置海关、出入境检验检疫机构。

“海关监管业务集中的地点”是指虽非国务院批准对外开放的口岸，但是海关某类或者某几类监管业务比较集中的地方，如转关运输监管、保税加工监管等。

这一设关原则为海关管理从口岸向内地，进而向全关境的转化奠定了基础，同时也为海关业务制度的发展预留了空间。

3. 海关的组织机构

海关机构的设置为海关总署、直属海关和隶属海关三级。海关总署下设广东分署，在上海和天津设立特派员办事处，作为其派出机构，海关总署领导并组织全国海关贯彻实施《海关法》和国家有关政策、行政法规；直属海关由海关总署领导，向海关总署负责，直属海关负责管理一定区域范围内的海关业务，目前直属海关共有41个；隶属海关由直属海关领导，向直属海关负责，隶属海关负责办理具体海关业务，是海关进出境监督管理职能的基本执行单位。

海关缉私警察是专职打击走私犯罪活动的警察队伍。1998年，根据党中央、国务院的决定，由海关总署、公安部联合组建走私犯罪侦查局，设在海关总署。走私犯罪侦查局既是海关总署的一个内设局，又是公安部的一个序列局，实行海关总署和公安部双重领导，以海关领导为主的体制。走私犯罪侦查局在广东分署和全国各直属海关设立走私犯罪侦查分局，在部分隶属海关设立走私犯罪侦查支局。各级走私犯罪侦查机关负责其所在海关业务管辖区域内的走私犯罪案件的侦查工作。从2003年1月1日开始，各级海关走私犯罪侦查部门同意更名，“侦查局”改为“缉私局”。

任务实施

1. 完成步骤

（1）将学生分为5～6组，每组6～8人。

（2）以小组为单位，认领海关调研任务：

① 海关的性质和任务。

② 海关的权力（前3个）。

③ 海关的权力（后3个）。

④ 海关的领导体制和组织结构。
⑤ 海关知识产权保护。
⑥ 海关反倾销等 6 个 PPT 其中之一。
（3）可以到当地海关实地调查访谈，掌握第一手资料。
（4）也可以通过网络，到海关总署和各地海关的网站进行查找，了解相关资料。
（5）对搜集到的视频、图片、案例等信息资料，进行归纳整理，并制作出相关 PPT。
（6）各组推荐 1 名学生在全班进行交流，并完成对这次任务的评价。

2. 考评标准（见表 1-7）

表 1-7　海关调研考评标准表

被考评人							
考评地点							
考评内容	海关调研						
考评标准	内　　容	形式	分值	自我评价	他人评价	他组评价	教师评价
	PPT（要求内容丰富、制作精良）	电子	60				
	展示过程表现良好（要求讲解流畅、语言清晰易懂）	阐述答辩	40				
合　　计			100				
实际得分							

备注：
1. 实际得分 = 自我评价得分×20% + 他人评价得分×20% + 他组评价得分×20% + 教师评价得分×40%；
2. 考评满分为 100 分，60～74 分为及格，75～84 分为良好，85 分以上为优秀。

岗位操作必备知识点

1. 报关的概念
2. 自理报关和代理报关
3. 口岸报关、属地报关与“属地+口岸”报关
4. 逐票报关与集中报关
5. 有纸报关和无纸报关
6. 海关的任务
7. 海关权力的内容
8. 海关的管理体制（垂直领导体制、海关设关原则）
9. 报关单位的概念
10. 进出口货物收发货人
11. 报关企业
12. 报关注册登记制度的概念
13. 进出口货物收发货人注册登记

14. 报关企业注册登记许可
15. 报关企业注册登记
16. 报关单位注册登记证书的时效
17. 报关单位的变更登记及注销登记
18. 进出口货物收发货人管理类别的设定
19. 报关企业管理类别的设定
20. 报关单位分类管理措施的实施
21. 报关单位海关法律责任的原则性规定
22. 报关单位违反海关监管规定的行为及处罚
23. 报关员的概念
24. 报关员的备案
25. 报关员的海关记分考核管理
26. 报关员的海关法律责任

能力迁移

［实训题一］

扬子江公司是 2012 年 8 月在江苏南京成立的一家外商投资企业，主营涤纶丝的生产，尚未办理进出口备案手续，也未注册登记为报关单位，现因业务需要，要拓展国外市场，货物主要从南京、上海口岸进出境。扬子江公司安排小杨去办理相关的手续，小杨应携带材料到哪里去办理什么手续？

任务 1：如何获得对外贸易进出口经营权？

任务 2：取得进出口经营权后，货物进出口会涉及哪些部门，所以还要去哪些部门备案注册？

任务 3：到这些部门备案注册时会提交哪些主要材料？

［实训题二］

江苏省扬子江有限责任公司是新成立的企业，从事服装加工生产，并与印度某公司签订了加工合同，但是扬子江公司至今尚未获得报关权。那么扬子江公司的服装若出口到印度，该办理哪些相关手续呢？

任务 1：进行对外贸易经营者的备案登记。

任务 2：进行海关注册登记。

任务 3：思考如何准备报关单据。

项目二

报关单证准备

能力目标

1. 能依照法律法规规定，依法及时获取各种随附单证
2. 能准确、熟练地填制纸质进出口报关单各栏目信息
3. 能快速、准确地录入电子数据进出口货物报关单

知识目标

1. 掌握进出口货物海关监管条件、贸易管制制度和主要管理措施
2. 掌握报关单种类及作用，报关单填制规范
3. 掌握报关软件的操作，以及报关单电子录入注意事项

案例导入

我们仍以江苏太仓华丰有限责任公司为例。目前，华丰公司已取得进出口经营权，太仓捷达报关公司小陈，在海关注册登记获得报关员证书后，开始着手准备报关。

第一步工作就是要准备好报关单证，这样才能向海关递单申报。于是，她在自学及王经理的帮助下，开始了这项任务。那么这项任务具体包括哪些工作呢？需要如何去准备好报关单证？报关单证又包括哪些呢？

案例思考

（1）报关单证包括哪些？随附单证应该如何申领获取？

（2）进出口货物报关单如何填写？

（3）报关信息如何怎样快速准确地录入报关软件系统？

工作任务：

（1）获取报关随附单证。

（2）填制纸质报关单。

（3）录入电子数据报关单。

任务一 获取报关随附单证

任务目标

学生能够按进出口货物的监管要求及时申领各类随附单证（尤其是各类许可证件）。

案例引入

本工作项目中，太仓捷达报关公司王经理递给小陈多份销售合同确认书的复印件。合同内容涉及汽车整车的进口、汽车零部件的进口、农产品（黄豆）的出口、机电产品的进口、耐克运动鞋的出口、危险化学品的出口、废纸的进口、首次进口的药品等等。王经理要求小陈3天后提交一份Word文档或是PPT文件，用以说明这些商品在进口或是出口之前需要申领哪些许可证件。

请以小陈的名义完成此任务。

知识链接

报关过程中，报关人依照《海关法》及有关法律、行政法规和规章的要求，在规定的期限、地点，按照海关规定的格式，向海关报告实际进出口货物的情况，提请海关按其申报的内容放行该货物。所谓海关规定的格式，是指报关单这一形式，与此同时，海关还会要求提供随附单证。因而，在报关工作中，报关单证的准备就是其一项重要内容。

报关单证包括报关单和随附单证两大类。随附单证又包括贸易管理单证、海关单证、进出口商业单证和其他单证四类。其中，贸易管理单证涉及国家对外贸易管制制度的实施，是我们在这一任务中学习的重点。

对外贸易管制制度

一、对外贸易管制制度概述

对外贸易管制制度涉及一个国家工业、农业、商业、军事、技术、卫生、环保、税务、资源保护、质量监督、外汇管理以及金融、保险、信息服务等诸多领域。

（一）对外贸易管制的概念

1. 对外贸易管制的概念

对外贸易管制是指一国政府为了国家的宏观经济利益、国内外政策需要以及履行所缔结或加入国际条约的义务，确立实行各种管制制度、设立相应管制机构和规范对外贸易活动的总称。

对外贸易管制是政府的一项强制性措施，它主要是针对进出口的货物和技术的管理。简单地说，就是不让国外的某些货物进口，以免影响到本国经济或者卫生安全；也要限制本国的东西出口，为的是不能让本国的某些宝贵资源流到国外。

2. 对外贸易管制的目的和特点

各国实行的对外贸易管制的目的可以归纳为3个方面，主要是：用于保护本国经济利益，发展本国经济；推行本国的外交政策；行使国家职能。

对外贸易管制既是一国对外政策的体现，同时也会因形势不同而变化，另外各国管制的重点主要是进口。

（二）对外贸易管制的分类

对外贸易管制通常有 3 种分类形式。

（1）按管理目的分为：进口贸易管制和出口贸易管制。

（2）按其管制手段分为：关税措施和非关税措施。

（3）按管制对象分为：货物进出口贸易管制、技术进出口管制以及国际服务贸易管制。

（三）对外贸易管制与海关监管

国家对外贸易管制的目标是以对外贸易管制法律、法规为保障，依靠有效的政府行政管理手段来最终实现的。

1. 海关监管是实现贸易管制的重要手段

海关是国家进出境的监督管理机关，海关执行国家贸易管制政策是通过对进出口货物的监管来实现的。国家贸易管制是通过国家商务主管部门及其他政府职能主管部门依据国家贸易管制政策发放各类许可证件或者下发相关文件，最终由海关依据许可证件和相关文件对实际进出口货物的合法性实施监督管理来实现的。缺少海关监管这一环节，任何对外贸易管制政策都不可能充分发挥其效力。

海关确认货物进出口合法的必要条件是："单"（包括报关单在内的各类报关单据及其电子数据）、"证"（各类许可证件、相关文件及其电子数据）、"货"（实际进出口货物）相符，只有符合这些条件海关才会放行。

2. 报关是海关确认进出口货物合法性的先决条件

海关通过审核"单""证""货"这 3 个要素来确认货物进出口的合法性，而这 3 个要素中的"单"和"证"是通过报关环节中的申报手续向海关递交的。报关不仅是进出口货物收发货人或其代理人必须履行的手续，也是海关确认进出口货物合法性的先决条件。

（四）对外贸易管制的基本结构

1. 基本框架

我国对外贸易管制制度是一种综合管理制度，主要由海关监管制度、关税制度、对外贸易经营者管理制度、进出口许可制度、出入境检验检疫制度、进出口货物收付汇管理制度以及贸易救济制度构成。本任务主要学习进出口许可制度。

2. 法律体系

由于贸易管制是一种国家管制，其法律渊源不包括地方性法规、地方性规章及各民族自治区的地方条例和单行条例，因此其法律渊源只限于宪法、法律、行政法规、部门规章以及相关的国际条约。我国已基本建立并逐步健全了以《对外贸易法》为核心的对外贸易管制法律体系。

二、我国货物、技术进出口许可管理制度

进出口许可是国家对进出口的一种行政管理制度，既包括准许进出口的有关证件的审批和管理制度本身的程序，也包括以国家各类许可为条件的其他行政管理手续，这种行政管理

制度称为进出口许可管理制度。

货物、技术进出口许可管理制度是我国进出口许可管理制度的主体，其管理范围包括禁止进出口的货物和技术、限制进出口的货物和技术、自由进出口的技术以及自由进出口中部分实行自动许可管理的货物。

（一）禁止进出口管理

1. 禁止进口管理

对列入国家公布的禁止进口目录以及国家法律法规命令禁止或停止进口的货物、技术，任何对外贸易经营者不得经营进口。

（1）禁止进口货物管理。

①列入《禁止进口货物目录》的商品。

第一批，受保护的我国自然生态环境和生态资源，如四氯化碳、犀牛角、麝香及虎骨等。

第二批，均为旧机电产品类，包括压力容器类、电器、医疗设备类、汽车、工程及车船机械类。

原第三、四、五批，现为《禁止进口固体废物目录》中规定的内容，主要涉及的是对环境有污染的固体废物类。

第六批，履行国际公约，如长纤维青石棉、二噁英等。

②国家有关法律法规明令禁止进口的商品。来自动植物疫情流行的国家和地区的有关动植物及其产品和其他检疫物；动植物病源（包括菌种、毒种等）及其他有害生物、动物尸体、土壤；带有违反“一个中国”原则内容的货物及其包装；以氯氟羟物质为制冷剂、发泡剂的家用电器产品和以氯氟羟物质为制冷工质的家用电器用压缩机；滴滴涕、氯丹等；莱克多巴胺和盐酸莱克多巴胺。

③其他各种原因停止进口的商品。以CFC-12力制冷工质的汽车及以汽车空调压缩机（含汽车空调器）；右置方向盘的汽车；旧服装；Ⅷ因子制剂等血液制品；氯酸钾、硝酸铵等化学制剂。

（2）禁止进口技术管理。列入《禁止进口限制进口技术目录》的货物，涉及钢铁冶金、有色金属冶金、化工、石油炼制、石油化工、消防、电工、轻工、印刷及医药、建筑材料生产等技术领域。

2. 禁止出口管理

对列入国家公布的禁止出口目录以及国家法律法规命令禁止出口的货物、技术，任何对外贸易经营者不得经营出口。

（1）禁止出口货物管理。

①列入《禁止出口货物目录》的商品。

第一批，受保护的我国自然生态环境和生态资源，如四氯化碳、犀牛角、虎骨、麝香、发菜和麻黄草等。

第二批，保护匮乏的森林资源，如木炭等。

第三批，履行国际公约，如长纤维青石棉、二噁英等。

第四批，包括硅砂、石英砂及其他天然砂等。

第五批，包括无论是否经化学处理过的森林凋落物以及泥炭（草炭）。

阅读资料：商务部限制出口大型挖泥船

② 国家有关法律、法规明令禁止出口的商品。包括：未定名的或者新发现并有重要价值的野生植物；原料血浆；商业性出口的野生红豆杉及其部分产品；劳改产品；以氯氟羟物质为制冷剂、发泡剂的家用电器产品和以氯氟羟物质为制冷工质的家用电器用压缩机；滴滴涕、氯丹等；莱克多巴胺和盐酸莱克多巴胺。

(2) 禁止出口技术管理。列入《禁止出口限制出口技术目录》的物品，涉及渔、牧、有色金属矿采选、农副食品加工、饮料制造、造纸、化学制品制造、医药制造、非金属矿物制品业、有色金属冶炼、交通运输设备制造、农用机械制造、计算机及其他电子设备制造、工艺品制造、电信信息传输等几十个行业领域或技术领域。

(二) 限制进出口管理

1. 限制进口管理

国家实行限制进口管理的货物、技术，必须依照国家有关规定，经国务院商务主管部门或者经国务院商务主管部门会同国务院有关部门许可，方可进口。

(1) 限制进口货物管理。我国限制进口货物管理按照其限制方式划分为许可证件管理和关税配额管理。

① 许可证件管理。许可证件管理系指在一定时期内根据国内政治、工业、农业、商业、军事、技术、卫生、环保、资源保护等领域的需要，以及为履行我国所加入或缔结的有关国际条约的规定，以经国家各主管部门签发许可证件的方式来实现各类限制进口的措施。

许可证件管理主要包括进口许可证、两用物项和技术进口许可证、濒危物种进口、限制类可利用固体废物进口、药品进口、音像制品进口、黄金及其制品进口等管理。国务院商务主管部门或者国务院有关部门在各自的职责范围内，根据国家有关法律、行政法规的规定签发上述各项管理所涉及的各类许可证件，申请人凭相关许可证件办理海关手续。

② 关税配额管理。国家通过关税配额管理对一些重要商品，以关税这个成本杠杆来实现限制出口的目的，这是一种相对数量的限制。所谓关税配额管理是指一定时期内（一般是1年），国家对部分商品的进口制定关税配额税率并规定该商品进口数量总额，在限额内，经国家批准后允许按照关税配额税率征税进口，如超出限额则按照配额外税率征税进口的措施。一般情况下，关税配额税率优惠幅度很大，如小麦关税配额税率与最惠国税率相差达65倍。

(2) 限制进口技术管理。属于《禁止进口限制进口技术目录》内的限制进口技术，实行许可证管理，未经国家许可不得进口。

进口属于限制进口的技术，其办理程序为：首先在签订合同前向商务主管部门提出“技术进口申请”，由商务主管部门审查后核发《技术进口许可意向书》，才可以签订合同，然后向商务部申请并核发技术进口许可证，再凭此报关。

目前主要涉及生物、化工、生物化工、石油冶炼和石油化工以及造币技术等技术领域。

2. 限制出口管理

国家实行限制出口管理的货物、技术，必须依照国家有关规定，经国务院商务主管部门或者经国务院商务主管部门会同国务院有关部门许可，方可出口。

(1) 限制出口货物管理。国家规定有数量限制的出口货物，实行配额管理；其他限制出口货物，实行许可证件管理。目前，我国货物限制出口按照其限制方式划分为出口配额限制和出口非配额限制。

（2）限制出口技术管理。属于《禁止出口限制出口技术目录》和《两用物项和技术进出口许可证管理目录》内的限制出口技术，实行许可证管理，未经国家许可不得出口。

出口属于限制出口的技术，应当向国务院商务主管部门提出技术出口申请，经国务院商务主管部门审核批准后取得技术出口许可证件，凭此报关。

目前主要涉及农、林、牧、渔、农、副食品加工制造、饮料制造、纺织、造纸、化学原料制造、医药制造、橡胶制品业、金属冶炼及压延、非金属矿物制品业、金属制品业、通用及专用设备制造、电气机械及器材制造等技术领域。

（三）自由进出口管理

除国家禁止、限制进出口外的货物、技术，都属自由进出口管理商品。基于监测进出口情况的需要，我国对部分属于自由进口的货物实行自动进口许可管理，对自由进出口的技术实行进出口合同登记管理。

1. 货物自动进口许可管理

进口属于自动进口许可管理的货物，进口经营者应当在办理海关报关手续前，向国务院商务主管部门或者国务院有关经济主管部门提交自动进口许可申请，凭相关部门发放的自动进口许可证向海关办理报关手续。

2. 技术进出口合同登记管理

进出口属于自由进出口的技术，应当向国务院商务主管部门或者其委托的机构办理合同备案登记。国务院商务主管部门应当自收到规定的文件之日起3个工作日内，对技术进出口合同进行登记，颁发技术进出口合同登记证，申请人凭技术进出口合同登记证办理外汇、银行、税务、海关等相关手续。

三、我国贸易管制主要管理措施

（一）进出口许可证管理

主管部门为商务部，发证机构为商务部配额许可证事务局，商务部驻各地特派员办事处，各省级以及商务部授权的其他省会城市商务厅（局）、外经贸委（厅、局）。证件名称为进口许可证或出口许可证。

1. 管理范围

（1）2013年实施进口许可证管理的货物是重点旧机电产品和消耗臭氧层物质。

① 重点旧机电产品包括：旧化工设备类、旧金属冶炼设备类、旧工程机械类、旧造纸设备类、旧电力电气设备类、旧食品加工及包装设备、旧农业机械类、旧印刷机械类、旧纺织机械类、旧船舶类、旧硒鼓等11大类（88个10位商品编号）。由商务部配额许可证事务局负责进口许可证的签发工作。

② 消耗臭氧层物质包括：三氯氟甲烷（CFC-11）、二氯二氟甲烷（CFC-12）等商品（47个10位商品编号）。进口许可证由各地外经贸委（厅、局）、商务厅（局）签发；在京中央管理企业的进口，由商务部配额许可证事务局签发。

（2）2013年实行出口许可证管理的商品有49种货物，共619个10位商品编号，分别实行出口配额许可证、出口配额招标和出口许可证管理。

① 玉米、小麦、棉花、煤炭、原油、成品油等6类商品的出口许可证，由配额许可证事务局签发。

② 大米、玉米粉、小麦粉、大米粉等 32 类商品的许可证由各地特派员办事处签发。

③ 消耗臭氧层物质、石蜡、锌及锌基合金、部分金属及制品等 11 类商品的出口许可证由各地方发证机构签发。

2. 办理程序

（1）出口许可证及消耗臭氧层物质进口许可证的申领。在组织该类进出口商品前，经营者应事先向主管部门申领进出口许可证，可通过网上和书面两种形式申领。

发证机构自收到符合规定的申请之日起 3 个工作日内颁发进（出）口许可证。特殊情况下，进口许可证签发流程最多不超过 10 个工作日。

（2）重点旧机电产品进口许可证的申领。进口前，经营者应事先向主管部门申领进口许可证，可通过网上和书面形式申领。申领时应由旧机电产品进口的最终用户提出申请，并且申请企业应具备从事重点旧机电产品用于翻新（含再制造）的资质。

商务部正式受理后 20 日内决定是否批准进口申请，如需征求相关部门或行业协会意见的，商务部在正式受理后 35 日内决定是否批准进口申请。

3. 报关规范

（1）进口许可证有效期 1 年，当年有效，需跨年度使用时，有效期最长不得超过次年 3 月 31 日。

（2）出口许可证的有效期最迟不得超过 6 个月，且有效期截止时间不得超过当年 12 月 31 日。

（3）不得擅自更改许可证内容。

（4）进出口许可证实行“一证一关”，一般情况下实行“一批一证”制度。如要实行“非一批一证”，发证机关在签发许可证时在许可证的备注栏中注明“非一批一证”字样，但最多不超过 12 次。

（5）对于大宗、散装货物，溢装数量不超过进口许可证所列进口数量的 5%，其中原油、成品油溢装数量不得超过其进出口许可证所列数量的 3%。

（6）国家对部分出口货物实行指定出口报关口岸管理。

① 锑及锑制品指定黄埔海关、北海海关、天津海关为出口报关口岸。

② 轻（重）烧镁出口许可证由大连特办签发，指定大连、天津、青岛、长春、满洲里为出口报关口岸。

③ 甘草指定天津海关、上海海关、大连海关为出口报关口岸；甘草制品指定天津海关、上海海关为出口报关口岸。

④ 以进口原木加工锯材复出口方式出口的锯材，指定出口报关口岸。

（二）两用物项和技术进出口许可证管理

主管部门为商务部，发证机构为商务部配额许可证事务局，省级商务主管部门。证件名称为两用物项和技术进口许可证或两用物项和技术出口许可证。

1. 管理范围

两用物项和技术是指由《中华人民共和国核出口管制条例》《中华人民共和国核两用品及相关技术出口管制条例》《中华人民共和国导弹及相关物项和技术出口管制条例》《中华人民共和国生物两用品及相关设备和技术出口管制条例》《中华人民共和国监控化学品管理条例》《中华人民共和国易制毒化学品管理条例》《中华人民共和国放射性同位素与射线装

置安全和防护条例》及《有关化学品及相关设备和技术出口管制办法》所规定的相关物项及技术。

2013年实施两用物项和技术进口许可证管理的商品包括：监控化学品管理条例名录所列物项（64种）、易制毒化学品（42种）、放射性同位素（8种）共3类。

实施两用物项和技术出口许可证管理的商品包括：核出口管制清单所列物项和技术（152种）、核两用品及相关技术出口管制清单所列物项和技术（163种）、生物两用品及相关设备和技术出口管制清单所列物项和技术（144种）、监控化学品管理条例名录所列物项（64种）、有关化学品及相关设备和技术出口管制清单所列物项和技术（37种）、导弹及相关物项和技术出口管制清单所列物项和技术（185种）、易制毒化学品（58种）、计算机（6种）等共8类。

如果出口经营者拟出口的物项和技术存在被用于大规模杀伤性武器及其运载工具风险的，无论该物项和技术是否列入管理目录，都应当办理两用物项和技术出口许可证。

2. 办理程序

（1）经营者在进出口前获得相关行政主管部门批准文件后，凭批准文件到所在地发证机构申领两用物项和技术进出口许可证（在京的中央管理企业向许可证局申领）。

（2）两用物项和技术进出口许可证实行网上申领。

（3）发证机构收到相关行政主管部门批准文件和相关材料并经核对无误后，应在3个工作日内签发两用物项和技术进口或出口许可证。

3. 报关规范

（1）进出口时经营者应当主动向海关出具有效的两用物项和技术进出口许可证。

（2）当海关对于进出口的货物是否属于两用物项和技术提出质疑时，经营者应按规定向主管部门申请进口或者出口许可，或者向商务主管部门申请办理不属于管制范围的相关证明。

（3）两用物项和技术进口许可证实行“非一批一证”和“一证一关”制，两用物项和技术出口许可证实行“一批一证”和“一证一关”制。

（4）两用物项和技术进出口许可证有效期一般不超过1年，跨年度使用时，在有效期内只能使用到次年3月31日，逾期发证机构将根据原许可证有效期换发许可证。

（三）密码产品和含有密码技术的设备进口许可证管理

主管部门和签证机构为国家密码管理局，证件名称为密码进口许可证。

1. 管理范围

管理列入《密码产品和含有密码技术的设备进口管理目录（第一批）》以及虽暂未列入目录但含有密码技术的进口商品。

2013年列入第一批管理目录的商品包括：加密传真机、加密电话机、加密路由器、非光通讯加密以太网络交换机、密码机（包括电话密码机、传真密码机等）、密码卡等六类商品。

2. 报关规范

（1）免于提交密码进口许可证的情形有以下三种：

① 加工贸易项下为复出口而进口的。

② 由海关监管，暂时进口后复出口的。

③ 从境外进入保税区、出口加工区及其他海关特殊监管区域和保税监管场所的，或在海关特殊监管区域、保税监管场所之间进出的。

（2）从海关特殊监管区域、保税监管场所进入境内区外，需交验密码进口许可证。

（3）进口单位知道或者应当知道其所进口的商品含有密码技术，但暂未列入目录的，也应当申领密码进口许可证。进口时，应主动向海关提交密码进口许可证。

（4）在进口环节发现应提交而未提交密码进口许可证的，海关应按有关规定进行处理。

（四）自动进口许可证管理

主管部门为商务部，发证机构为商务部配额许可证事务局，商务部驻各地特派员办事处，各省级以及商务部授权的其他省会城市商务厅（局）、外经贸委（厅、局），地方机电产品进出口机构 4 个部门，证件名称为自动进口许可证。

1. 管理范围

（1）商品范围。2013 年实施自动进口许可管理的商品包括一般商品、机电产品（包括旧机电产品）、重要工业品，分为 3 个管理目录。

目录一（一般商品）包括：肉鸡、植物油、烟草、二醋酸纤维丝束、铜精矿、煤、废纸等共 17 类，涉及 152 个 10 位商品编号。

目录二（机电产品）包括：

① 由商务部发证的机电产品涉及光盘生产设备、烟草机械、移动通信产品、卫星广播电视设备及关键部件、汽车产品、飞机、船舶、游戏机等 8 类商品，涉及 211 个 10 位商品编号。

② 由地方机电产品进出口办公室发证的机电产品涉及锅炉、汽轮机、发动机（非第八十七章车辆用）及关键部件、水轮机等 17 类商品，涉及 277 个 10 位商品编号。

③ 由商务部发证的旧机电产品只有旧胶印机 1 类商品。

目录三（重要工业品）：涉及铁矿石、铝土矿、原油、成品油、天然气等 8 类商品，涉及 12 个 10 位商品编号。

（2）免交自动进口许可证的情形（7 种）。

① 加工贸易项下进口并复出口的（原油、成品油除外）。

② 外商投资企业作为投资进口或者投资额内生产自用的（旧机电产品除外）。

③ 货样广告品、实验品进口，每批次价值不超过 5 000 元人民币的。

④ 暂时进口的海关监管货物。

⑤ 进入保税区、出口加工区等海关特殊监管区域及进入保税仓库、保税物流中心的属于自动进口许可管理的货物。

⑥ 加工贸易项下进口的不作价设备监管期满后留在原企业使用的。

⑦ 国家法律法规规定其他免领自动进口许可证的。

2. 办理程序

（1）进口属于自动进口许可管理的货物，收货人在办理海关报关手续前，应向所在地或相应的发证机构提交自动进口许可证申请，并取得自动进口许可证。

（2）收货人可通过书面申请，也可通过网上申请。发证机构自收到符合规定的申请后，应当予以签发自动进口许可证，最多不超过 10 个工作日。

（3）对于已申领的自动进口许可证，如未使用应当在有效期内交回发证机构，并说明原因。

（4）自动进口许可证，如有遗失，应书面报告挂失。原发证机构经核实无不良后果的，予以重新补发。

（5）对于自动进口许可证自签发之日起1个月后未领证的，发证机构予以收回并撤销。

3. 报关规范

（1）自动进口许可证的有效期为6个月，仅限公历年度内有效。

（2）原则上实行“一批一证”管理，对部分可实行“非一批一证”管理，在有效期内可以分批次累计报关使用，但累计使用不得超过6次。

（3）对于散装货物溢、短装数量在货物总量正负5%以内予以验放。

（4）对原油、成品油、化肥、钢材的散装货物，溢短装数量在货物总量正负3%以内予以验放。

（五）固体废物进口管理

主管部门和签证机构为环境保护部。证件名称为废物进口许可证。

1. 管理范围

国家禁止进口不能用作原料的固体废物，限制进口可用作原料的固体废物实行限制管理。环保部会同其他相关部门制定、调整并公布《限制进口类可用作原料的废物目录》及《自动进口许可管理类可用作原料的废物目录》，对未列入目录内的固体废物禁止进口。

2. 办理程序

（1）向环境保护部提出固体废物进口申请，获取废物进口许可证。

（2）进口固体废物运抵口岸后，口岸检验检疫机构凭环保部签发的废物进口许可证受理报检，合格的向报验人出具入境货物通关单。

（3）海关凭废物进口许可证、入境货物通关单办理通关手续。

3. 报关规范

（1）向海关申报进口列入国家《限制进口类可用作原料的废物目录》的废物，报关单位应主动向海关提交有效的废物进口许可证、口岸检验检疫机构出具的入境货物通关单及其他有关单据。

（2）向海关申报进口列入国家《自动进口许可管理类可用作原料的废物目录》的废物，报关单位应提交有效的废物进口许可证、口岸检验检疫机构出具的入境货物通关单及其他有关单据。

（3）对未列入上述目录内的或虽列入上述目录内但未取得有效“废物进口许可证”的废物，一律不得进口和存入保税仓库。

（4）废物进口许可证实行“非一批一证”管理。

（5）进口废物不能转关（废纸除外），只能在口岸海关办理申报进境手续。

（六）进口关税配额管理

2013年我国实施进口关税配额管理的农产品有小麦、稻谷和大米、玉米、棉花、食糖、羊毛及毛条等；实施进口关税配额管理的工业品有尿素、磷酸氢二铵、复合肥等3种农用肥料。

1. 实施关税配额管理的农产品

（1）农产品进口关税配额为全球配额，主管部门为商务部、国家发展和改革委员会。

海关凭着商务部、国家发改委各自授权机构向最终用户发放的、并加盖“商务部农产品进口关税配额证专用章”或“国家发展和改革委员会农产品进口关税配额证专用章”的《农产品进口关税配额证》办理验放手续。

（2）《农产品进口关税配额证》实行“一证多批”制，最终用户需分批进口的，凭《农产品进口关税配额证》可多次办理通关手续，直至海关核准栏填满为止。有效期为每年1月1日起至当年的12月31日，如需延期，应向原发证机构申请办理换证，但延期最迟不得超过下一年2月月底。

（3）农产品进口关税配额的申请期为每年10月15—30日，商务部、国家发改委分别于申请期前1个月在有关报刊及网站上公布每种农产品下一年度进口关税配额总量，关税配额申请条件及产品的税则和适用税率。

① 食糖、羊毛、毛条由商务部公布并由商务部授权机构负责受理本地区内申请；

② 小麦、玉米、大米、棉花由国家发改委公布并由国家发改委授权机构负责受理本地区内的申请。

2. 实施关税配额管理的工业品

（1）化肥进口关税配额为全球配额，商务部负责全国化肥关税配额管理工作。关税配额内化肥进口时，海关凭进口单位提交的“化肥进口关税配额证明”，按配额内税率征税，并验放货物。

（2）商务部负责在化肥进口关税总量内，对化肥进口关税配额进行分配。商务部于每年的9月15日至10月14日公布下一年度的关税配额数量。申请单位应在每年的10月15日至10月30日向商务部提出化肥关税配额的申请，商务部于每年12月31日前将化肥关税配额分配到进口用户。

（七）野生动植物种进出口管理

主管部门和签证机构为濒危物种进出口管理办公室。

1. 非公约证明管理范围及报关规范

（1）管理范围。非公约证明是我国进出口许可管理中具有法律效力，用来证明对外贸易经营者经营列入《进出口野生动植物种商品目录》中属于我国自主规定管理的野生动植物及其产品合法进出口的证明文件。

（2）报关规范。无论以何种方式进出口列入上述目录的野生动植物及其产品，均须事先申领非公约证明。非公约证明实行“一批一证”制度。

2. 公约证明

（1）管理范围。公约证明是用来证明对外贸易经营者经营列入属于《濒危野生动植物种国际贸易公约》成员国应履行保护义务的物种合法进出口的证明文件。

（2）报关规范。无论以何种方式进口列入上述管理范围的野生动植物及其产品，均须事先申领公约证明。公约证明实行“一批一证”制度。

3. 物种证明

（1）管理范围。对于进出口列入《进出口野生动植物种商品目录》中适用公约证明、非公约证明管理的《濒危野生动植物种国际贸易公约》附录及国家重点保护野生动植物以外的其他列入商品目录的野生动植物及相关货物或物品和含野生动植物成分的纺织品，均须事先申领物种证明。

（2）报关规范。

① 物种证明分为“一次使用”“多次使用”两种；

②“一次使用”的物种证明有效期自签发之日起不得超过6个月。“多次使用”的物种证明只适用于同一物种、同一货物类型、在同一报关口岸多次进出口的野生动植物。多次使用的物种证明有效期截至发证当年12月31日。持证者须于1月31日之前将上一年度使用多次物种证明进出口有关野生动植物标本的情况汇总上报发证机关。

（八）进出口药品管理

主管部门和签证机构为国家食品药品监督管理局。进出口药品实行分类和目录管理，进出口药品从管理角度可分为进出口精神药品、进出口麻醉药品、进出口兴奋剂以及进口一般药品。

1. 精神药品进出口管理范围及报关规范

列入《精神药品管制品种目录》的药品，包含：精神药品标准品及对照品，如咖啡因、去氧麻黄碱、复方甘草片等。

进出口《精神药品管制品种目录》所列药品时，货物所有人或其合法代理人在办理进出口报关手续前，均须取得国家食品药品监督管理局核发的精神药品进出口准许证，凭此报关。精神药品进出口准许证实行“一批一证”制度。

2. 麻醉药品进出口管理范围及报关规范

列入《麻醉药品管制品种目录》的麻醉药品，包括：可卡因、大麻、吗啡、海洛因以及合成麻醉药类和其他易成瘾癖的药品、药用原植物及其制剂。

任何单位以任何方式进出口列入《麻醉药品管制品种目录》的药品，不论何种用途，均须取得国家食品药品监督管理局核发的麻醉药品进出口准许证，凭此报关。麻醉药品进出口准许证实行“一批一证”制度。

3. 兴奋剂进出口管理范围及报关规范

列入《兴奋剂目录》的药品，包括：蛋白同化制剂品种、肽类激素品种、麻醉药品品种、刺激剂（含精神药品）品种、药品类易制毒化学品品种、医疗用毒性药品品种、其他品种等共7类。

（1）进出口列入《兴奋剂目录》的精神药品、麻醉药品、易致毒化学品、医疗用毒性药品，应按照现行规定向海关办理通关验放手续。对《兴奋剂目录》中的“其他品种”，海关暂不按照兴奋剂实行管理。

（2）根据《蛋白同化制剂、肽类激素进出口管理办法（暂行）》的相关规定，国家对进出口蛋白同化制剂和肽类激素分别实行进口准许证和出口准许证管理。

① 进口准许证有效期为1年，出口准许证有效期不超过3个月（有效期时限不跨年度）。取得药品进出口准许证后未进行相关进出口贸易的，进出口单位应当于准许证有效期满后1个月内将原准许证退回发证机关。

② 进口准许证、出口准许证实行“一证一关”制度，证面内容不得更改。因故延期进出口的，可以持原进出口准许证办理一次延期换证手续。

③ 个人因医疗需要携带或邮寄进出境自用合理数量范围内的蛋白同化制剂和肽类激素药品，凭医疗机构处方予以验放。无法出具处方或超出处方剂量的，均不准进出境。

4. 一般药品进口管理范围及报关规范

国家对一般药品进口的管理实行目录管理，涉及《进口药品目录》和《生物制品目录》。国家食品药品监督管理局授权的口岸药品检验所以签发进口药品通关单的形式对列入目录管理的商品实行进口限制管理。

（1）管理范围。

① 进口列入《进口药品目录》的药品，指用于预防、治疗、诊断人的疾病，有目的地调节人的生理机能并规定有适应症、用法和用量的物质，包括中药材、中药饮品、中成药、化学原料药及其制剂、抗生素、生化药品、血清疫苗及血液制品等。

② 进口列入《生物制品目录》的商品，包括疫苗类、血液制品类及血源筛查用诊断试剂等。

③ 首次在我国境内销售的药品。

④ 进口暂未列入《进口药品目录》的原料药的单位，必须遵守《进口药品管理办法》中的各项有关规定，主动到各口岸药品检验所报验。

（2）报关规范。进口药品通关单仅限在该单注明的口岸海关使用，并实行“一批一证”制度。一般药品出口目前暂无特殊规定。

（九）美术品进出口管理

主管部门为文化部，签证机构为省、自治区、直辖市文化行政部门。

1. 管理范围

纳入我国进出口管理的美术品是指艺术创作者以线条、色彩或者其他方式，经艺术创作者以原创方式创作的具有审美意义的造型艺术作品，包括绘画、书法、雕塑、摄影等作品，以及艺术创作者许可并签名的数量在200件以内的复制品。

批量临摹的作品、工业化批量生产的美术品、手工艺品、工艺美术产品、木雕、石雕、根雕、文物等均不纳入美术品进行管理。

2. 办理程序

我国对美术品进出口实行专营制，经营美术品进出口的企业必须是在商务部门备案登记并取得进出口资质的企业。美术品进出口单位应当在美术品进出口前，向美术品进出口口岸所在地省、自治区、直辖市文化行政部门提交材料申请进出口批件，文化行政部门应当自受理申请之日起15日内作出决定，批准的发给批准文件，批准文件中应附美术品详细清单。

3. 报关规范

同一批已经批准进口或出口的美术品复出口或复进口，进出口单位可持原批准文件正本到原进口或出口口岸海关办理相关手续，文化行政部门不再重复审批。上述复出口或复进口的美术品如与原批准内容不符，进出口单位则应当到文化行政部门重新办理审批手续。

（十）出入境检验检疫管理

主管部门是国家质量监督检验检疫总局，签证机构为各地口岸检验检疫机构，证件名称为入境货物通关单或出境货物通关单。

对列入《法检目录》及其他法律法规规定需要检验检疫的货物进出口时，货物所有人或其合法代理人，在办理进出口通关手续前，必须向口岸检验检疫机构报检。

1. 入境货物通关单

入境货物通关单实行“一批一证”制度，证面内容不得更改。入境货物通关单主要适用于下列情况：

（1）列入《法检目录》的商品。

（2）外商投资财产价值鉴定（受国家委托，为防止外商瞒骗对华投资额而对其以实物投资形式进口的投资设备的价值进行的鉴定）。

（3）进口可用作原料的废物。

（4）进口旧机电产品。

（5）进口货物发生短少、残损或其他质量问题需对外索赔时，其赔付的进境货物。

（6）进口捐赠的医疗器械。

（7）其他未列入《法检目录》，但国家有关法律、行政法规明确由出入境检验检疫机构负责检验检疫的入境货物或特殊物品等。

2. 出境货物通关单

出境货物通关单实行“一批一证”制度，证面内容不得更改。出境货物通关单适用于下列情况：

（1）列入《法检目录》的货物。

（2）出口纺织品标识。

（3）对外经济技术援助物资及人道主义紧急救灾援助物资。

（4）其他未列入《法检目录》，但国家有关法律、行政法规明确由出入境检验检疫机构负责检验检疫的出境货物。

（十一）其他货物进出口管理

1. 黄金及其制品进出口管理

中国人民银行是黄金及其制品进出口管理的主管机构。企业进出口《黄金及其制品进出口管理商品目录》中列明的货物，海关凭中国人民银行或其授权的由中国人民银行分支机构签发的《黄金及其制品进出口准许证》办理验放手续。

2. 音像制品进口管理

国家新闻出版广电总局是音像制品进口管理的主管机构。音像制品成品进口业务由国家新闻出版广电总局指定的音像制品经营单位经营；未经指定的任何单位或者个人不得从事音像制成品进口业务。海关凭《进口音像制品批准单》办理验放手续。

3. 有毒化学品管理

环境保护部是有毒化学品管理的主管机构。环境保护部在审批有毒化学品进出口申请时，符合规定准予进出口的，签发《有毒化学品环境管理放行通知单》，该单是海关放行该类货物的重要依据。

4. 农药进出口管理

由农业部会同海关总署制定《农药名录》，进出口列入上述目录的农药，应事先向农业部农药检定所申领进出口农药登记证明，凭以向海关办理进出口报关手续。

对于既可用作农药也可用作工业原料的商品，如果企业以工业原料用途进口，则企业不需要办理进出口农药登记证明。海关凭农业部向进出口企业出具的加盖中华人民共和国农业部农药审批专用章的《非农药登记管理证明》验放。进出口农药登记证明，实行“一批一证”制。

5. 兽药进口管理

我国对进口兽药实行目录管理，《进口兽药管理目录》由农业部会同海关总署制定、调整并公布。列入目录内的兽药，应向进口口岸所在地省级人民政府兽医行政管理部门申请办理《进口兽药通关单》，实行“一单一关”制，在30日有效期内只能一次性使用。凭此单向海关办理报关手续。

任务实施

1. 完成步骤

（1）将学生分为5～6组，每组6～8人。

（2）以小组为单位，针对这8类货物进行背景资料学习分析，初步确定报关时需要向海关提交的单证。

（3）网上查找、下载并填写各类随附单证的申领申请表或签发的许可证件。

（4）搜索了解目前这些货物的进出口现状，尤其是分析把握与出口国或进口国的贸易前景。

（5）根据上述几步操作情况，整理相关内容，并围绕这8类货物制作出相关管理的Word文档或是PPT。

（6）教师选定几组学生在全班进行交流，并完成对这次任务的评价。

2. 考评标准（见表2-1）

表2-1　获取报关随附单证考评标准表

被考评人							
考评地点							
考评内容	获取报关随附单证						
考评标准	内　容	形式	分值	自我评价	他人评价	他组评价	教师评价
	搜集的各类相关资料	电子	30				
	PPT	电子	50				
	展示过程表现良好（流利说明各类随附单证的管理措施）	阐述答辩	20				
合　计			100				
实际得分							

备注：

1. 实际得分=自我评价得分×20%+他人评价得分×20%+他组评价得分×20%+教师评价得分×40%；
2. 考评满分为100分，60～74分为及格，75～84分为良好，85分以上为优秀。

任务二　填制纸质报关单

任务目标

学生能够根据相关单证（合同、提单、装箱单等）的规范要求填制纸质报关单。

案例引入

本工作项目中，太仓捷达报关公司王经理交给小陈一份文字资料、一张发票、一张装箱单以及一张空白的进口报关单（详情附后），要求小陈能根据相关信息准确填制完整报关单。

请以小陈的名义完成此任务。

文字资料

广东日华公司接受了一笔委托报关业务，具体内容如下：广东东升医疗机械公司（经营单位代码：518994××××）在投资总额内，委托广东省机械进出口公司（经营单位代码：512091××××）于2017年5月1日进口一批设备，这批设备的第一法定计量单位为千克。

广东日华公司业务员持“检验检疫货物通关单”（证件号码A：53010104230018）和证明号为Z51011A00388的征免税证明（海关签注的征免性质为“鼓励项目”）及有关单据向佛山新港海关（关区代码5189）办理代理报关业务。

发　票

QI SUN HE ENTREPRISE CORP. LONDON

INVOICE

No. IV-AP0405　　　　Date：Apr. 5，2017

For account and risk of Messers

GUANGDONG DONGSHEN MEDICAL APARATUS AND INSTRUMENTS GUANGZHOU CHINA PINGSHA VILLAGE，FOSHAN，GUANGDONG，CHINA

广东东升医疗机械公司（广东佛山）

Shipped by QI SUN HE LIMITED　Per ________

Contract No. LD 054-126

Marks &Nos.	Description of Goods	Quantity	Unit Price（USD）	Amount（USD）
D. S. M	医疗机械 NG-501	5 SETS	6 079. 25	30 396. 25
LONGDON	MADEIN SWEDEN		CIF FOSHAN	
p/NO. 1-5				
	TOTAL：3 PALLET	5 SETS		USD 30 396. 25

SAY TOTAL THIRTY THOUSAND THREE HANDRED NITY-SIX AND TWO-FIVE ONLY

QI SUN HE ENTREPRI SE CORP. LONDON ________

Authorized Signature ________

装箱单

QI SUN HE ENTREPRISE CORP. LONDON

PACKING LIST

No. PK-AP0405　　　　Date：Apr. 5，2017

For account and risk of Messrs

GUANGDONG DONGSHENG MEDICAL APARATUS AND INSTRUMENTS GUANGZHOU CHINA PINGSHA VILLAGE，FOSHAN，GUANGDONG，CHINA

Shipped by QI SUN HE LIMITED　per ________

Sailing on or about ________ From LONDON to GUANGZHOU FOSHAN

Vessel Voyage No. MAY FLOWER 0425

B/L No. LD41025

Marks&Nos.	Description of Goods	Quantity	Net Weight（kg）	Gross Weight（kg）
D. S. M	医疗机械 NG-501	5 SETS	23 426	26 385
LONGDON				
p/NO. 1-5				
	CONTAINERS NO.			
	YMLU 6688327（40'）			
	TAREWGT 5 627 KG			
	TOTAL：3 PALLET	5 SETS	23 426 kg	26 385 kg

中华人民共和国海关进口货物报关单

预录人编号：　　　　　　　　　　　　　　　　　　　　　　　　海关编号：

<table>
<tr><td colspan="2">收发货人（1）</td><td colspan="2">进口口岸（2）</td><td>进口日期（3）</td><td>申报日期（4）</td></tr>
<tr><td colspan="2">消费使用单位（5）</td><td colspan="2">运输方式（6）</td><td>运输工具名称（7）</td><td>提运单号（8）</td></tr>
<tr><td colspan="2">申报单位（9）</td><td colspan="2">监管方式（10）</td><td>征免性质（11）</td><td>备案号（12）</td></tr>
<tr><td>贸易国（地区）（13）</td><td colspan="3">启运国（地区）（14）</td><td>装货港（15）</td><td>境内目的地（16）</td></tr>
<tr><td>许可证号（17）</td><td colspan="2">成交方式（18）</td><td>运费（19）</td><td>保费</td><td>杂费</td></tr>
<tr><td>合同协议号（20）</td><td colspan="2">件数（21）</td><td>包装种类（22）</td><td>毛重（千克）（23）</td><td>净重（千克）</td></tr>
<tr><td>集装箱号（24）</td><td colspan="5">随附单证（25）</td></tr>
<tr><td colspan="6">标记唛码及备注
（26）</td></tr>
<tr><td colspan="6">项号　商品编码　商品名称、规格型号　数量及单位　原产国（地区）　单价　总价　币制　征免
（27）　（28）　（29）　（30）　（31）　（32）　（33）　（34）</td></tr>
<tr><td colspan="6"></td></tr>
<tr><td colspan="6"></td></tr>
<tr><td colspan="6"></td></tr>
<tr><td colspan="6"></td></tr>
<tr><td colspan="6"></td></tr>
<tr><td colspan="6"></td></tr>
<tr><td colspan="6"></td></tr>
<tr><td colspan="6"></td></tr>
<tr><td colspan="6">特殊关系确认：　　　　价格影响确认：　　　　支付特许权使用费确认：</td></tr>
<tr><td colspan="2">录入员　　录入单位</td><td colspan="3" rowspan="2">兹声明以上申报无误并承担法律责任

申报单位（签章）</td><td rowspan="2">海关批注及签章</td></tr>
<tr><td colspan="2">报关人员</td></tr>
</table>

知识链接

进出口货物报关单填制

进出口货物报关单是报关员代表报关单位向海关办理货物进出境手续的主要单证。按照《中华人民共和国海关进出口货物申报管理规定》（以下简称《货物申报管理规定》）和《报关单填制规范》的要求，完整、准确、有效地填制进出口货物报关单是报关员执业所必备的基本技能。

一、进出口货物报关单概述

（一）报关单的含义

进出口货物报关单是指进出口货物收发货人或其代理人，按照海关规定的格式对进出口货物的实际情况做出书面申明，以此要求海关对其货物按适用的海关制度办理通关手续的法律文书。

（二）报关单的类别

按货物的流转状态、贸易性质和海关监管方式的不同，进出口货物报关单可以分为以下几种类型：

（1）按进出口状态分：

① 进口货物报关单。

② 出口货物报关单。

（2）按表现形式分：

① 纸质报关单。

② 电子数据报关单。

（3）按使用性质分：

① 进料加工进出口货物报关单。

② 来料加工及补偿贸易进出口货物报关单。

③ 一般贸易及其他贸易进出口货物报关单。

（4）按用途分：

① 报关单录入凭单指申报单位按海关规定的格式填写的凭单，即申报单位给预录入单位的原始数据报关单，用于报关单预录入的依据。

② 预录入报关单指预录入单位录入、打印并联网将录入数据传送到海关，由报关单位向海关申报的报关单，是报关单申报作业流程正式申报电子数据报关单阶段；

③ 报关单证明联指海关在核实货物实际人并在出境后按报关单格式提供的证明，用作企业向税务、外汇管理部门办结有关手续的证明文件。

（三）报关单各联的用途

纸质进口货物报关单一式四联，分别是：海关作业联、企业留存联、海关核销联和进口付汇证明联；纸质出口货物报关单一式五联，分别是：海关作业联、企业留存联、海关核销联、出口收汇证明联以及出口退税证明联。

1. 海关作业联

进出口货物报关单海关作业联是报关员配合海关查验、缴纳税费、提取或装运货物的重要单据，也是海关查验货物、征收税费、编制海关统计以及处理其他海关事务的重要凭证。

2. 付汇证明联、收汇证明联

进口货物报关单付汇证明联和出口货物报关单收汇证明联，是海关对已实际进出境的货物所签发的证明文件，是银行和国家外汇管理部门办理售汇、付汇、收汇及核销手续的重要依据之一。

对需办理进口付汇核销或出口收汇核销的货物，进出口货物的收发货人或其代理人应当在海关放行货物或结关以后，向海关申领进口货物报关单进口付汇证明联或出口货物报关单出口收汇证明联，凭此联向银行或国家外汇管理部门办理付汇或收汇核销手续。

3. 加工贸易核销联

进出口货物报关单海关核销联是指接受申报的海关对已实际申报进口或出口的货物所签发的证明文件，是海关办理加工贸易合同核销、结案手续的重要凭证。加工贸易的货物进出口后，申报人应向海关领取进出口货物报关单海关核销联，并凭此联向主管海关办理加工贸易合同核销手续。该联在报关时与海关作业联一并提供。

4. 出口退税证明联

出口货物报关单出口退税证明联是海关对已实际申报出口并已装运离境的货物所签发的证明文件，是国家税务部门办理出口货物退税手续的重要凭证之一。

对可办理出口退税的货物，出口货物发货人或其代理人应当在载运货物的运输工具实际离境、海关办理结关手续后，向海关申领出口货物报关单出口退税证明联，有关出口货物发货人凭此联向国家税务管理部门申请办理出口货物退税手续。对不属于退税范围的货物，海关均不予签发该联。

出口退税报关单证明联因遗失、损毁申请补签，出口货物的发货人、受委托的报关企业应当自原出口退税报关单签发日起1年内向海关书面申请，随附主管其出口退税的地（市）国家税务局签发的“关于申请出具（补办报关单）证明”及有关证明材料，经海关审核同意后，可予以补签，并在出口退税专用报关单上注明“补签”字样。出口货物退运进境，报关单位应向海关出具主管其出口退税的地（市）国家税务局签发的“出口商品退运已补税证明”，证明其货物未办理出口退税或所退税款已退回税务机关，海关方予以办理该批货物的退运手续。

（四）报关单的作用

进出口货物报关单及其他进出境报关单（证）在对外经济贸易活动中具有十分重要的法律效力，是货物的收发货人向海关报告其进出口货物实际情况及适用海关业务制度、申请海关审查并放行货物的必备法律文书。它既是海关对进出口货物进行监管、征税、统计以及开展稽查、调查的重要证据，又是出口退税和外汇管理的重要凭证，也是海关处理进出口货物走私、违规案件及税务、外汇管理部门查处骗税、逃套汇犯罪活动的重要证据。因此，申报人对所填报的进出口货物报关单的真实性和准确性应承担法律责任。

（五）报关单填制的一般要求

进出境货物的收、发货人或其代理人向海关申报时，必须填写并向海关递交进口货物报关单或出口货物报关单，这是进出口货物的收、发货人向海关办理手续的一项法律行为。因而，申报人在填写报关单时，必须做到真实、准确、完整、规范。

（1）报关人必须按《海关法》《货物申报管理规定》和《报关单填制规范》的有关规定和要求，向海关如实申报。

（2）报关单的填报必须真实，要做到“两个相符”：一是单、证相符，即所填报关单各栏目的内容与合同、发票及装箱单等相符；二是单、货相符，即所填报关单各栏目的内容与实际进出口货物情况相符。

（3）报关单填报的项目要准确齐全，字迹要清楚、整洁、端正；电脑预录入的报关单各栏目的内容必须与报关单录入凭单完全一致，一旦发现有异，应及时重新录入。

（4）向海关申报的进出口货物报关单，事后由于各种原因而出现与原来填报的内容与实际进出口货物不一致时，需立即向海关办理更正手续，填写报关单更正单。

（5）海关接受申报后，报关单的内容不得修改或者撤销，确有正当理由的，经海关同意后方可修改或者撤销。

（六）填制进出口货物报关单的法律责任

根据《中华人民共和国海关行政处罚实施条例》中第十五条规定，进出口货物的品名、税则号列、数量、规格、价格、贸易方式、原产地、运抵地、最终目的地或者其他应当申报的项目未申报或者申报不实的，分别依照下列规定予以处罚，有违法所得的，没收违法所得：

（1）影响海关统计准确性的，予以警告或者处1 000元以上、1万元以下罚款。

（2）影响海关监管秩序的，予以警告或者处1 000元以上、3万元以下罚款。

（3）影响国家许可证件管理的，处货物价值5%以上、30%以下罚款。

（4）影响国家税款征收的，处漏缴税款30%以上、2倍以下罚款。

（5）影响国家外汇、出口退税管理的，处申报价格10%以上、50%以下罚款。

另根据《中华人民共和国海关对报关员记分考核管理办法》中第三条规定，海关对出现报关单填制不规范、报关行为不规范以及违反海关监管规定或者有走私行为未被海关暂停执业、撤销报关从业资格的报关员予以记分、考核；第六条规定，海关对报关员的记分考核，依据其报关单填制不规范、报关行为不规范的程度和行为性质，一次记分的分值为1分、2分、5分、10分、20分、30分。

因此，报关员必须保证按照海关规定和要求认真如实填写报关单，海关对发现有违章、走私行为的，除依法处理外，还将根据违法行为的情节轻重，在一定时期内停止其报关业务资格，吊销报关员的有关证书。

（七）其他进出境报关单

其他进出境报关单指除了《海关进出口货物报关单填制规范》中所规定的报关单格式以外，专用于特定区域、特定货物以及特定运输方式的进出境报关单。它们的性质、作用及填制方式与进出口货物报关单基本一致。

1. 保税区进出境货物备案清单

保税区进出境货物备案清单有海关规定的统一格式，由保税区内企业或其代理人填制，并向保税区海关提交相关的申请货物进出保税区的法律文书，是海关依法对出入保税区货物实施监督管理的重要凭证。

保税区进出境货物备案清单适用于保税区从境外进口的货物（包括加工贸易料件、转口货物、仓储货物）和保税区运往境外的出口货物；不包括保税区与国内非保税区之间进出口的货物，区内企业从境外进口自用的机器设备、管理设备、办公用品以及区内工作人员自用的应税物品。

2. 出口加工区进出境货物备案清单

出口加工区进出境货物备案清单有海关规定的统一格式，由出口加工区内企业或其代理人填制，并向出口加工区海关提交相关的申请货物运入或运离出口加工区的法律文书，是海关依法对出入出口加工区货物实施监督管理的重要凭证。

出口加工区备案清单主要适用于出口加工区实际进出境货物、加工区与国内其他地区之间的非实际进出境货物、同一出口加工区内或不同出口加工区之间的企业结转货物。

3. 过境货物报关单

过境货物报关单是指由过境货物经营人向海关递交申请过境货物进出境的法律文书，是海关依法监管货物过境的重要凭证。

4. 进出境快件报关单

进出境快件报关单是指进出境快件运营人向海关提交的申报以快件运输方式进出口货物和物品的报关单证。进出境快件报关单包括 KJ1 报关单、KJ2 报关单及 KJ3 报关单。

5. 暂准进出口单证册

暂准进出口单证册是指由世界海关组织通过的《货物暂准进口公约》及其附约 A 和《ATA 公约》中规定的，用于替代各缔约方海关暂准进出口货物报关单和税费担保的国际统一通用的海关报关单证。

由于目前我国只加入了《展览品暂准进口使用 ATA 单证册》的有关国际公约，因此，我国目前只接受属于展览品范围的 ATA 单证册。有关单位向海关递交 ATA 单证册时，应递交中文或英文填报的 ATA 单证册。如递交英文时，应提供中文译本；用其他国家的文字填写的，必须同时递交忠实于原文的中文或英文译本。

二、进出口货物报关单表头各栏目的填报

进出口货物报关单表头部分包括 31 个栏目。

（一）预录入编号

本栏目填报预录入报关单的编号，预录入编号规则由接受申报的海关决定。

（二）海关编号

本栏目填报海关接受申报时给予报关单的编号，一份报关单对应一个海关编号。

报关单海关编号为 18 位，其中第 1 至 4 位为接受申报海关的编号（海关规定的《关区代码表》中相应海关代码），第 5 至 8 位为海关接受申报的公历年份，第 9 位为进出口标志（“1”为进口，“0”为出口；集中申报清单“I”为进口，“E”为出口），后 9 位为顺序编号。

（三）收发货人

本栏目填报在海关注册的对外签订并执行进出口贸易合同的中国境内法人、其他组织或个人的名称及编码。编码可选填 18 位法人和其他组织统一社会信用代码或 10 位海关注册编码任一项。

目前，在统一社会信用代码推广过渡期间，原 10 位海关注册编码继续使用。10 位数海关编码结构如下：

（1）第 1 至第 4 位数为进出口单位属地的行政区划代码；

（2）第 5 位数为市内经济区划代码，见表 2-2；

（3）第 6 位数为进出口企业经济类型代码，见表 2-2；

（4）第 7 至第 10 位数为顺序编号。

表2-2 第5位、第6位数字代码表

第5位市内经济区划代码	第6位企业经济类型代码
1——经济特区	1——有进出口经营权的国有企业
2——经济技术开发区和上海浦东、海南洋浦经济开发区	2——中外合作企业★
3——高新技术产业开发区	3——中外合资企业★
4——保税区★	4——外商独资企业★
5——出口加工区★	5——有进出口经营权的集体企业
6——保税港区★	6——有进出口经营权的私营企业
7——保税物流园区★	7——有进出口经营权的个体工商户
	8——有报关权没有进出口权的企业★
9——其他★	9——其他

注：打★的请重点把握。

特殊情况下填制要求如下：

（1）进出口货物合同的签订者和执行者非同一企业的，填报执行合同的企业。

（2）外商投资企业委托进出口企业进口投资设备、物品的，填报外商投资企业，并在标记唛码及备注栏注明“委托某进出口企业进口”，同时注明被委托企业的18位法人和其他组织统一社会信用代码。

（3）有代理报关资格的报关企业代理其他进出口企业办理进出口报关手续时，填报委托的进出口企业。

（4）使用海关核发的《中华人民共和国海关加工贸易手册》、电子账册及其分册（以下统称《加工贸易手册》）管理的货物，收发货人应与《加工贸易手册》的“经营企业”一致。

（四）进口口岸/出口口岸

1. 含义

进（出）口口岸亦称关境口岸，本指国家对外开放的港口及边界关口，在进出口货物报关单中，特指货物进口或出口的口岸海关的名称。

2. 填报要求

（1）本栏目应根据货物实际进出境的口岸海关，填报海关规定的《关区代码表》中相应口岸海关的名称及代码。

（2）填报格式。例如：吴淞海关2202。

（3）本栏目应特殊情况填报要求如下：

① 进口转关运输货物应填报货物进境地海关名称及代码，出口转关运输货物应填报货物出境地海关名称及代码。按转关运输方式监管的跨关区深加工结转货物，出口报关单填报转出地海关名称及代码，进口报关单填报转入地海关名称及代码。

② 在不同海关特殊监管区域或保税监管场所之间调拨、转让的货物，填报对方特殊监管区域或保税监管场所所在的海关名称及代码。

③ 其他无实际进出境的货物，填报接受申报的海关名称及代码。

（五）进口日期/出口日期

1. 含义

进口日期是指运载所申报进口货物的运输工具申报进境的日期。“进口日期”栏填报的日期必须与运载所申报货物的运输工具申报进境的实际日期一致。

出口日期是指运载所申报出口货物的运输工具办结出境手续的日期。

2. 填报要求

（1）日期均为8位数字，顺序为年（4位）、月（2位）、日（2位）。例如，2017年3月10日申报进口一批货物，运输工具申报进境日期为3月8日，“进口日期”栏填报为：“20170308”。

（2）“出口日期”以运载出口货物的运输工具实际离境日期为准。因本栏供海关打印报关单证明联用，可免予填报。

（3）对于无实际进出境的报关单“进（出）口日期”栏应填报海关接受申报的日期。

（六）申报日期

申报日期指海关接受进出口货物收发货人、受委托的报关企业申报数据的日期。以电子数据报关单方式申报的，申报日期为海关计算机系统接受申报数据时记录的日期。以纸质报关单方式申报的，申报日期为海关接受纸质报关单并对报关单进行登记处理的日期。

申报日期为8位数字，顺序为年（4位）、月（2位）、日（2位）。本栏目在申报时免予填报。

（七）消费使用单位/生产销售单位

1. 消费使用单位填报进口货物

消费使用单位填报已知的进口货物在境内的最终消费、使用单位的名称，包括：

（1）自行进口货物的单位。

（2）委托进出口企业进口货物的单位。

2. 生产销售单位填报出口货物

生产销售单位填报出口货物在境内的生产或销售单位的名称，包括：

（1）自行出口货物的单位。

（2）委托进出口企业出口货物的单位。

3. 其他

使用《加工贸易手册》管理的货物，消费使用单位/生产销售单位应与《加工贸易手册》的“加工企业”一致；减免税货物报关单的消费使用单位/生产销售单位应与《中华人民共和国海关进出口货物征免税证明》（以下简称《征免税证明》）的“减免税申请人”一致；保税监管场所与境外之间的进出境货物，消费使用单位/生产销售单位应当填报保税监管场所的名称（保税物流中心（B型）填报中心内企业名称）。

4. 填报要求

已在海关注册登记的，应填报中文名称和18位法人和其他组织统一社会信用代码或10位海关注册编码、加工生产企业登记编码。

未在海关注册登记的，应填报中文名称、18位法人和其他组织统一社会信用代码或9

位组织机构代码。没有18位法人和其他组织统一社会信用代码的可不填，没有9位组织机构代码的应填报“NO”。

（八）运输方式

1. 含义

运输方式包括实际运输方式和海关规定的特殊运输方式，前者指货物实际进出境的运输方式，按进出境所使用的运输工具分类；后者指货物无实际进出境的运输方式，按货物在境内的流向分类。

2. 填报要求

（1）本栏目应根据货物实际进出境的运输方式或货物在境内流向的类别，按照海关规定的《运输方式代码表》选择填报相应的运输方式。

（2）四种主要的运输方式代码表，见表2-3。

表2-3　四种主要的运输方式代码表

代码	2	3	4	5
名称	水路运输	铁路运输	公路运输	航空运输

（3）特殊情况下运输方式的填报原则如下：

① 非邮件方式进出境的快递货物，按实际运输方式填报。

② 进出境旅客随身携带的货物，按旅客实际进出境方式所对应的运输方式填报。

③ 进口转关运输货物，按载运货物抵达进境地的运输工具填报；出口转关运输货物，按载运货物驶离出境地的运输工具填报。

④ 不复运出（入）境而留在境内（外）销售的进出境展览品、留赠转卖物品等，填报“其他运输”（代码9）。

⑤ 无实际进出境货物在境内流转时填报要求如下：

a. 境内非保税区运入保税区货物和保税区退区货物，填报“非保税区”（代码0）。

b. 保税区运往境内非保税区货物，填报“保税区”（代码7）。

c. 境内存入出口监管仓库和出口监管仓库退仓货物，填报“监管仓库”（代码1）。

d. 保税仓库转内销货物，填报“保税仓库”（代码8）。

e. 从境内保税物流中心外运入中心或从中心运往境内中心外的货物，填报“物流中心”（代码W）。

f. 从境内保税物流园区外运入园区或从园区内运往境内园区外的货物，填报“物流园区”（代码X）。

g. 保税港区、综合保税区与境内（区外）（非特殊区域、保税监管场所）之间进出的货物，填报“保税港区/综合保税区”（代码Y）。

h. 出口加工区、珠澳跨境工业区（珠海园区）、中哈霍尔果斯边境合作区（中方配套区）与境内（区外）（非特殊区域、保税监管场所）之间进出的货物，填报“出口加工区”（代码Z）。

i. 境内运入深港西部通道港方口岸区的货物，填报“边境特殊海关作业区”（代码H）。

j. 经横琴新区和平潭综合实验区（以下简称“综合试验区”）二线指定申报通道运往境内区外或从境内经二线制定申报通道进入综合试验区的货物，以及综合试验区内按选择性征收关税申报的货物，填报“综合试验区”（代码 T）。

k. 其他境内流转货物，填报“其他运输”（代码 9），包括特殊监管区域内货物之间的流转、调拨货物，特殊监管区域、保税监管场所之间相互流转货物，特殊监管区域内企业申报的与境内进出的货物，特殊监管区域外的加工贸易余料结转、深加工结转、内销等货物。

（九）运输工具名称

1. 含义

运输工具是指从事国际（地区）间运营业务进出关境和境内载运海关监管货物的工具。

在报关单中，“运输工具名称”栏根据不同的运输方式有不同的填报要求，一般需填报运输工具名称或编号及航次号，内容应与运输部门向海关提供的载货清单所列相应内容一致。

2. 填报要求

（1）水路运输填报“船舶英文名称（来往港澳小型船舶为监管簿编号）”或者“船舶编号”+“/”+“航次号”，即“运输工具名称”+“/”+“航次号”。例如，“MAY FLOWER”号轮“HV330W”航次，在“运输工具名称”栏填报为：“MAY FLOWER / HV330W”。

（2）公路运输填报“该跨境运输车辆的国内行驶车牌号”+“/”+“进出境日期 8 位数字”，顺序为年（4 位）、月（2 位）、日（2 位）。

（3）铁路运输填报“车厢编号”或“交接单号”+“/”+“进出境日期”。

（4）航空运输填报“航班号”。

（5）邮件运输填报“邮政包裹单号”+“/”+“进出境日期”。

（6）其他运输填报具体运输方式名称，例如，“管道”“驮畜”等。

（7）上述（1）～（6）适用于进出口货物直接在进出境地办理报关手续，并不适用于转关运输货物的情形。

（8）转关运输货物本栏目填报按照海关总署 2016 年第 51 号公告执行。

（十）提运单号

1. 含义

提运单号是指进出口货物提单或运单的编号。

2. 填报要求

（1）一份报关单只允许填报一个提运单号，一票货物对应多个提运单时，应分单填报。

（2）直接在进出境地或采用区域通关一体化通关模式办理报关手续的，按照以下要求填报：

① 水路运输：填报进出口提单号。如有分提单的，填报“进出口提单号”+“*”+“分提单号”。

② 公路运输：启用公路舱单前，免予填报；启用公路舱单后，填报进出口总运单号。

③ 铁路运输：填报运单号。

④ 航空运输：填报“总运单号”+“_”+“分运单号”，无分运单的填报总运单号。

⑤ 邮件运输：填报邮运包裹单号。

（3）转关运输货物的报关单，分为进口和出口两种情况：

① 进口，按运输方式不同具体分为以下五种情况：

a. 水路运输：直转、中转填报提单号。提前报关免予填报。

b. 铁路运输：直转、中转填报铁路运单号。提前报关免予填报。

c. 航空运输：直转、中转货物填报“总运单号”+“_”+“分运单号”。提前报关免予填报。

d. 其他运输方式：免予填报。

e. 以上运输方式进境货物，在广东省内用公路运输转关的，填报车牌号。

② 出口，按运输方式不同具体分为以下五种情况：

a. 水路运输：中转货物填报提单号；非中转货物免予填报；广东省内汽车运输提前报关的转关货物，填报承运车辆的车牌号。

b. 其他运输方式：免予填报。广东省内汽车运输提前报关的转关货物，填报承运车辆的车牌号。

（4）采用“集中申报”通关方式办理报关手续的，报关单填报归并的集中申报清单的进出口起止日期〔按年（4位）、月（2位）、日（2位），年（4位）、月（2位）、日（2位）〕。

（5）无实际进出境的，本栏目免予填报。

（十一）申报单位

自理报关的，本栏目填报进出口企业的名称及编码；委托代理报关的，本栏目填报报关企业名称及编码。

本栏目可选填18位法人和其他组织统一社会信用代码或10位海关注册编码任一项。

本栏目还包括报关单左下方用于填报申报单位有关情况的相关栏目，包括报关人员、申报单位签章。

（十二）监管方式

1. 含义

监管方式是以国际贸易中进出口货物的交易方式为基础，结合海关对进出口货物的征税、统计及监管条件综合设定的海关对进出口货物的管理方式。其代码由4位数字构成，前两位是按照海关监管要求和计算机管理需要划分的分类代码，后两位是参照国际标准编制的贸易方式代码。

2. 填报要求

（1）本栏目应根据实际情况，并按海关规定的《监管方式代码表》选择填报相应的监管方式简称或代码。一份报关单只允许填报一种监管方式。

（2）特殊情况下加工贸易货物监管方式填报要求如下：

① 进口少量低值辅料（即5 000美元以下，78种以内的低值辅料）按规定不使用《加工贸易手册》的，填报“低值辅料”。使用《加工贸易手册》的，按《加工贸易手册》上的监管方式填报。

② 外商投资企业为加工内销产品而进口的料件，属非保税加工的，填报“一般贸易”。外商投资企业全部使用国内料件加工的出口成品，填报“一般贸易”。

③ 加工贸易料件结转或深加工结转货物，按批准的监管方式填报。

④ 加工贸易料件转内销货物以及按料件办理进口手续的转内销制成品、残次品、未完成品，应填制进口报关单，填报“来料料件内销”或“进料料件内销”；加工贸易成品凭

《征免税证明》转为减免税进口货物的，应分别填制进、出口报关单，出口报关单本栏目填报“来料成品减免”或“进料成品减免”，进口报关单本栏目按照实际监管方式填报。

⑤ 加工贸易出口成品因故退运进口及复运出口的，填报“来料成品退换”或“进料成品退换”；加工贸易进口料件因换料退运出口及复运进口的，填报“来料料件退换”或“进料料件退换”；加工贸易过程中产生的剩余料件、边角料退运出口，以及进口料件因品质、规格等原因退运出口且不再更换同类货物进口的，分别填报“来料料件复出”“来料边角料复出”“进料料件复出”“进料边角料复出”。

⑥ 备料《加工贸易手册》中的料件结转转入加工出口《加工贸易手册》的，填报“来料加工”或“进料加工”。

⑦ 保税工厂的加工贸易进出口货物，根据《加工贸易手册》填报“来料加工”或“进料加工”

⑧ 加工贸易边角料内销和副产品内销，应填制进口报关单，填报“来料边角料内销”或“进料边角料内销”。

⑨ 企业销毁处置加工贸易货物未获得收入，销毁处置货物为料件、残次品的，填报“料件销毁”；销毁处置货物为边角料、副产品的，填报“边角料销毁”。企业销毁处置加工贸易货物获得收入的，填报“进料边角料内销”或“来料边角料内销”。

（3）常见监管方式的名称、代码、适用范围及主要填报要求，见表 2-4。

表 2-4　常见监管方式代码表

代码	代码简称	全　称
0110★	一般贸易	一般贸易
0130	易货贸易	易货贸易
0139	旅游购物商品	用于旅游者 5 万美元以下的出口小批量订单货
0200	料件放弃	主动放弃交由海关处理的来料或进料加工料件
0214★	来料加工	来料加工装配贸易进口料件及加工出口货物
0245	来料料件内销	来料加工料件转内销
0255★	来料深加工	来料深加工结转货物
0258	来料余料结转	来料加工余料结转
0265	来料料件复出	来料加工复运出境的原进口料件
0300	来料料件退换	来料加工料件退换
0314	加工专用油	国家贸易企业代理来料加工企业进口柴油
0320	不作价设备	加工贸易外商提供的进口设备
0345	来料成品内销	来料加工成品转内销
0400	成品放弃	主动放弃交由海关处理的来料或进料加工成品
0420	加工贸易设备	加工贸易项下外商提供的进口设备
0444	保区来进料成品	按成品征税的保税区进料加工成品转内销货物
0445	保区来料成品	按成品征税的保税区来料加工成品转内销货物

续表

代码	代码简称	全　称
0446	加工设备内销	加工贸易免税进口设备转内销
0456	加工设备结转	加工贸易免税进口设备结转
0466	加工设备退运	加工贸易免税进口设备退运出境
0500	减免设备结转	用于监管年限内减免设备的结转
0513	补偿贸易	补偿贸易
0544	保区进料料件	按料件征税的保税区进料加工转内销货物
0545	保区来料料件	按料件征税的保税区来料加工转内销货物
0615★	进料对口	进料加工（对口合同）
0642	进料以产顶进	进料加工成品以产顶进
0644	进料料件内销	进料加工料件转内销
0654★	进料深加工	进料深加工结转货物
0657	进料余料结转	进料加工余料结转
0664	进料料件复出	进料加工复运出境的原进口料件
0700	进料料件退换	进料加工料件退换
0744	进料成品内销	进料加工成品转内销
0815	低值辅料	低值辅料
0844	进料边角料内销	进料加工项下边角料转内销
0845	来料边角料内销	来料加工项下边角料内销
0864	进料边角料复出	进料加工项下边角料复出口
0865	来料边角料复出	来料加工项下边角料复出口
1139	国轮油物料	中国籍运输工具境内添加的保税油料、物料
1200	保税间货物	海关保税场所及保税区域之间往来的货物
1233	保税仓库货物	保税仓库进出境货物
1234	保税区仓储转口	保税区进出境仓储转口货物
1300	修理物品	进出境修理物品
1427	出料加工	出料加工
1500	租赁不满一年	租期不满一年的租赁贸易货物
1523	租赁贸易	租期在一年及以上的租赁贸易货物
1616	寄售代销	寄售、代销贸易
1741	免税品	免税品
1831	外汇商品	免税外汇商品
2025★	合资合作设备	合资合作企业作为投资进口设备物品

续表

代码	代码简称	全 称
2225★	外资设备物品	外资企业作为投资进口的设备物品
2439	常驻机构公用	外国常驻机构进口办公用品
2600★	暂时进出货物	暂时进出口货物
2700	展览品	进出境展览品
2939	陈列样品	驻华商业机构不复运出口的进口陈列样品
3010★	货样广告品 A	有经营权单位进出口的货样广告品
3039	货样广告品 B	无经营权单位进出口的货样广告品
3100★	无代价抵偿	无代价抵偿进出口货物
3339	其他进口免费	其他进口免费提供货物
3410	承包工程进口	对外承包工程进口物资
3422	对外承包出口	对外承包工程出口物资
3511	援助物资	国家和国际组织无偿援助物资
3612	捐赠物资	进出口捐赠物资
4019	边境小额	边境小额贸易（边民互市贸易除外）
4039	对台小额	对台小额贸易
4200	驻外机构运回	我驻外机构运回旧公用物品
4239	驻外机构购进	我驻外机构境外购买运回国的公务用品
4400	来料成品退换	来料加工成品退换
4500★	直接退运	直接退运
4539	进口溢误卸	进口溢卸、误卸货物
4561★	退运货物	因质量不符、延误交货等原因退运进出境货物
4600	进料成品退换	进料成品退换
9639	海关处理货物	海关变卖处理的超期未报货物、走私违规货物
9700	后续退补税	无原始报关单的后续退、补税
9739	其他贸易	其他贸易
9800	租赁征税	租赁期一年及以上的租赁贸易货物的租金
9839	留赠转卖物品	外交机构转售境内或国际活动留赠放弃特批货
9900	其他	其他

注：打★的请重点把握。

（十三）征免性质

1. 含义

征免性质是指海关根据《海关法》《关税条例》及国家有关政策对进出口货物实施的

征、减、免税管理的性质类别。

征免性质共有40种，常见的有：一般征税（101）、加工设备（501）、来料加工（502）、进料加工（503）、中外合资（601）、中外合作（602）、外资企业（603）、鼓励项目（789）、自有资金（799）等。征免性质代码表见表2-5。

表2-5 征免性质代码表

代码	简称	全 称
101★	一般征税	一般征税进出口货物
201	无偿援助	无偿援助进出口物资
299★	其他法定	其他法定减免税进出口货物
301	特定区域	特定区域进口自用物资及出口货物
307	保税区	保税区进口自用物资
399	其他地区	其他执行特殊政策地区出口货物
401★	科教用品	大专院校及科研机构进口科教用品
403	技术改造	企业技术改造进口货物
406	重大项目	国家重大项目进口货物
408	重大技术装备	生产重大技术装备进口关键零部件及原材料
409	科技重大专项	科技重大专项进口关键设备、零部件和原材料
412	基础设施	通信、港口、铁路、公路、机场建设进口设备
413	残疾人	残疾人组织和企业进出口货物
417	远洋渔业	远洋渔业自捕水产品
418	国产化	国家定点生产小轿车和摄录机企业进口散件
420	远洋船舶	远洋船舶及设备部件
421	内销设备	内销远洋船用设备及关键部件
422	集成电路	集成电路生产企业进口货物
423	新型显示器件	“新型显示器件”生产企业进口货物
499	ITA产品	非全税号信息技术产品
501★	加工设备	加工贸易外商提供的不作价进口设备
502★	来料加工	来料加工装配和补偿贸易进口料件及出口成品
503★	进料加工	进料加工贸易进口料件及出口成品
506	边境小额	边境小额贸易进口货物
510	港澳OPA	港澳在内地加工的纺织品获证出口
601	中外合资	中外合资经营企业进出口货物
602	中外合作	中外合作经营企业进出口货物
603	外资企业	外商独资企业进出口货物

续表

代码	简称	全 称
605	勘探开发煤气层	勘探开发煤气层
606	海洋石油	勘探、开发海洋石油进口货物
608	陆上石油	勘探、开发陆上石油进口货物
609	贷款项目	利用贷款进口货物
611	贷款中标	国际金额组织贷款、外国政府贷款中标机电设备零部件
789★	鼓励项目	国家鼓励发展的内外资项目进行设备
799★	自有资金	外商投资额度外利用自有资金进口设备、备件、配件
801	救灾捐赠	救灾捐赠进口物资
802	扶贫慈善	境外向我境内无偿捐赠用于扶贫慈善的免税进口物资
888	航材减免	经核准的航空公司进口维修用航空器材
898	国批减免	国务院特准减免税的进出口货物
997	自贸协定	
998	内部暂定	享受内部暂定税率的进出口货物
999	例外减免	例外减免税进出口货物

注：打★的请重点把握。

2. 填报要求

（1）一份报关单只允许填报一种征免性质；涉及多个征免性质的，应分单填报。

（2）按照海关核发的征免税证明中批注的征免性质填报，或根据进出口货物的实际情况，参照“征免性质代码表”选择填报相应的征免性质简称及代码。

（3）加工贸易货物应按海关核发的《加工贸易手册》中批注的征免性质填报相应的征免性质简称及代码。

（4）特殊情况填报要求如下：

①保税工厂经营的加工贸易，根据《加工贸易手册》填报“进料加工”或“来料加工”。

②外商投资企业为加工内销产品而进口的料件，属非保税加工的，填报“一般征税”或其他相应征免性质。

③加工贸易转内销货物，按实际情况填报（如一般征税、科教用品、其他法定等）。

④料件退运出口、成品退运进口货物填报“其他法定”（代码 0299）。

⑤加工贸易结转货物，本栏目免予填报。

⑥我国驻外使领馆工作人员、外国驻华机构及人员、非居民常驻人员、政府间协议规定等应税（消费税）进口自用小汽车，并且单台完税价格 130 万元及以上的，本栏填报“特案”。

（十四）备案号

1. 含义

备案号是指进出口货物收发货人、消费使用单位、生产销售单位在海关办理加工贸易合同备案或征、减、免税备案审批等手续时，海关核发的《加工贸易手册》《征免税证明》或其他备案审批文件的编号。

2. 填报要求

（1）一份报关单只允许填报一个备案号。无备案审批文件的报关单，本栏目免予填报。

（2）加工贸易项下货物，除少量低值辅料按规定不使用《加工贸易手册》及以后续补税监管方式办理内销征税的外，填报《加工贸易手册》编号。

使用异地直接报关分册和异地深加工结转出口分册在异地口岸报关的，本栏目应填报分册号；本地直接报关分册和本地深加工结转分册限制在本地报关，本栏目应填报总册号。

加工贸易成品凭《征免税证明》转为减免税进口货物的，进口报关单填报《征免税证明》编号，出口报关单填报《加工贸易手册》编号。

对加工贸易设备之间的结转，转入和转出企业分别填制进、出口报关单，在报关单“备案号”栏目填报《加工贸易手册》编号。

（3）涉及征、减、免税备案审批的报关单，填报《征免税证明》编号。

（4）减免税货物退运出口，填报《中华人民共和国海关进口减免税货物准予退运证明》的编号；减免税货物补税进口，填报《减免税货物补税通知书》的编号；减免税货物进口或结转进口（转入），填报《征免税证明》的编号；相应的结转出口（转出），填报《中华人民共和国海关进口减免税货物结转联系函》的编号。

（十五）贸易国（地区）

发生商业性交易的进口填报购自国（地区），出口填报售予国（地区）。未发生商业性交易的填报货物所有权拥有者所属的国家（地区）。

本栏目应按海关规定的《国别（地区）代码表》选择填报相应的贸易国（地区）中文名称及代码，见表2-6。

表2-6 国别（地区）代码表

代码	中文名称	代码	中文名称
110★	中国香港	307	意大利
116★	日本	331	瑞士
121	中国澳门	344★	俄罗斯联邦
132	新加坡	501	加拿大
133★	韩国	502★	美国
142★	中国	601★	澳大利亚
143★	台澎金马关税区	609	新西兰
303★	英国	701	国（地）别不详的
304★	德国	702	联合国及机构和国际组织
305★	法国	999	中性包装原产国别

（十六）启运国（地区）/运抵国（地区）

1. 含义

启运国（地区）是指进口货物起始发出直接运抵我国的国家或地区，或者在运输中转国（地区）未发生任何商业性交易的情况下运抵我国的国家或地区。

运抵国（地区）是指出口货物离开我国关境直接运抵的国家或地区，或者在运输中转国（地区）未发生任何商业性交易的情况下最后运抵的国家或地区。

2. 填报要求

（1）进口货物报关单的“启运国（地区）”栏和出口货物报关单的“运抵国（地区）”栏，应按海关规定的《国别（地区）代码表》选择填报相应国别（地区）的中文名称及代码。

（2）直接运抵货物。对于直接运抵的货物，以货物起始发出的国家或地区为起运国（地区），货物直接运抵的国家或地区为运抵国（地区）。

（3）中转货物。中转货物指船舶、飞机等运输工具从装运港将货物装运后，不直接驶往目的港，而在中途的港口卸下后，再换装另外的船舶、飞机等运输工具转运往目的港。

货物是否中转，可根据随附单据中的有关信息来判断，如随附单据中出现“VIA”或“IN TRANSIT TO”字样，则可确定货物发生了中转。“VIA”后面的是中转地，“VIA”是指“经由某地到达某地”。“IN TRANSIT TO”是指“转运到……”，跟在“IN TRANSIT TO”后面的是目的地。

对于中转货物，启运国（地区）或运抵国（地区）分两种不同情况填报。

① 中转而未发生任何买卖关系的货物，其启运国（地区）或运抵国（地区）不变。即以进口货物的始发国（地区）为启运国（地区）填报，以出口货物的最终目的国（地区）为运抵国（地区）填报。

② 对于发生运输中转并发生了买卖关系的货物，其中转地为启运国（地区）或运抵国（地区）。

是否在中转地发生了买卖关系，可以通过提单、发票等单证来判断。

（4）无实际进出境的货物，启运国（地区）或运抵国（地区）应为中国（代码 142）。

（十七）装货港/指运港

1. 含义

装货港也称装运港，是指货物起始装运的港口。报关单上的“装货港”栏是专指进口货物在运抵我国关境前的最后一个境外装运港。

指运港亦称目的港，指最终卸货的港口。报关单上的“指运港”栏专指出口货物运往境外的最终目的港。

2. 填报要求

（1）本栏应根据实际情况按海关规定的《港口代码表》选择填报相应的港口中文名称及代码。装货港/指运港在《港口代码表》中无港口中文名称及代码的，可选择填报相应的国家中文名称或代码。

（2）对于直接运抵货物以货物实际装货的港口为装货港，货物直接运抵的港口为指运港。

（3）对于发生运输中转的货物，最后一个中转港就是装货港，指运港不受中转影响。

（4）对于无实际进出境的货物，“装货港”栏或“指运港”栏应填报“中国境内”（代码 142）。

（十八）境内目的地/境内货源地

1. 含义

境内目的地是指已知的进口货物在我国关境内的消费、使用地区或最终运抵的地点。

境内货源地是指出口货物在我国关境内的生产地或原始发货地（包括供货地点）。

2. 填报要求

（1）本栏目应按“国内地区代码表”选择国内地区名称及代码填报。

（2）“境内目的地”应填报进口货物在境内的消费、使用地或最终运抵地。一般为最终使用单位所在的地区。

（3）“境内货源地”应填报出口货物的生产地或原始发货地。出口货物产地难以确定的，填报最早发运该出口货物的单位所在地。

（十九）许可证号

1. 含义

许可证号是指商务部配额许可证事务局及其授权的部门签发的进出口许可证编号。

2. 填报要求

（1）一份报关单只允许填报一个许可证号。

（2）本栏目只能填报进（出）口许可证、两用物项和技术进（出）口许可证、两用物项和技术出口许可证（定向）、纺织品临时出口许可证、出口许可证（加工贸易）、出口许可证（边境小额贸易）的编号。

（二十）成交方式

1. 含义

成交方式是指在进出口贸易中进出口商品的价格构成和买卖双方各自应承担的责任、费用和风险，以及货物所有权转移的界限。成交方式在国际贸易中称为贸易术语，又称价格术语，在我国习惯称为价格条件。成交方式包括两方面的内容：一方面表示交货条件，另一方面表示成交价格的构成因素。

在我国进出口贸易活动中常见的成交方式有：CIF、CFR、FOB、CPT、CIP等。值得注意的是，报关单填制中的诸如“CIF”“CFR”“FOB”等成交方式是中国海关规定的“成交方式代码表”中所指定的成交方式，与《2010年通则》中的贸易术语内涵并非完全一致。这里的“CIF”“CFR”“FOB”并不仅限于水路而适用于任何运输方式，主要体现成本、运费、保险费等成交价格构成因素，目的在于方便海关税费的计算。《2010年通则》11种贸易术语与报关单“成交方式”栏一般对应关系见表2-7。

表2-7 成交方式与贸易术语，运费、保费逻辑关系表

代码	成交方式	进口		出口		11种术语
		运费	保费	运费	保费	
1	CIF			填报	填报	C组和D组
2	CFR		填报	填报		CPT
3	FOB	填报	填报			E组和F组

2. 填报要求

（1）本栏应按海关规定的《成交方式代码表》（见表 2-7）选择填报相应的成交方式代码。

（2）无实际进出境的货物，进口成交方式填报为 CIF，出口成交方式填报为 FOB。

（二十一）运费

1. 含义

运费是指进出口货物从始发地至目的地的国际运输所需要的各种费用。

2. 填报要求

（1）本栏目填报进口货物运抵我国境内输入地点起卸前的运输费用，出口货物运至我国境内输出地点装载后的运输费用。在不同成交方式下，运费栏填报要求不同，详见表 2-7。

（2）本栏应根据具体情况选择运费单价、运费总价或运费率三种方式之一填报，同时注明运费标记，并按海关规定的“货币代码表”选择填报相应的币种代码。运费标记“1”表示运费率，“2”表示每吨货物的运费单价，“3”表示运费总价。三种填报方式见表 2-8。

（3）运保费合并计算的，运保费填报在“运费”栏中。

表 2-8　运费栏的三种填报方式

运费标记	表示项目	填报方式	举例说明
1	运费率	运费率的数值	3% 的运费率填报“3/1”
2	运费单价	货币代码/单价数值/2	50 美元的运费单价填报 502/50/2
3	运费总价	货币代码/运费总价/3	5 000 美元的保费总价填报 502/5000/3

（二十二）保费

1. 含义

保费是指被保险人允予承保某种损失、风险而支付给保险人的对价或报酬。进出口货物报关单所列的保费专指进出口货物在国际运输过程中，由被保险人付给保险人的保险费用。

2. 填报要求

（1）本栏目填报进口货物运抵我国境内输入地点起卸前的保险费用，出口货物运至我国境内输出地点装载后的保险费用。在不同成交方式下，运费栏填报要求不同，详见表 2-7。

（2）本栏应根据具体情况选择保险费总价或保险费率两种方式之一填报，同时注明保险费标记，并按海关规定的“货币代码表”选择填报相应的币种代码。保险费标记“1”表示保险费率，“3”表示保险费总价。两种填报方式见表 2-9。

（3）运保费合并计算的，运保费填报在“运费”栏中，本栏目免予填报。

表 2-9　保费栏的 2 种填报方式

保费标记	表示项目	填报方式	举例说明
1	保费率	保费率的数值	3‰的保费率填报“0.3/1”
3	保费总价	货币代码/保费总价/3	5 000 港元的保费总价填报 110/5000/3

（二十三）杂费

1. 含义

杂费是指成交价格以外的，应计入货物价格或应从货物价格中扣除的费用，如手续费、佣金、折扣等。

2. 填报要求

（1）本栏应根据具体情况选择杂费总价或杂费率两种方式之一填报，同时注明杂费标记，并按海关规定的“货币代码表”选择填报相应的币种代码。杂费标记“1”表示杂费率，“3”表示杂费总价。两种填报方式见表2-10。

（2）应计入完税价格的杂费填报为正值或正率，应从完税价格中扣除的杂费填报为负值或负率。

（3）无杂费时，本栏免填。

表2-10 杂费栏的两种填报方式

标记	表示项目	填报方式	计入完税价格中	从完税价格中扣除的
1	杂费率	杂费率的数值	1.5%的杂费率填报为1.5/1	1%的回扣率填报为-1/1
3	杂费总价	货币代码/杂费总价/3	500日元总价填报为116/500/3	116/-500/3

（二十四）合同协议号

1. 含义

合同协议号是指在进出口贸易中，买卖双方或数方当事人根据国际贸易惯例或国家的法律、法规，自愿按照一定的条件买卖某种商品所签署的合同或协议的编号。

在原始单据（发票）上合同号一般表示为“Contract No.：××××××”。例如：“Contract No.：ABC-456”。

2. 填报要求

（1）填报进出口货物合同（包括协议或订单）的编号。如上例中的“合同协议号”栏应填报为“ABC-456”。

（2）注意合同协议号可以表示为“Contract No.”“S/C NO.”“P/O NO.”等。

（3）未发生商业性交易的免予填报。

（二十五）件数

1. 含义

件数是指有外包装的单件进出口货物的实际件数，货物可以单独计数的一个包装称为1件。

2. 填报要求

（1）“件数”栏填报有外包装的进出口货物的实际件数。

（2）裸装、散装货物，“件数”栏填报为“1”。本栏目不得填报为零。

（3）有关单据仅列明托盘件数，或者既列明托盘件数，又列明单件包装件数的，本栏填报托盘件数。例如：“2 PALLETS 100 CTNS”，件数应填报为“2”。

（4）有关单据既列明集装箱个数，又列明托盘件数、单件包装件数的，按以上要求填报。如仅列明集装箱个数，未列明托盘或者单件包装件数的，填报集装箱个数。

（二十六）包装种类

1. 含义

商品的包装是指包裹和捆扎货物用的内部或外部包装和捆扎物的总称。一般情况下，应以装箱单或提运单据所反映的货物处于运输状态时的最外层包装或称运输包装作为“包装种类”向海关申报，并相应计算件数。

进出口货物报关单所列的“包装种类”栏是指进出口货物在运输过程中外表所呈现的状态，包括包装材料、包装方式等。

2. 填报要求

本栏目应根据进出口货物的实际外包装种类，如木箱、纸箱、铁桶、散装、裸装、托盘、包、捆、袋等，按海关规定的《包装种类代码表》选择填报相应的包装种类代码。

（二十七）毛重

1. 含义

毛重是指进出口货物重量加上其外包装材料的重量。

2. 填报要求

（1）“毛重”栏填报进出口货物及其包装材料的重量之和，计量单位为千克，不足 1 千克的填报为“1”。

（2）应以合同、发票、提（运）单、装箱单等有关单证所显示的重量确定进出口货物的毛重填报。

（3）如货物的毛重在 1 千克以上且非整数，其小数点后保留 4 位，第 5 位及以后略去。

（4）报关单的“毛重”栏不得为空，毛重应大于或等于 1。

（二十八）净重

1. 含义

净重是指货物的毛重扣除外包装材料后所表示出来的纯商品重量。部分商品的净重还包括直接接触商品的销售包装物料的重量（如罐头装食品等）。

2. 填报要求

（1）“净重”栏填报进出口货物的毛重减去外包装材料后的重量，即货物本身的实际重量，计量单位为千克，不足 1 千克的填报为“1”。

（2）进出口货物的净重依据合同、发票、装箱单等有关单证确定填报。

（3）如货物的净重在 1 千克以上且非整数，其小数点后保留 4 位，第 5 位及以后略去。

（4）以毛重作为净重计价的，可填毛重。

（5）按照国际惯例以公量重计价的货物，如未脱脂羊毛、羊毛条等，填报公量重。

（6）对采用零售包装的酒类、饮料，应按照液体部分的重量填报。

（二十九）集装箱号

1. 含义

集装箱又称货柜，是一种用金属板材或木材、塑料、纤维板制成的长方体的大箱，常见规格为 20 英尺①和 40 英尺。集装箱号是在每个集装箱箱体两侧标示的全球唯一的编号。其

① 1 英尺 = 0.304 8 米。

组成规则是：箱主代号（3位字母）+设备识别号“U”+顺序号（6位数字）+校验码（1位数字），例如EASU9809490。

2. 填报要求

（1）本栏目不得为空，非集装箱货物，填报为“0”。

（2）本栏目填报集装箱号、集装箱的规格和集装箱的自重，格式为：“集装箱号”+“/”+“规格”+“/”+“自重”。

例如，一个20英尺集装箱，箱号为TEXU3605231，自重2 275千克。应填报为：TEXU3605231/20/2275。

（3）一个集装箱填一条记录。

（三十）随附单证

1. 含义

随附单证，是指随进出口货物报关单一并向海关递交的，在“许可证号”栏填报的进出口许可证以外的其他进出口许可证件或监管证件。

2. 填报要求

（1）本栏目分为随附单证代码和随附单证编号两栏，其中代码栏应按海关规定的《监管证件代码表》选择填报相应证件代码，见表2-11；编号栏应填报证件编号。

（2）加工贸易内销征税报关单，随附单证代码栏填写“c”，随附单证编号栏填写海关审核通过的内销征税联系单号。

（3）优惠贸易协定项下进出口货物。一份报关单仅对应一份原产地证书或原产地声明。有关优惠贸易协定项下报关单填制要求按照海关总署2016年第51号公告执行。

表2-11 监管证件代码表

代码	监管证件名称	代码	监管证件名称
1	进口许可证	E	濒危物种允许出口证明书
4	出口许可证	F	濒危物种允许进口证明书
5	纺织品临时出口许可证	O	自动进口许可证（新旧机电品）
7	自动进口许可证	P	固体废物进口许可证
A	入境货物通关单	Y	原产地证明
B	出境货物通关单	v	自动进口许可证（加工贸易）

（三十一）标记唛码及备注

1. 含义

标记唛码是运输标志的俗称。进出口货物报关单上标记唛码专指货物的运输标志。

标记唛码英文表示为：Marks、Marking、MKS、Marks&No.、Shipping Marks等。它通常是由一个简单的几何图形和一些字母、数字及简单的文字组成，一般分列为收货人代号、合同号和发票号、目的地、原产国、最终目的国、目的港或中转港、件数号码等项。

备注是指填制报关单时需要备注的事项，包括关联备案号、关联报关单号，以及其他需要补充或特别说明的事项。

2. 填报要求

（1）标记唛码中除图形以外的文字、数字。

（2）受外商投资企业委托代理其进口投资设备、物品的进出口企业名称。

（3）与本报关单有关联关系的，同时在业务管理规范方面又要求填报的备案号，填报在电子数据报关单中“关联备案”栏。

加工贸易结转货物及凭《征免税证明》转内销货物，其对应的备案号应填报在“关联备案”栏。

减免税货物结转进口（转入），报关单“关联备案”栏应填写本次减免税货物结转所申请的《中华人民共和国海关进口减免税货物结转联系函》的编号。

减免税货物结转出口（转出），报关单“关联备案”栏应填写与其相对应的进口（转入）报关单“备案号”栏中《征免税证明》的编号。

（4）与本报关单有关联关系的，同时在业务管理规范方面又要求填报的报关单号，填报在电子数据报关单中“关联报关单”栏。

加工贸易结转类的报关单，应先办理进口报关，并将进口报关单号填入出口报关单的“关联报关单”栏。

办理进口货物直接退运手续的，除另有规定外，应当先填写出口报关单，再填写进口报关单，并将出口报关单号填入进口报关单的“关联报关单”栏。

减免税货物结转出口（转出），应先办理进口报关，并将进口（转入）报关单号填入出口（转出）报关单的“关联报关单”栏。

（5）办理进口货物直接退运手续的，本栏目填报“<ZT”+“海关审核联系单号或者《海关责令进口货物直接退运通知书》编号”+“>”。

（6）保税监管场所进出货物，在“保税/监管场所”栏填写本保税监管场所编码［保税物流中心（B 型）填报本中心的国内地区代码］，其中涉及货物在保税监管场所间流转的，在本栏填写对方保税监管场所代码。

（7）涉及加工贸易货物销毁处置的，填写海关加工贸易货物销毁处置申报表编号。

（8）当监管方式为“暂时进出货物”（2600）和“展览品”（2700）时，如果为复运进出境货物，在进出口货物报关单的本栏内分别填报“复运进境”“复运出境”。

（9）跨境电子商务进出口货物，在本栏目内填报“跨境电子商务”。

（10）加工贸易副产品内销，在本栏内填报“加工贸易副产品内销”。

（11）服务外包货物进口，填报“国际服务外包进口货物”。

（12）公式定价进口货物应在报关单备注栏内填写公式定价备案号，格式为：“公式定价”+“备案编号”+“@”。对于同一报关单下有多项商品的，如需要指明某项或某几项商品为公式定价备案的，则备注栏内填写应为：“公式定价”+“备案编号”+“#”+“商品序号”+“@”。

（13）获得《预审价决定书》的进出口货物，应在报关单备注栏内填报《预审价决定书》编号，格式为预审价（“P”+“2 位商品项号”+“决定书编号”），若报关单中有多项商品为预审价，需依次写入括号中。

（14）含预归类商品报关单，应在报关单备注栏内填写预归类“R-3-关区代码-年份-顺序”编号，其中关区代码、年份、顺序编号均为 4 位数字，例如 R-3-0100-2016-0001。

（15）含归类裁定报关单，应在报关单备注栏内填写归类裁定编号，格式为“c”+“4位数字编号”，例如c0001。

（16）申报时其他必须说明的事项填报在本栏目。

三、进出口货物报关单表体主要栏目的填报

进出口货物报关单表体部分包括12个栏目。

（一）项号

1. 含义

项号是指申报货物在报关单中的商品排列序号及该项商品在加工贸易手册、征免税证明等备案单证中的顺序编号。

报关单商品项指标组上限为50，主要是为解决部分因商品项数限制导致的物流凭证拆分问题。

2. 填报要求

（1）本栏目分两行填报及打印。第一行填报报关单中的商品顺序编号。第二行专用于加工贸易、减免税等已备案、审批的货物，填报和打印该项货物在《加工贸易手册》或《征免税证明》等备案、审批单证中的顺序编号。有关优惠贸易协定项下报关单填制要求按照海关总署2016年第51号公告执行。

（2）加工贸易项下进出口货物的报关单。第一行填报报关单中的商品顺序编号，第二行填报该项商品在《加工贸易手册》中的商品项号，用于核销对应项号下的料件或成品数量。其中第二行特殊情况填报要求如下：

① 深加工结转货物，分别按照《加工贸易手册》中的进口料件项号和出口成品项号填报。

② 料件结转货物（包括料件、制成品和未完成品折料），出口报关单按照转出《加工贸易手册》中进口料件的项号填报；进口报关单按照转进《加工贸易手册》中进口料件的项号填报。

③ 料件复出货物（包括料件、边角料），出口报关单按照《加工贸易手册》中进口料件的项号填报；如边角料对应一个以上料件项号时，填报主要料件项号。料件退换货物（包括料件、不包括未完成品），进出口报关单按照《加工贸易手册》中进口料件的项号填报。

④ 成品退换货物，退运进境报关单和复运出境报关单按照《加工贸易手册》原出口成品的项号填报。

⑤ 加工贸易料件转内销货物（以及按料件办理进口手续的转内销制成品、残次品、未完成品）应填制进口报关单，填报《加工贸易手册》进口料件的项号；加工贸易边角料、副产品内销，填报《加工贸易手册》中对应的进口料件项号。如边角料或副产品对应一个以上料件项号时，填报主要料件项号。

⑥ 加工贸易成品凭《征免税证明》转为减免税货物进口的，应先办理进口报关手续。进口报关单填报《征免税证明》中的项号，出口报关单填报《加工贸易手册》原出口成品项号，进、出口报关单货物数量应一致。

⑦ 加工贸易货物销毁，本栏目应填报《加工贸易手册》中相应的进口料件项号。

⑧ 加工贸易副产品退运出口、结转出口，本栏目应填报《加工贸易手册》中新增的变更副产品的出口项号。

⑨ 经海关批准实行加工贸易联网监管的企业，按海关联网监管要求，企业需申报报关清单的，应在向海关申报进出口（包括形式进出口）报关单前，向海关申报“清单”。一份报关清单对应一份报关单，报关单上的商品由报关清单归并而得。加工贸易电子账册报关单中项号、品名、规格等栏目的填制规范比照《加工贸易手册》。

（二）商品编号

1. 含义

商品编号是指由进出口货物的税则号列及符合海关监管要求的附加编号组成的10位编号。

2. 填报要求

本栏目填报的商品编号由10位数字组成。前8位为《中华人民共和国进出口税则》确定的进出口货物的税则号列，同时也是《中华人民共和国海关统计商品目录》确定的商品编码，后2位为符合海关监管要求的附加编号。

（三）商品名称、规格型号

1. 含义

商品名称，在报关单中是指进出口货物规范的中文名称。如果发票中的商品名称为英文名称，则需翻译成规范的中文名称填报，必要时加注原文。

商品的规格型号是指反映商品性能、品质和规格的一系列指标，如品牌、等级、成分、含量、纯度、大小、长短、粗细等。

2. 填报要求

（1）本栏目分两行填报及打印。第一行填报进出口货物规范的中文商品名称，第二行填报规格型号。

（2）商品名称及规格型号应据实填报，并与进出口货物收发货人或受委托的报关企业所提交的合同、发票等相关单证相符。

（3）商品名称应当规范，规格型号应当足够详细，以能满足海关归类、审价及许可证件管理要求为准，可参照《中华人民共和国海关进出口商品规范申报目录》中对商品名称、规格型号的要求进行填报。

（4）加工贸易等已备案的货物，填报的内容必须与备案登记中同项号下货物的商品名称一致。

（5）对需要海关签发《货物进口证明书》的车辆，商品名称栏应填报“车辆品牌+排气量（注明cc）+车型（如越野车、小轿车等）”。进口汽车底盘不填报排气量。车辆品牌应按照《进口机动车辆制造厂名称和车辆品牌中英文对照表》中“签注名称”一栏的要求填报。规格型号栏可填报“汽油型”等。

（6）由同一运输工具同时运抵同一口岸并且属于同一收货人、使用同一提单的多种进口货物，按照商品归类规则应当归入同一商品编号的，应当将有关商品一并归入该商品编号。商品名称填报一并归类后的商品名称；规格型号填报一并归类后商品的规格型号。

（7）加工贸易边角料和副产品内销，边角料复出口，本栏目填报其报验状态的名称和规格型号。

（8）进口货物收货人以一般贸易方式申报进口属于《需要详细列名申报的汽车零部件清单》（海关总署2006年第64号公告）范围内的汽车生产件的，应按以下要求填报：

① 商品名称填报进口汽车零部件的详细中文商品名称和品牌，中文商品名称与品牌之间用“/”相隔，必要时加注英文商业名称；进口的成套散件或者毛坯件应在品牌后加注“成套散件”“毛坯”等字样，并与品牌之间用“/”相隔。

② 规格型号填报汽车零部件的完整编号。在零部件编号前应当加注“S”字样，并与零部件编号之间用“/”相隔，零部件编号之后应当依次加注该零部件适用的汽车品牌和车型。

汽车零部件属于可以适用于多种汽车车型的通用零部件的，零部件编号后应当加注“TY”字样，并用“/”与零部件编号相隔。

与进口汽车零部件规格型号相关的其他需要申报的要素，或者海关规定的其他需要申报的要素，如“功率”“排气量”等，应当在车型或“TY”之后填报，并用“/”与之相隔。

汽车零部件报验状态是成套散件的，应当在“标记唛码及备注”栏内填报该成套散件装配后的最终完整品的零部件编号。

（9）进口货物收货人以一般贸易方式申报进口属于《需要详细列名申报的汽车零部件清单》（海关总署2006年第64号公告）范围内的汽车维修件的，填报规格型号时，应当在零部件编号前加注“W”，并与零部件编号之间用“/”相隔；进口维修件的品牌与该零部件适用的整车厂牌不一致的，应当在零部件编号前加注“WF”，并与零部件编号之间用“/”相隔。其余申报要求同上条执行。

（四）数量及单位

1. 含义

进出口货物报关单上的数量是指进出口商品的实际数量。

计量单位分为成交计量单位和海关法定计量单位。成交计量单位是指买卖双方在交易过程中所确定的计量单位。海关法定计量单位又分为法定第一计量单位和法定第二计量单位。海关法定计量单位以《中华人民共和国海关统计商品目录》中规定的计量单位为准。

2. 填报要求

（1）本栏目分三行填报及打印。

（2）第一行应按进出口货物的法定第一计量单位填报数量及单位，法定计量单位以《中华人民共和国海关统计商品目录》中的计量单位为准。

（3）凡列明有法定第二计量单位的，应在第二行按照法定第二计量单位填报数量及单位。无法确定第二计量单位的，本栏目第二行为空。

（4）成交计量单位及数量应填报并打印在第三行。

（5）法定计量单位为“千克”的数量填报，特殊情况下填报要求如下：

① 装入可重复使用的包装容器的货物，应按货物扣除包装容器后的重量填报，如罐装同位素、罐装氧气及类似品等。

② 使用不可分割包装材料和包装容器的货物，按货物的净重填报（即包括内层直接包装的净重重量），如采用供零售包装的罐头、药品及类似品等。

③ 按照商业惯例以公量重计价的商品，应按公量重填报，如未脱脂羊毛、羊毛条等。

④ 采用以毛重作为净重计价的货物，可按毛重填报，如粮食、饲料等大宗散装货物。

⑤ 采用零售包装的酒类、饮料、化妆品，按照液体部分的重量填报。

(6) 成套设备、减免税货物如需分批进口，货物实际进口时，应按照实际报验状态确定数量。

(7) 具有完整品或制成品基本特征的不完整品、未制成品，根据《商品名称及编码协调制度》归类规则应按完整品归类的，按照构成完整品的实际数量填报。

(8) 加工贸易等已备案的货物，成交计量单位必须与《加工贸易手册》中同项号下货物的计量单位一致，加工贸易边角料和副产品内销、边角料复出口，本栏目填报其报验状态的计量单位。

(9) 优惠贸易协定项下进出口商品的成交计量单位必须与原产地证书上对应商品的计量单位一致。

(10) 法定计量单位为立方米的气体货物，应折算成标准状况（即摄氏零度及 1 个标准大气压）下的体积进行填报。

（五）原产国（地区）/最终目的国（地区）

1. 含义

原产国（地区）是指进口货物的生产、开采或加工制造的国家或地区。原产国（地区）应依据《中华人民共和国进出口货物原产地条例》《中华人民共和国海关关于执行〈非优惠原产地规则中实质性改变标准〉的规定》以及海关总署关于各项优惠贸易协定原产地管理规章规定的原产地确定标准填报。

最终目的国（地区）是指已知的进出口货物最终实际消费、使用或进一步加工制造国家（地区）。不经过第三国（地区）转运的直接运输货物，以运抵国（地区）为最终目的国（地区）；经过第三国（地区）转运的货物，以最后运往国（地区）为最终目的国（地区）。

2. 填报要求

(1) 本栏目按“国别（地区）代码表”选择填报相应的国家（地区）中文名称及代码。

(2) 同一批进出口货物的原产地不同的，应分别填报原产国（地区）。进出口货物原产国（地区）无法确定的，填报“国别不详”（代码 701）。

(3) 同一批进出口货物的最终目的国（地区）不同的，应分别填报最终目的国（地区）。进出口货物不能确定最终目的国（地区）时，以尽可能预知的最后运往国（地区）为最终目的国（地区）。

（六）单价

单价是指进出口货物实际成交的商品单位价格的金额部分。

本栏目填报同一项号下进出口货物实际成交的商品单位价格。无实际成交价格的，本栏目填报单位货值。

（七）总价

总价是指进出口货物实际成交的商品总价的金额部分。本栏目填报同一项号下进出口货物实际成交的商品总价格。无实际成交价格的，本栏目填报货值。

（八）币制

币制是指进出口货物实际成交价格的计价货币的名称。

本栏目应按海关规定的《货币代码表》选择相应的货币名称及代码填报，如《货币代码表》中无实际成交币种，需将实际成交货币按申报日外汇折算率折算成《货币代码表》列明的货币填报。常用货币代码表见表 2-12。

表 2-12　常用货币代码表

货币代码	货币符号	货币名称
110	HKD	港币
142	CNY	人民币
502	USD	美元
116	JPY	日元
303	GBP	英镑
300	EUR	欧元

（九）征免

本栏目应按照海关核发的《征免税证明》或有关政策规定，对报关单所列每项商品选择海关规定的《征减免税方式代码表》（详见表 2-13）中相应的征减免税方式填报。

加工贸易货物报关单应根据《加工贸易手册》中备案的征免规定填报；《加工贸易手册》中备案的征免规定为“保金”或“保函”的，应填报“全免”。

表 2-13　征减免税方式代码表

代　码	名　称
1	照章征税
2	折半征税
3	全免
4	特案
5	随征免性质
6	保证金
7	保函

（十）特殊关系确认

本栏目根据《中华人民共和国海关审定进出口货物完税价格办法》（以下简称《审价办法》）第十六条，填报确认进出口行为中买卖双方是否存在特殊关系，有下列情形之一的，应当认为买卖双方存在特殊关系，在本栏目应填报“是”，反之则填报“否”：

（1）买卖双方为同一家族成员的。

（2）买卖双方互为商业上的高级职员或者董事的。

（3）一方直接或者间接地受另一方控制的。

（4）买卖双方都直接或者间接地受第三方控制的。

（5）买卖双方共同直接或者间接地控制第三方的。

(6) 一方直接或者间接地拥有、控制或者持有对方5%以上（含5%）公开发行的有表决权的股票或者股份的。

(7) 一方是另一方的雇员、高级职员或者董事的。

(8) 买卖双方是同一合伙的成员的。

买卖双方在经营上相互有联系，一方是另一方的独家代理、独家经销或者独家受让人，如果符合前款的规定，也应当视为存在特殊关系。

本栏目出口货物免予填报，加工贸易及保税监管货物（内销保税货物除外）免予填报。

（十一）价格影响确认

本栏目根据《审价办法》第十七条，填报确认纳税义务人是否可以证明特殊关系未对进口货物的成交价格产生影响，纳税义务人能证明其成交价格与同时或者大约同时发生的下列任何一款价格相近的，应视为特殊关系未对成交价格产生影响，在本栏目应填报“否”，反之则填报“是”：

(1) 向境内无特殊关系的买方出售的相同或者类似进口货物的成交价格。

(2) 按照《审价办法》第二十三条的规定所确定的相同或者类似进口货物的完税价格。

(3) 按照《审价办法》第二十五条的规定所确定的相同或者类似进口货物的完税价格。

本栏目出口货物免予填报，加工贸易及保税监管货物（内销保税货物除外）免予填报。

（十二）与货物有关的特许权使用费支付确认

本栏目根据《审价办法》第十一条和第十三条，填报确认买方是否存在向卖方或者有关方直接或者间接支付与进口货物有关的特许权使用费，且未包括在进口货物的实付、应付价格中。

买方存在需向卖方或者有关方直接或者间接支付特许权使用费，且未包含在进口货物实付、应付价格中，并且符合《审价办法》第十三条的，在“支付特许权使用费确认”栏目应填报“是”。

买方存在需向卖方或者有关方直接或者间接支付特许权使用费，且未包含在进口货物实付、应付价格中，但纳税义务人无法确认是否符合《审价办法》第十三条的，在本栏目应填报“是”。

买方存在需向卖方或者有关方直接或者间接支付特许权使用费且未包含在实付、应付价格中，纳税义务人根据《审价办法》第十三条，可以确认需支付的特许权使用费与进口货物无关的，填报“否”。

买方不存在向卖方或者有关方直接或者间接支付特许权使用费的，或者特许权使用费已经包含在进口货物实付、应付价格中的，填报“否”。

本栏目出口货物免予填报，加工贸易及保税监管货物（内销保税货物除外）免予填报。

进出口货物报关单除以上栏目之外，还有版本号、货号、录入员、录入单位、海关批注及签章等栏目，填报要求按照海关总署2016年第51号公告执行。

任务实施

1. 完成步骤

(1) 将学生分为5~6组，每组6~8人。

（2）以小组为单位，学习报关单填制的栏目规范要求，并根据发票、装箱单、提单等单据信息，独立或小组共同完成项目中报关单填制部分。

（3）个人独立完成报关单表头部分一（第1~12各栏目的填制）。

（4）各组选1人进行交流，组内其他人到他组交流学习，之后对难点重点栏目进行讲评。

（5）个人独立完成报关单表头部分二（第13~26各栏目的填制）。

（6）与（4）同样的进行交流，再对难点重点栏目进行讲评。

（7）个人独立完成报关单表体部分（第27~34各栏目的填制）。

（8）完成这部分内容的交流评价，最后完成对这次任务的评价。

2. 考评标准

考评标准见表2-14。

表2-14 填制纸质报关单考评标准表

被考评人						
考评地点						
考评内容	填制纸质报关单					
考评标准	内容	分值	自我评价	他人评价	他组评价	教师评价
	表头部分一（第1~12各栏目）	50				
	表头部分二（第13~26各栏目）	30				
	表体部分（第27~34各栏目）	20				
合计		100				
实际得分						

备注：

1. 实际得分=自我评价＊20%+他人评价＊20%+他组评价＊20%+教师评价＊40%；
2. 考评满分为100分，60~74分为及格，75~84分为良好，85分以上为优秀。

任务三 录入电子数据报关单

任务目标

学生能够快速、准确地录入电子数据进出口货物报关单信息。

案例引入

本工作项目中，太仓捷达报关公司使用的报关软件是上海美华公司设计开发的智迅通报关软件。为了使小陈能尽快上手，进行输入工作，王经理交给小陈一份出口货物的报关信息和一份进口货物的报关信息，然后打开软件界面，让小陈尝试着去练习操作。

请以小陈的名义完成此任务。

文字资料

1. 录入一份出口货物报关单，信息如下：

申报号：（6 位学号）006；备案号：C22104150889；主管海关：浦江海关；出口口岸：外港海关；合同号：MG001/04；经营单位：任意；企业性质：个体；运输方式：江海运输；运输工具名称：EVER UBERTY/7-050W；提运单号：LTNV858590（6 位学号）；发货单位：任意；货主地区：上海浦东新区；申报单位：任意；监管方式：进料对口；结汇方式：电汇；运抵国地：任意；指运港：任意；征免性质：进料加工；纳税方式：地方；批准文号：014（6 位学号）；成交方式：FOB；运费/率：无；保费/率：无；杂费/率：无；包装种类：纸箱；件数：160；毛重（KG）：3 520；净重（KG）：3 360；唛码及备注：无；集装箱数：1。

货品信息（品名：电子温度计，申报数量：763，数量单位：个，币制：美元，总价：48 093，单价：63，国别：任意）。

新贸序号：1；商品号：90251990；征税方式：全免。

2. 录入一份进口货物报关单，信息如下：

申报号：（6 位学号）971；备案号：C23144450479；主管海关：浦江海关；进口口岸：吴淞海关；合同号：PC10040155；进口日期：2016/10/22；申报日期：2016/10/30；经营单位：任意；企业性质：独资；运输方式：江海运输；运输工具名称：YM ATHENS/0024E；提运单号：HJSCBREE00（6 位学号）＊08；收货单位：3205240663，苏州赛琅泰克高技术陶瓷有限公司；货主地区：苏州工业园区；申报单位：任意；监管方式：进料对口；纳税比：无；起运国地：德国；装货港：不来梅；征免性质：进料加工；纳税方式：地方；许可证号：无；批准文号：无；成交方式：CIF；运费/率：无；保费/率：无；杂费/率：无；包装种类：其他；件数：9；毛重（KG）：3 726；净重（KG）：3 555；随附单据：A；缴款单位标识：无；证件号码：无；唛码及备注：无；集装箱数：1。

货品信息（品名：保险丝管，申报数量：7.2，申报单位：千支，币制：英镑，总价：21 312，单价：2 960，国别：德国，用途：加工返销）。

新贸序号：0；商品号：69039000；规格型号：无；附加号：无；征税方式：全免。

知识链接

电子报关和电子数据报关单

电子报关是指进出口货物的收发货人或者其代理人通过计算机，利用现代通信和网络技术，向直属海关传送规定格式的报关单电子数据，并根据海关计算机系统反馈的审核及处理结果向进出境地海关办理相应海关手续的方式。

按照有关法律法规及海关规定，报关单位向海关发送专门格式的电子数据（俗称“预录入”）作为电子数据申报。这份专门格式的电子数据就称为电子数据报关单，简称电子报关单，见图 2-1。

电子数据报关单由预录入公司或与海关有电子联网的公司录入，一张电子数据报关单对应一份纸质报关单。

（一）电子报关的法律地位

《海关法》规定，办理进出口货物的海关申报手续，应当采用纸质报关单和电子数据报关单的形式。这一规定明确了纸质报关单和电子数据报关单具有同等的法律地位。

目前，我国采用纸质报关单和电子数据报关单形式是法定申报的两种基本方式。在一般情况下，进出口货物收发货人或其代理人应当履行这两项义务，即先向直属海关计算机系统发送电子数据报关单，直属海关计算机系统进行审核后，发送“接受申报”电子报文，海关已接受申报，申报单位凭此打印纸质报关单，并随附其他有关单证向进出境地海关进行申报。

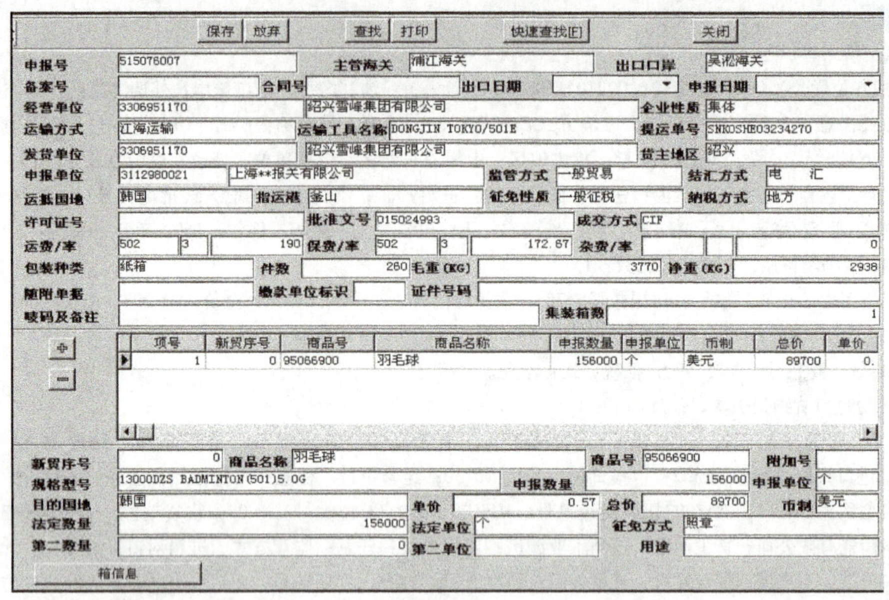

图 2-1 电子数据出口报关单录入界面

在没有实行计算机管理的边远地区或在特殊情况下经海关批准，报关单位也可以单独使用纸质报关单向海关申报；经海关批准报关单位也可以单独使用电子数据报关单向海关申报。

（二）电子报关的申报方式

1. 终端申报方式

报关单位使用连接海关计算机系统的电脑终端录入报关单内容，直接向直属海关发送报关单电子数据。

2. EDI 申报方式

经海关批准，报关人在微机中安装 EDI 申报系统，在该系统中录入报关单内容，由计算机转换成标准格式的数据报文向直属海关发送报关单电子数据。直属海关审核后即下达放行指令，报关人在海关规定的时间内递交纸质报关单证，并办理其他报关事宜。

3. 网上申报方式

经海关批准，报关人在计算机中安装“中国电子口岸”系统，登录“中国电子口岸”网站，在“联网申报”系统中录入报关单内容，通过“中国电子口岸”向直属海关发送报关单电子数据。

目前，在一般情况下，报关单位采用委托口岸预录入单位的计算机终端向海关进行电子申报的情况较多。通过报关软件录入电子数据报关单，需要报关员能够高效保质地完成，从而提高企业的物流效率。

（三）中国电子口岸

中国电子口岸是经国务院批准，由海关总署会同发展改革委员会、工业与信息化部、公安部、财政部、环境保护部、交通运输部、铁路局、商务部、人民银行、税务总局、工商总局、质检总局、民航总局、国家外汇管理局、农业部、林业局等国务院 17 个部门共同建设的跨部门、跨地区、跨行业信息平台。它依托互联网，将进出口信息流、资金流、货物流集中存放于一个公共数据平台，实现口岸管理相关部门间的数据共享和联网核查，并向进出口企业提供货物申报、舱单申报、运输工具申报、许可证和原产证书办理、企业资质办理、公共查询、出口退税、税费支付等"一站式"窗口服务，是一个集口岸通关执法服务与相关物流商务服务于一体的大通关统一信息平台，并逐步延伸扩展至国际贸易各主要服务环节，实现国际贸易"单一窗口"功能。

电子口岸建设由国务院口岸工作部际联席会议指导，各口岸管理相关部门参与建设，分为中国电子口岸和地方电子口岸两个层面。中国电子口岸由国务院 17 个部委共同建设，具体由中国电子口岸数据中心（以下简称"数据中心"）承建，主要承担国务院各有关部门间与大通关流程相关的数据共享和联网核查，面向企业和个人提供"一站式"的口岸执法申报基本服务；地方电子口岸建设由各地方政府牵头，主要承担地方政务服务和特色物流商务服务，地方电子口岸是中国电子口岸的延伸和补充。

为促进电子口岸项目在全国顺利推广、保证各项业务正常运行，海关总署于 2001 年设立了中国电子口岸数据中心，主要负责中国电子口岸的项目开发、运行维护和客户服务工作，配合地方政府实施地方电子口岸建设。并于 2002 年在所有直属海关所在地设立数据分中心，承担本地区电子口岸 IC 卡的制作，向本地用户提供技术支持和咨询、培训等服务。

"中国电子口岸客户端——通关系统"又称"速通（QuickPass，简称 QP）系统"，是由中国电子口岸数据中心开发，并提供给申报单位用于向管理部门进行电子申报及办理相关手续的操作客户端。QP 系统具有企业注册管理、加工贸易管理、报关单电子申报等功能，是申报单位与管理部门进行数据沟通的重要平台，对提高申报单位通关效率、促进国家外贸发展，起着重要的积极作用。目前，全国只有一个口岸未推行 QP 系统，即上海口岸。其推行的是 EDI 系统，该系统大多数功能与 QP 系统一致。

（四）中国电子口岸企业 IC 卡

中国电子口岸的企业 IC 卡是指需使用中国电子口岸的企业及其人员，通过备案申请取得的存储有用户信息的 CPU 智能卡。

企业 IC 卡是企业在网上使用的身份证和印章，其内部存有企业用户的密钥和证书，可进行身份认证及数字签名，是企业办理网上业务时明确法律责任、保护企业合法权益的重要用具，必须妥善保存和管理。

企业 IC 卡又可分为企业法人卡和企业操作员卡。

企业法人卡又称公章卡，是指在中国电子口岸中唯一代表企业身份的 IC 卡。企业法人卡由企业的法定代表人或其指定的人员持有，企业可以为本企业人员申领操作员卡，并对本企业的操作员卡进行停用、注销等管理，并可以法人名义对本企业的电子文件进行数字签名。

企业操作员卡用于企业内部人员身份认证，其持有者经法人卡申请和主管部门批准后可以在中国电子口岸进行具体业务操作，并对填写、修改的电子文件进行个人名义的数字签名，但经法人卡授权登记，操作

电子口岸移动 APP

员卡也可代表企业对授权范围内的电子文件进行数字签名。

任务实施

1. 完成步骤

（1）展示智讯通报关软件界面及功能。
（2）根据案例1，个人独立录入电子数据出口货物报关单。
（3）在教师的提示指导下，抓住操作要点，进行录入和修改。
（4）通过电子教室，随机抽取学生的报关单，其他同学进行点评。
（5）根据案例2，个人独立录入电子数据进口货物报关单。
（6）在教师的提示指导下，抓住操作要点，进行录入和修改。
（7）通过电子教室，随机抽取学生的报关单，其他同学进行点评。
（8）完成这部分内容的交流评价，最后完成对这次任务的评价。

2. 考评标准（见表2-15）

表2-15 录入电子数据报关单考评标准表

被考评人							
考评地点							
考评内容	录入电子数据报关单						
考评标准	内容	形式	分值	自我评价	他人评价	他组评价	教师评价
	录入电子数据出口货物报关单速度快，正确率较高	电子	60				
	录入电子数据进口货物报关单速度快，正确率较高	电子	40				
合计			100				
实际得分							

备注：
1. 实际得分=自我评价得分×20%+他人评价得分×20%+他组评价得分×20%+教师评价得分×40%；
2. 考评满分为100分，60～74分为及格，75～84分为良好，85分以上为优秀。

岗位操作必备知识点

1. 对外贸易管制概念（含义、性质、分类形式、管制目的、管制特点）
2. 我国货物、技术进出许可制度管理范围
3. 禁止进出口货物管理（含义、范围）
4. 限制进口货物管理（许可证件管理、关税配额管理）
5. 限制出口货物管理（配额限制管理、非配额限制管理）
6. 自由进出口货物、技术管理（含义、范围）
7. 出入境检验检疫制度（制度组成、管理目的、职责范围、管理范围）

8. 对外贸易救济措施（组成、管理目的、管理形式、管理期限）
9. 进出口许可证的签证机构、商品范围、报关规范
10. 两用物项和技术进出口许可证管理范围、管理部门、报关规范
11. 密码产品和含有密码技术的设备进口许可证管理范围、管理部门、报关规范
12. 自动进口许可证管理商品范围、免交自动进口许可证的情形、报关规范
13. 固体废物进口管理管理范围、办理程序、报关规范
14. 进口关税配额管理农产品和工业品的管理部门、管理范围、管理措施、报关规范
15. 野生动植物种进出口管理的证件（证件种类、各类证件管理范围划分）
16. 精神药品进出口管理（管理范围、管理证件）
17. 麻醉药品进出口管理（管理范围、管理证件）
18. 一般药品进出口管理（管理范围、管理证件）
19. 美术品进出口管理范围、管理部门、报关规范
20. 音像制品进口管理（主管部门、管理证件）
21. 出入境货物通关单适用范围
22. 黄金及其制品进出口管理（主管部门、管理证件）
23. 有毒化学品管理（主管部门、管理证件）
24. 兽药进口管理（主管部门、管理证件及适用范围）
25. 进出口货物报关单各联的用途
26. 报关单填制的一般要求
27. 收发货人
28. 进口口岸/出口口岸
29. 消费使用单位/生产销售单位
30. 运输方式
31. 运输工具名称
32. 监管方式
33. 征免性质
34. 备案号
35. 贸易国（地区）
36. 起运国（地区）/运抵国（地区）
37. 装货港/指运港
38. 境内目的地/境内货源地
39. 成交方式
40. 运费
41. 保费
42. 杂费
43. 件数
44. 包装种类
45. 集装箱号
46. 随附单证

47. 标记唛码及备注
48. 项号
49. 商品名称、规格型号
50. 数量及单位
51. 原产国（地区）/最终目的国（地区）
52. 币制
53. 征免
54. 特殊关系确认
55. 价格影响确认
56. 支付特许权使用费确认

能力迁移

［实训题一］

以下为一些报关单栏目的填制，提供了相应的背景资料，请讨论并指出其正误。

1. 某企业用汽车将一批物资运往出口加工区，向海关申报出口，运输方式应填报为：汽车运输。

2. 南京某外贸出口企业按CIP贸易术语出口一批货物，则出口货物报关单成交方式栏应填报“CIP”。

3. PACKING LIST 上显示：PACKING：270 KGS NET IN GALVANIZED IRON DRUMS；QUANTITY：680 DRUMS，IN 170 PALLETS；共10个集装箱，则件数栏填报“10”，包装种类栏填报“集装箱”。

4. 天津某纺织品进出口公司出口纺织品一批，成交价格为：CFR 釜山 60万 USD，保费为：1 600 USD。报关单上的保费栏应填报为“502/1 600/3”。

5. 苏州某公司进口一批塑料粒子，加工后出口泰国，贸易方式栏填报“进料加工”，征免性质栏填报“一般征税”，征免栏填报“全免”。

［实训题二］

根据下面的资料一、资料二、资料三，从资料四中标号A-T的20个已填栏目中查找出5个填写错误的栏目。

资料一

华达利家具（中国）有限公司（3223940094）从国外购进一批牛皮加工制造成皮沙发出口。加工成沙发后（属于法定检验检疫）于2017年4月18日出口，生产、发货单位与经营单位相同，手册号为：C23257402884，该货列手册为：第5项，运费为：5%，外汇核销单号码为：29/1837117；法定计量单位为：个。由上海宝丰联报关有限公司向上海海关申报，出境货物通关单编号为：310300104195876。

资料二

华达利家具（中国）有限公司
企业编码：3223940094
CONTRACTNO：KS97028

INVOICE

NO. HK0316　　Date：16. 04. 2017

Sold to：
LAAUSER DESIGN PTE LTD
639 ZHONGHUAN ROAD MANSION
#12-508 HONGKONG

S/C：　K597028
Terms：　D/P
Ship Per：　DANU BHUM
VOY：　S009
From SHANGHAI to LUXEMBOURG via HONGKONG

DESCRIPTION	QUANITY	U/PRICE	AMOUNT（USD）
LEATHER FURNITURE HS CODE：94016100 CPT HONGKONG	皮沙发	USD 300/PC	USD 78 000

CONT NO. OOLU5083793/287353 （1＊40） TARE WEIGHT 5 189
OOLU5216324/287487 （1＊40） TARE WEIGHT 5 028
OOLU5069060/287495 （1＊40） TARE WEIGHT 5 276
B/L NO. LU92412316

HUADALI FURNITURE LTD.
Signed by ________

E &O. E

资料三

PACKING LIST

Sold to：
LAAUSER DESIGN PTE LTD
639 ZHONGHUAN ROAD MANSION
#12-508 HONGKONG

PROFORMA INVOICE：　KS97028

MARKS	DESCRIPTION	QTY	N. W	G. W
N/M	LEATHER FURNITURE	1PCS	37 KGS	37 KGS

PAKAGES：OOLU5083793/287353 （1＊40） （ITEM1—85PACKED INTO THIS CONTAINER）
OOLU5216324/287487 （1＊40） （ITEM86—170PACKED INTO THIS CONTAINER）
OOLU5069060/287495 （1＊40） （ITEM171—260PACKED INTO THIS CONTAINER）

TOTAL: 260 PCS 9 620 KGS 9 620 KGS
TERMS: CPT HONGKONG
From SHANGHAI to LUXEMBOURG via HONGKONG

HUADALI FURNITURE LTD.
Signed by ________

资料四

已填制的报关单如下，请查找出至少5处错误。

中华人民共和国海关出口货物报关单

预录入编号： 海关编号：

<table>
<tr><td>（A）收发货人
华达利家具（中国）
有限公司 3223940094</td><td colspan="2">出口口岸</td><td>（B）出口日期</td><td>申报日期</td></tr>
<tr><td>（C）生产销售单位
华达利家具（中国）
有限公司 3223940094</td><td colspan="2">（D）运输方式
2</td><td>运输工具名称</td><td>（E）提运单号
LU92412316</td></tr>
<tr><td>申报单位</td><td colspan="2">（F）监管方式 0615</td><td>（G）征免
性质 503</td><td>（H）备案号
C23257402884</td></tr>
<tr><td>（I）贸易国（地区）
中国</td><td colspan="2">（J）运抵国（地区）
香港</td><td>（K）指运港
香港</td><td>境内货源地</td></tr>
<tr><td>许可证号</td><td>（L）成交方式
2</td><td>（M）运费
502/5/1</td><td>保费</td><td>杂费</td></tr>
<tr><td>合同协议号</td><td>（N）件数
3</td><td>包装种类</td><td>毛重（千克）</td><td>净重（千克）</td></tr>
<tr><td>（O）集装箱号
OOLU5083793/40/5189</td><td colspan="4">随附单证</td></tr>
<tr><td colspan="5">（P）标记唛码及备注
N/M
OOLU5216324/40/5028
OOLU5069060/40/5276
A：310300104195876</td></tr>
</table>

续表

项号（Q）	商品编码	商品名称、规格型号	数量及单位（R）	最终目的国（地区）（S）	单价总价币制	征免（T）
01 05			260个	香港	3	

特殊关系确认：　　价格影响确认：　　支付特许权使用费确认：

录入员　　录入单位

兹声明以上申报无误并承担法律责任

海关批注及签章

报关人员　　申报单位（签章）

项目三

进出口报关作业流程操作

能力目标

1. 能熟练设计一般进出口货物的报关流程
2. 能熟练设计保税加工货物和保税物流货物的报关流程
3. 能熟练设计各类其他进出口货物的报关流程
4. 能熟练利用计算机操作出口和进口报关流程

知识目标

1. 掌握一般进出口货物报关程序，了解报关的时间节点，理解查验的方法、形式及注意要点
2. 掌握保税加工货物和保税物流货物的报关程序
3. 理解和掌握各类其他进出口货物的含义、特征和报关程序
4. 熟悉报关软件的界面，熟悉进出口报关流程

案例导入

国庆节刚过，太仓捷达报关公司的报关业务变得非常繁忙，在2013年10月8日一天内接到了10多票报关业务。小陈在下班前统计了一下，其中有太仓华丰公司从日本进口的羊绒，需要加工成大衣返销到日本；也有昆山台塑公司从台湾进口的一批原料需进入太仓港保税物流中心；还有苏州国信集团向比利时出口的塑料袋，需用一般贸易，L/C结汇；还有欧亚瑟水艺公司出口货物的塑料托盘……

小陈统计以上业务后，产生了疑惑：首先一般进出口货物就是一般贸易货物吗？一般进出口货物的报关流程是怎么样的？其次，像欧亚瑟水艺公司出口货物的塑料托盘，肯定是作为运输设备用的，这该怎么报关呢？再次，这10多票货物看上去各不相同，看上去报关手续好像都挺麻烦的，该怎么报关呢？

王经理告诉她，只有先把这十几票业务涉及的货物按海关监管方式进行分类，然后根据各类海关监管货物的报关程序来进行操作，问题才能迎刃而解。比如，太仓华丰公司从日本进口的羊绒，需要加工成大衣返销到日本，这属于保税加工货物；昆山台塑公司从台湾进口

的一批原料进入太仓港保税物流中心，这属于保税物流货物；苏州国信集团向比利时出口的塑料袋，这属于一般进出口货物；欧亚瑟水艺公司出口货物的塑料托盘，作为运输设备，属于暂准进出境货物……

王经理告诉小陈，进出口报关作业的流程操作是报关员的重要技能之一，需要通过相关知识的学习、客户业务的熟悉以及实际操作来慢慢积累经验。于是，接下来的几天小陈虚心学习和参与到这些报关业务中。

案例思考

(1) 设计一般进出口货物的报关流程。

(2) 设计保税货物的报关流程。

① 设计保税加工货物的报关流程。

② 设计保税物流货物的报关流程。

(3) 设计其他进出口货物的报关流程。

① 设计特定减免税货物的报关流程。

② 设计暂准进出境货物的报关流程。

(4) 操作进出口报关软件。

任务一　设计一般进出口货物的报关流程

任务目标

学生掌握一般进出口货物的含义及报关要点，能够为一般进出口货物设计报关流程。

案例引入

本工作项目中，太仓捷达报关公司接到以下报关业务：太仓钢铁有限公司是一家合资企业（海关编码 3226931246），该厂向韩国订购了一批润滑油、防锈油，委托太仓国信公司代理外贸进口，太仓国信公司将报关事务委托给了太仓捷达报关公司，太仓捷达报关公司计划于 2016 年 10 月 15 日向太仓海关办理进口报关手续。具体单证资料见下文所示。

现在小陈作为太仓捷达报关公司的报关员，将如何设计完成此票报关业务？请以小陈的名义完成此项任务。

单证资料一

提 单

1. Shipper Insert Name, Address and Phone		B/L No.
YOUNG HEUNG IRON AND STEEL CO.LTD 13TH.FLOOR,DABO BLDG.,140, MAPO-DONG,MAPO-GU, SEOUL,KOREA	COSCO	HNO96362186 中远集装箱运输有限公司 COSCO CONTAINER LINES TLX: 33057 COSCO CN FAX: +86(021) 6545 8984 ORIGINAL
2. Consignee Insert Name, Address and Phone TO RODER SHIPPER		

3. Notify Party Insert Name, Address and Phone (It is agreed that no responsibility shall attsch to the Carrier or his agents for failure to notify) TAI CANG STEEL WIRE CO.LTD LU DU TAI CANG CITY. JIANG SU .PRC FEI MA ROAD	Port-to-Port or Combined Transport BILL OF LADING RECEIVED in external apparent good order and condition except as other-Wise noted. The total number of packages or unites stuffed in the container, The description of the goods and the weights shown in this Bill of Lading are Furnished by the Merchants, and which the carrier has no reasonable means Of checking and is not a part of this Bill of Lading contract. The carrier has Issued the number of Bills of Lading stated below, all of this tenor and date, One of the original Bills of Lading must be surrendered and endorsed or sig-Ned against the delivery of the shipment and whereupon any other original Bills of Lading shall be void. The Merchants agree to be bound by the terms And conditions of this Bill of Lading as if each had personally signed this Bill of Lading. SEE clause 4 on the back of this Bill of Lading (Terms continued on the back Hereof, please read carefully). *Applicable Only When Document Used as a Combined Transport Bill of Lading.

4. Combined Transport *		5. Combined Transport*	
Pre - carriage by		Place of Receipt	BUSAN,KOREA
6. Ocean Vessel Voy. No.		7. Port of Loading	
XIN HUA V-120W		BUSAN,KOREA	
8. Port of Discharge		9. Combined Transport *	
TAICANG ,CHINA		Place of Delivery	TAICANG,CHINA

Marks & Nos. Container / Seal No.	No. of Containers or Packages	Description of Goods (If Dangerous Goods, See Clause 20)	Gross Weight	Measurement
YH-TAI CANG P/O NO . CILL NO. BUNDLE NO. NET WEIGHT DESTINATION MADE IN KOREA	2×20′ (223 P′KGS)	"SHIPPER'S LOAD &COUNT"SAID TO CONTAIN: 174 C/LS OF GALVANIZED HIGH CARBON STEEL WARE AND ACCESSARY FOR WIRE ROPE MANUFACIURER *CONTRACT NO. YH/YHIC-10626/YH-2101027 "FREIGHT PREPAID" ON BOARD DATE 2016 .10.05	24 710.52KGS	34.757CBM
		Description of Contents for Shipper's Use Only (Not part of This B/L Contract)		

10. Total Number of containers and/or packages (in words) SAY :TWO (2×20′) CONTAINERS ONLY.

Subject to Clause 7 Limitation					
11. Freight & Charges	Revenue Tons	Rate	Per	Prepaid	Collect
CHONGOING MARING SHIPPING CO.LTD		ADD.:RM316,PIORT BLDG.NO.8 BEI "FREIGHT PREPAID"AFUIAO TWON,TAICANG,JIANGSU,CHII NA P.C:215234 TEL:186 512 5318 6678 FAX:+86 512 5318 6678		EXCESS VALUE DECLARATIOM	
Declared Value Charge					

Ex. Rate:	Prepaid at	Payable at	Place and date of issue
		SEOUL,KOREA	SEOUL,KOREA 2016.10.05
	Total Prepaid	No. of Original B(s)/L	Signed for the Carrier, COSCO CONTAINER LINES
			DOOWOO SHIPPING CORPORATTION

LADEN ON BOARD THE VESSEL

DATE		BY	

单证资料二

发　票

ISSUER YOUNG HEUNG IRON AND STEEL CO.LTD 13TH.FLOOR,DABO BLDG.,140, MAPO-DONG,MAPO-GU, SEOUL,KOREA	商业发票 COMMERCIAL INVOICE			
TO TAI CANG STEEL WIRE CO.LTD LU DU TAI CANG CITY.JIANG SU .PRC FEI MA ROAD	NO. YH-2101021	DATE OCT 1,2016		
TRANSPORT DETAILS	S/C NO.	L/C NO.		
	TERMS OF PAYMENT			

Marks and Numbers	Number and kind of package Description of goods	Quantity	Unit Price	Amount
YH-TAI CANG P/O NO . CILL NO. BUNDLE NO. NET WEIGHT DESTINATION MADE IN KOREA	JUTE YARN 10LBS GREASE (TAN) RUST PREVEBTING OIL P-390T RUST PREVEBTING OIL P-DVAS(B) RUST PREVEBTING OIL P-308 SOLUBE LUBRICANT WD-202 SOLUBE LUBRICANT WD-858 E-205(1) SOLUBE DRAWING OIL CCF/6F PP CORRUGATED CARDBOARD 1010*4800 PP CORRUGATED CARDBOARD 770*3560	2P'KG 1P'KG 3DRUM 5DRUM 5DRUM 10DRUM 20DRUM 1P'KG 30EA 40EA	2.00/KG 3.7/KG 665.30/DM 512/DM 400.10/DM 543.50/DM 580.00/DM 3.70/KG 7.30/EA 4.10/EA	US$4 108.00 US$2 911.90 US$1 995.90 US$2 605.00 US$2 000.50 US$5 435.00 US$11 600.00 US$740.00 US$219.00 US$162.00
	TOTAL:	49P'KGS	CIF	US$31 779.30

单证资料三

装 箱 单

<table>
<tr><td colspan="3">ISSUER
YOUNG HEUNG IRON AND STEEL CO.LTD
13TH.FLOOR,DABO BLDG.,140,
MAPO-DONG,MAPO-GU,
SEOUL,KOREA</td><td colspan="3" rowspan="2">装箱单
PACKING LIST</td></tr>
<tr><td colspan="3">TO
TAI CANG STEEL WIRE CO.LTD
LU DU TAI CANG CITY.JIANG SU .PRC
FEI MA ROAD</td></tr>
<tr><td>PORT OF LOADING
BUSAN,KOREA</td><td colspan="2">FINNAL DESTINATION
TAICANG ,CHINA</td><td colspan="2" rowspan="2">INVOICE NO.
YH-2101021</td><td rowspan="2">DATE
OCT 1,2016</td></tr>
<tr><td>CARRIER
XINHUA</td><td colspan="2">SAILING ON OR ABOUT</td></tr>
<tr><td>Marks and Numbers</td><td>Number and kind of package
Description of goods</td><td>Quantity</td><td>G.W</td><td>N.W</td><td>Meas.</td></tr>
<tr><td>YH-TAI CANG
P/O NO .
CILL NO.
BUNDLE NO.
NET WEIGHT
DESTINATION
MADE IN KOREA</td><td>JUTE YARN 10LBS
GREASE (TAN)
RUST PREVEBTING OIL P-390T
RUST PREVEBTING OIL P-DVAS(B)
RUST PREVEBTING OIL P-308
SOLUBE LUBRICANT WD-202
SOLUBE LUBRICANT WD-858 E-205(1)
SOLUBE DRAWING OIL CCF/6F
PP CORRUGATED CARDBOARD 1010*4800
PP CORRUGATED CARDBOARD 770*3560</td><td>2 P'KG
1 P'KG
3 DRUM
5 DRUM
5 DRUM
10 DRUM
20 DRUM
1 P'KG
30 EA
40 EA</td><td>2 054.00KG
787.00KG
600.00KG
1 000.00KG
1 000.00KG
2 000.00KG
4 000.00KG
210.00KG
45.00KG
40.00KG</td><td>2 054.00KG
787.00KG
600.00KG
1 000.00KG
1 000.00KG
2 000.00KG
4 000.00KG
210.00KG
45.00KG
40.00KG</td><td></td></tr>
<tr><td></td><td>TOTAL:</td><td>49P'KGS</td><td>11 781.00KG</td><td>11 726.00KG</td><td>27CBM</td></tr>
</table>

单证资料四

中华人民共和国海关进口货物报关单

预录入编号：　　　　　　　　　　　　　　　　海关编号：

收发货人	进口口岸			进口日期	申报日期
消费使用单位	运输方式			运输工具名称	提运单号
申报单位	监管方式			征免性质	备案号
贸易国（地区）	启运国（地区）			装货港	境内目的地
许可证号	成交方式		运费	保费	杂费
合同协议号	件数		包装种类	毛重（千克）	净重（千克）
集装箱号	随附单证				
标记唛码及备注					
项号　商品编码　商品名称、规格型号　数量及单位 原产国（地区）　单价　总价　币制　征免					
特殊关系确认：　　价格影响确认：　　支付特许权使用费确认：					
录入员　录入单位	兹声明以上申报无误并承担法律责任			海关批注及签章	
报关人员	申报单位（签章）				

知识链接

一般进出口货物的报关程序

从海关监管的角度来看，进出境货物适用于不同的报关程序，并由此分为一般进出口货物、保税货物、特定减免税货物、暂准进出境货物以及其他进出境货物如过境、转运、通运货物、无代价抵偿货物等。一般进出口货物相对于保税货物、特定减免税货物等其他各类货物而言，纳税放行后，海关不再进行监管，报关程序上只涉及进出境过程。

一、海关监管货物概述

（一）海关监管货物的概念

海关监管货物是指自进境起到办结海关手续止的进口货物，自向海关申报起到出境止的出口货物，以及自进境起到出境止的过境、转运和通运货物等应当接受海关监管的货物，包括一般进出口货物、保税货物、特定减免税货物、暂准进出境货物，以及过境、转运、通运货物和其他尚未办结海关手续的货物。

（二）海关监管货物的分类

根据货物进出境目的的不同，海关监管货物分成5大类：

1. 一般进出口货物

一般进出口货物包括一般进口货物和一般出口货物。一般进口货物是指办结海关手续进入国内生产、消费领域流通的进口货物；一般出口货物是指办结海关手续到境外生产、消费领域流通的出口货物。

2. 保税货物

保税货物指经海关批准未办理纳税手续进境，在境内储存、加工、装配后复运出境的货物。保税货物又分为保税加工货物和保税物流货物。

3. 特定减免税货物

特定减免税货物指经海关依法准予免税进口的用于特定地区、特定企业，有特定用途的货物。

4. 暂准进出境货物

暂准进出境货物包括暂准进境货物和暂准出境货物。暂准进境货物是指经海关批准凭担保进境在境内使用后原状复运出境的货物；暂准出境货物是指经海关批准凭担保出境在境外使用后原状复运进境的货物。

5. 其他进出境货物

其他进出境货物指由境外起运，通过中国境内继续运往境外的货物，以及其他尚未办结海关手续的进出境货物。

（三）海关监管货物的报关程序

1. 含义

报关程序指进出口货物收发货人、运输工具负责人、物品所有人或其代理人按照海关的规定，办理货物、物品、运输工具进出境及相关海关事务的手续和步骤。

《报关服务作业规范》

2. 海关监管货物的报关程序

报关程序按时间先后分为前期阶段、进出境阶段和后续阶段。所有货物进出境都会经过进出境阶段，即经过审单、查验、征税、放行 4 个海关作业环节。与之相适应的，进出口货物收发货人或其代理人应当按程序办理相对应的进出口申报、配合查验、缴纳税费、提取或装运货物等手续，货物才能进出境。另外，有些海关监管货物由于其特殊性和复杂性，还会经历前期阶段，即办理备案等手续，因此相对应地还存在后续阶段，用来办理核销结案。参见表 3-1。

表 3-1　各类海关监管货物报关程序一览表

报关阶段 / 货物类别	前期阶段	进出境阶段	后续阶段
一般进出口货物	—	进出口申报 ↓ 配合查验 ↓ 缴纳税费 ↓ 提取或装运货物	—
保税进出口货物	加工贸易备案 申领登记手册		申请核销
特定减免税货物	特定减免税备案登记 申领减免税证明		申请解除监管
暂准进出境货物	展览品备案申请		申请核销

报关业务流程，是指围绕报关的目标和任务所展开的一系列工作内容，并按照一定次序和步骤从起点到终点的运行过程。报关业务流程一般包括签订委托代理协议、获取报关业务单证、审查报关随附单证及相关信息、填制报关单、计算税费、现场申报、配合海关查验、办理税费缴纳及结关放行手续等业务步骤。

各类海关监管的进出口货物的报关业务流程及与之对应的海关管理作业流程，见图 3-1。

二、一般进出口货物概述

（一）含义

一般进出口货物是一般进口货物和一般出口货物的合称，是指在进出口环节缴纳了应征的进出口税费并办结了所有必要的海关手续，海关放行后不再进行监管，可以直接进入生产和消费领域流通的进出口货物。

（二）特征

1. 进出境时缴纳进出口税费

一般进出口货物的收发货人应当按照《海关法》和其他有关法律、行政法规的规定，在货物进出境时向海关缴纳应当缴纳的税费。

2. 进出口时提交相关的许可证件

货物进出口应受国家法律、行政法规管制并需要申领进出口许可证件的，进出口货物收发货人或其代理人应当向海关提交相关的进出口许可证件。

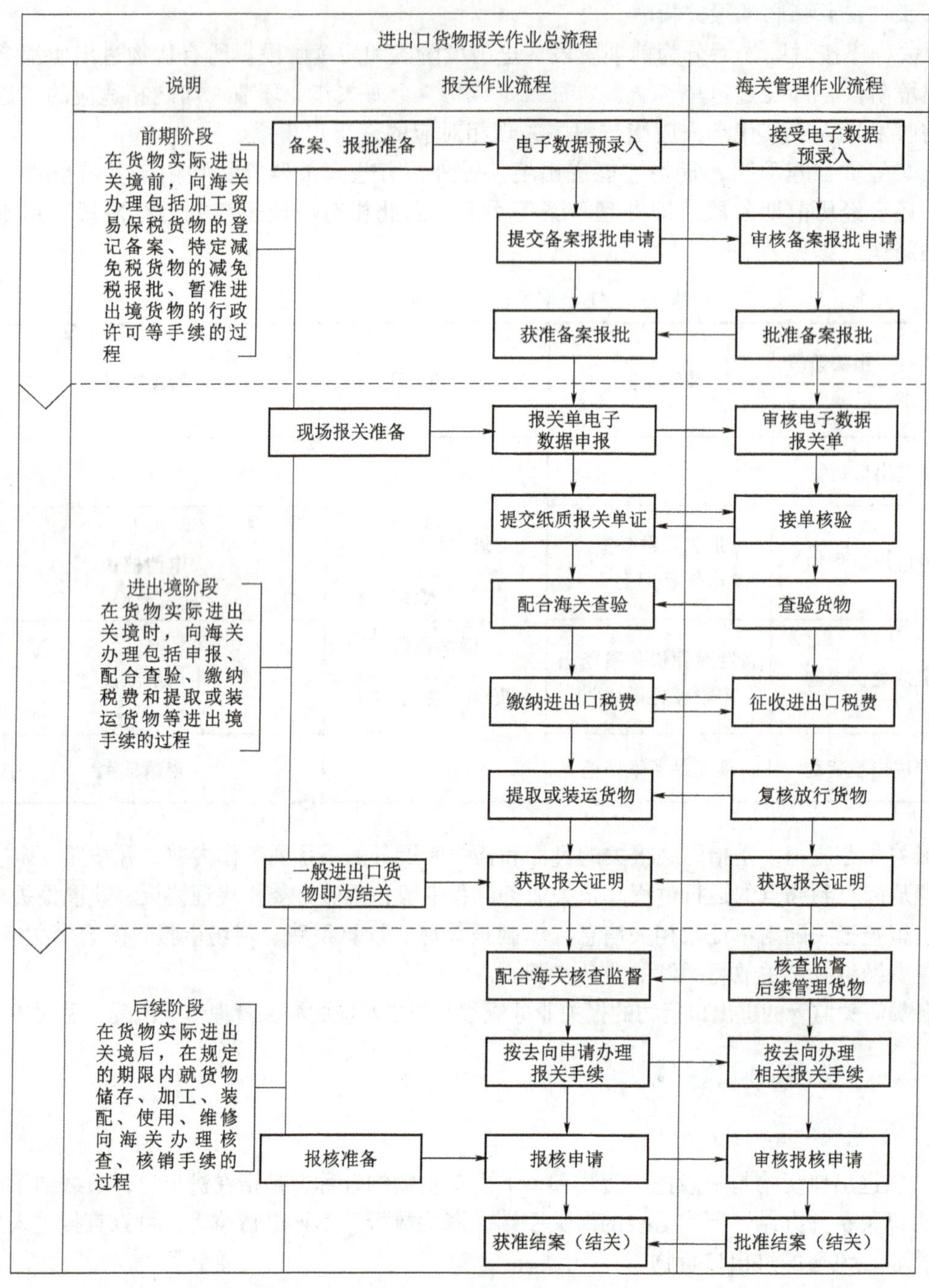

图 3–1 进出口货物报关作业总流程

3. 海关放行即办结海关手续

海关征收了全额的税费，审核了相关的进出口许可证件，并对货物进行实际查验或作出不予查验的决定以后，按规定签章放行，进出口货物收发货人或其代理人才能办理提取进口货物或者装运出口货物的手续。对一般进出口货物来说，海关放行就意味着海关手续已经全部办结，海关不再监管，可以直接进入生产和消费领域流通。

（三）范围

实际进出口的货物，除特定减免税货物外，都属于一般进出口货物的范围，主要有以下货物：

（1）一般贸易进口货物。

（2）一般贸易出口货物。

（3）转为实际进口的保税货物、暂准进境货物，转为实际出口的暂准出境货物。

（4）易货贸易、补偿贸易进出口货物。

（5）不批准保税的寄售代销贸易货物。

（6）承包工程项目实际进出口货物。

（7）外国驻华商业机构进出口陈列用的样品。

（8）外国旅游者小批量订货出口的商品。

（9）随展览品进境的小卖品。

（10）免费提供的进口货物，如：

① 外商在经济贸易活动中赠送的进口货物。

② 外商在经济贸易活动中免费提供的试车材料等。

③ 我国在境外的企业、机构向国内单位赠送的进口货物。

三、一般进出口货物的报关程序

一般进出口货物报关程序没有前期阶段和后续阶段，只有进出口阶段，由 4 个环节构成，即进出口申报、配合查验、缴纳税费、提取或装运货物。

（一）进出口申报

进出口申报是指进出口货物收发货人、受委托的报关企业，依照《海关法》及有关法律、行政法规的要求，在规定的期限、地点，采用电子数据报关单和纸质报关单形式，向海关报告实际进出口货物的情况，并接受海关审核的行为。

1. 申报前的准备

（1）报关资料审查。报关企业接受进出口货物收发货人的委托，办理报关手续的，应当与进出口货物收发货人签订有明确委托事项的委托协议，进出口货物收发货人应当向报关企业提供委托报关事项的真实情况，报关企业应当对委托人提供的情况的真实性、完整性进行合理审查，审查内容包括：

① 证明进出口货物的实际情况的资料，包括进出口货物的品名、规格、数量、金额、用途、原产地及贸易方式等。

② 有关进出口货物的合同、发票、运输单据（提单）及装箱单等商业单据。

③ 进出口所需的许可证件及随附单证。

④ 报检、报验并取得口岸检验检疫部门签发的《出入境货物通关单》。

⑤ 海关要求的加工贸易手册及其他进出口单证。

报关企业未对进出口货物收发货人提供情况的真实性、完整性履行合理审查义务或违反海关规定申报的，应当承担相应的法律责任。

（2）看货取样。在向海关申报前，如果对货物的品名、规格、型号等不确定时，可以向海关提交查看货物或者提取货样的书面申请，以便及时、准确地申报货物。经海关审核同意的，可以查看货物、提取货样，海关派工作人员到场监管。提取货样后，到场监管的海关工作人员与进口货物的收货人在海关开具的取样记录和取样清单上签字确认。

南京海关进口货物申报前看货取样监管实施细则

（3）准备报关单证。报关单证包括报关单和随附单证。随附单证又包括贸易管理单证、海关单证、进出口商业单证和其他单证四类。

① 报关单，分为纸质报关单和电子报关单，主要包括报关单、特殊监管区域进出境备案清单、进出口货物集中申报清单、ATA 单证册等。

② 贸易管理单证，是指由国家相关主管部门签发的进出口许可证件、检验检疫证件和出口收汇核销单、原产地证明、关税配额证明等单证。

③ 海关单证，是指进出口申报前由海关依法签发的备案、审批、核准凭证，证明货物进出境状态的原进出口货物报关单和海关出具的有约束力的其他单证或文书等，主要包括保税加工货物备案凭证、特定减免税货物免税凭证、暂时进出境货物核准凭证、海关事务担保凭证、关联报关单、预归类决定书等单证。

④ 进出口商业单证，是指由进出口商、货物运输部门、保险公司和金融机构签发的诸如合同、发票、装箱单、提运单、保险单、信用证等单证。

⑤ 其他单证。

2. 申报地点、期限和日期

（1）申报地点。一般情况下，进口货物的收货人或其代理人应当在进境地海关申报；出口货物的发货人或其代理人应当在货物的出境地海关申报。进出口货物转关运输的，进口货物的收货人或其代理人应当在设有海关的指运地海关申报；出口货物的发货人或其代理人应当在设有海关的货物的起运地海关申报。

（2）申报期限。

① 申报期限。进口货物的申报期限为自装载货物的运输工具申报进境之日起 14 日内，申报期限的最后一天是法定节假日或法定休息日的顺延至法定节假日或休息日后的第 1 个工作日，超过 3 个月仍未向海关申报的，货物由海关提取并依法变卖。出口货物的申报时限为货物运抵海关监管区后，装货的 24 小时以前。经海关批准准予集中申报的进口货物，自装载货物的运输工具申报进境之日起 1 个月内办理申报手续。

② 滞报金。进口货物的收货人或其代理人未按规定期限向海关申报产生滞报的，由海关按规定征收滞报金，滞报金的征收以自运输工具申报进境之日起第 15 日为起始日，以海关接受申报之日为截止日。征收滞报金的计算公式为：滞报金额＝进口货物完税价格×0.5‰×滞报天数。

（3）申报日期。申报日期是指申报数据被海关接受的日期。不论是以电子数据报关单方式申报，还是以纸质报关单方式申报，海关接受申报数据的日期即为接受申报的日期。

① 采用先电子数据报关单申报，后提交纸质报关单，或者仅以电子数据报关单方式申报的，申报日期为海关计算机系统接受申报数据时记录的日期；电子数据报关单被海关退回的，申报日期为海关接受重新申报的日期。

② 海关已接受申报的报关单电子数据，送人工审核后，需要对部分内容进行修改并重新发送的，申报日期仍为海关原接受申报的日期。

③ 先纸质报关单申报，后补报电子数据申报单，或只提供纸质报关单申报的，海关工

作人员在报关单上作登记处理的日期，为海关接受申报的日期。

3. 进出口申报

（1）电子数据申报。进出口货物收发货人或其代理人在委托录入或自行录入报关单数据的计算机上接收到海关发送的接受申报信息，即表示电子申报成功。接收到海关发送的不接受申请的信息后，则应当根据信息提示修改报关单内容后重新申报。

（2）提交纸质报关单及随附单证。海关电子审单后，进出口货物收发货人或其代理人应当自接到海关“现场交单”或“放行交单”信息之日起10日内，持打印的纸质报关单，备齐规定的随附单证并签名盖章，到货物所在地海关提交书面单证，办理相关海关手续。

（3）修改申报内容或撤销申报。海关接受进出口货物申报后，电子数据和纸质的进出口货物报关单不得修改或者撤销；确有正当理由的，经海关审核批准，可以修改或撤销，其主要有以下两种情况：

① 进出口货物收发货人要求修改或撤销，提交《进出口货物报关单修改/撤销申请表》。

a. 由于报关人员操作或书写失误造成所申报的报关单内容有误，并且未发现有走私违规或者其他违法嫌疑的；

b. 出口货物放行后，由于装运、配载等原因造成原申报货物部分或全部退关、变更运输工具的；

c. 进出口货物在装载、运输、存储过程中因溢短装，不可抗力的灭失、短损等原因造成原申报数据与实际货物不符的；

d. 根据贸易惯例先行采用暂时价格成交，实际结算时按商检品质认定或国际市场实际价格付款方式，因而需要修改申报内容的；

e. 由于计算机、网络系统等方面的原因导致电子数据申报错误的；

f. 其他特殊情况经海关核准同意的。

海关已经决定布控、查验的，以及涉案的进出口货物的报关单在办结前不得修改或者撤销。

② 海关发现报关单需要进行修改或者撤销，提交《进出口货物报关单修改/撤销确认书》。海关发现进出口货物报关单需要进行修改或者撤销，但进出口货物收发货人或其代理人未提出申请的，海关应当通知进出口货物的收发货人或其代理人。

（二）配合查验

1. 海关查验

（1）含义。海关查验是指海关为确定进出境货物收发货人向海关申报的内容是否与进出口货物的真实情况相符，或者为确定商品的归类、价格、原产地等，依法对进出口货物进行实际核查的执法行为。海关不是对所有的进出口货物都进行查验，而是根据对进出口货物进行风险分析或商品归类、完税价格的审定等需要，决定是否对货物进行查验。

（2）查验地点。查验一般在海关监管区内实施，对进出口大宗散装货物、危险品或鲜活商品的货物，经货物收发货人或其代理人申请，海关也可同意在装卸货物现场进行查验。如果货物易受温度、静电、粉尘等自然因素影响不易在海关监管区内实施查验的，可书面申请区外查验。

（3）查验时间。当海关决定查验时，即将查验的决定以书面通知的形式通知进出口货物收发货人或其代理人，约定查验时间。查验时间一般为约定在海关正常工作时间内。

（4）查验方法。

非侵入、不开箱海关查验有利器

① 彻底查验。彻底查验是指对一票货物逐件开拆包装，验核货物实际状况，对货物的名称、数量、品质、规格、成分等内容进行彻底检查，必要时提取货样进行分析化验。

② 抽查。抽查是指按照一定比例有选择地对一票货物中的部分货物验核实际状况，对货物是否满足商品归类和海关征税等方面的要求以及有无违规走私等情事进行检查。查验操作可以分为人工查验和设备查验。人工查验包括外形查验、开箱查验；设备查验是指以技术检查设备为主对货物实际状况进行的验核。海关可以根据货物情况及实际执法需要，确定具体的查验方式。

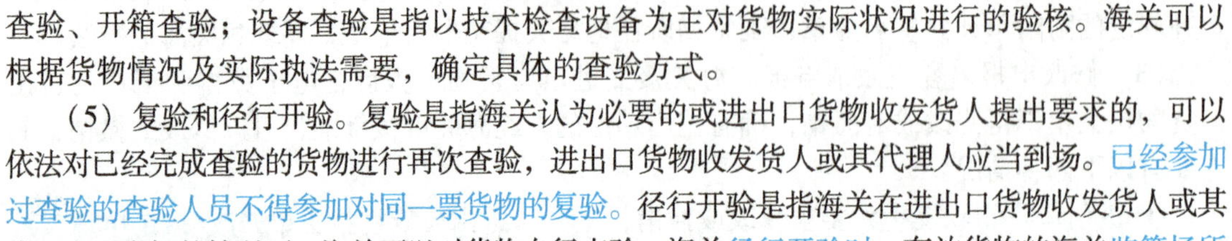

（5）复验和径行开验。复验是指海关认为必要的或进出口货物收发货人提出要求的，可以依法对已经完成查验的货物进行再次查验，进出口货物收发货人或其代理人应当到场。已经参加过查验的查验人员不得参加对同一票货物的复验。径行开验是指海关在进出口货物收发货人或其代理人不在场的情况下，海关可以对货物自行查验。海关径行开验时，存放货物的海关监管场所经营人、运输工具负责人应当到场协助，并由其在海关的查验记录上签字。

2. 配合查验

进出口货物收发货人或其代理人应当到场配合海关查验，做好如下工作：

（1）负责搬移货物、开拆和重封货物的包装；

（2）了解和熟悉所申报货物的情况，如实回答查验关员的询问，提供海关查验货物所需要的资料；

（3）协助海关提取货样，收取海关取样清单。

（4）查验结束后，在海关查验关员填写的《海关进出境货物查验记录单》上签字，并核实开箱的具体情况、货物损坏情况和造成残损的原因、提取货样的情况以及查验结论。

3. 货物的损害赔偿

在查验过程中或者证实海关在径行开验过程中，因为海关关员的责任造成备查验货物损坏的，进出口货物收发货人或其代理人可以要求海关赔偿。海关赔偿范围仅限于在海关实施查验过程中使货物造成损坏的直接经济损失。

以下情况不属于海关损坏赔偿范围：

（1）进出口货物收发货人或其代理人搬移、开拆、重封包装或保管不善造成的损失；

（2）易腐易失效货物在海关正常工作程序所需时间内（含扣留或代管期间）所发生的变质或失效；

（3）海关正常查验时产生的不可避免的磨损；

（4）在海关查验之前已发生的损坏和海关查验之后发生的损坏；

（5）由于不可抗力的原因造成的货物损坏、损失。

进出口货物收发货人或其代理人在海关查验时对货物是否损坏未提出异议，事后发现货物有损坏的，海关不负责赔偿责任。

思考：

黄埔海关查验一批贵重的精密仪器后交给发货人或其代理人，有关发货人或其代理人当时并未提出异议，后来确切证实是海关查验时发生损坏。

讨论：海关应负赔偿责任吗？为什么？

（三）缴纳税费

进出口货物收发货人或其代理人将报关单及随附单证提交给货物进出境地指定海关，海关对报关单进行审核，对需要查验的货物先由海关查验，然后核对计算的税费，开具税款缴款书和收费票据。进出口货物收发货人或其代理人在规定时间内，持缴款书或收费票据向指定银行办理税费交付手续。进出口货物的纳税义务人，应当自海关填发税款缴款书之日起15日内缴纳税款，逾期缴纳的海关将征收滞纳金。

在试行中国电子口岸网上缴税和付费的海关，进出口货物收发货人或其代理人可以通过电子口岸接收海关发出的税款缴纳书和收费票据，在网上向指定银行进行税费的电子支付。一旦收到银行缴款成功的信息，即可报请海关办理货物放行手续。

一般情况下，进出口货物在纳税人缴清税款以后，海关才能放行。但是，为了加速验放，对信誉好的纳税人，海关可以允许在提供担保的基础上先予提取或装运货物。

中国电子口岸网上支付系统业务和功能

（四）提取或装运货物

1. 海关进出境现场放行和货物结关

海关放行是指海关接受进出口货物的申报，审核电子数据报关单和纸质报关单及随附单证、查验货物、征收税费或接受担保以后，对进出口货物做出结束海关进出境现场监管的决定，允许进出口货物离开海关监管现场的工作环节。

货物结关是进出口货物办结海关手续的简称。进出口货物由其收发货人或其代理人向海关办理完所有的海关手续，履行了法律规定的与进出口有关的一切义务，办结了海关手续，海关就不再进行监管了。

海关放行有两种情况：一种是放行即结关，对于一般进出口货物而言，放行时进出口货物收发货人或其代理人已经办理了所有海关手续；另一种是放行不等于结关，对于保税货物、特定减免税货物及暂准进出境货物等，放行时进出口货物收发货人或其代理人并未办完所有的海关手续，货物尚未结关，海关在一定期限内还需进行后续管理。

2. 提取货物或装运货物

提取货物是指进口货物收货人或其代理人签收加盖海关放行章戳记的进口提货凭证，凭此到货物进境地的港区、机场、车站、邮局等海关监管的仓库办理提取进口货物的手续。

装运货物是指出口货物发货人或其代理人签收加盖海关放行章戳记的出口装货凭证，凭此到货物出境地的港区、机场、车站、邮局等海关监管的仓库办理将货物装上运输工具并离境的手续。

3. 办理其他相关海关手续

在办理完提取或装运货物的手续后，如需要海关签发有关货物的进口货物报关单证明联或办理其他证明手续的，均可向海关提出申请。

（1）申请签发报关单证明联。

① 进口付汇证明联。此联用于向银行或国家外汇管理部门办理进口货物的进口付汇核销手续。

② 出口收汇证明联。此联用于向银行或国家外汇管理部门办理出口货物的出口收汇核销手续。

③ 出口退税证明联。此联用于向国家税务机构办理出口货物的出口退税手续。

（2）办理其他证明手续。

① 出口收汇核销单。此单用于向国家外汇管理部门办理出口货物的出口收汇核销手续。

② 进口货物证明书。此单用于向国家交通管理部门办理进口汽车、摩托车的牌照申领手续。

任务实施

货物进口证明书的签发

1. 完成步骤

（1）将学生分为 5～6 组，每组 6～8 人。

（2）以小组为单位，对一般进出口货物的报关流程做初步设计方案，每组完成一份电子文档 PPT。

（3）各组交流一般进出口货物的报关流程设计方案，分别点评后进行修改完善。

（4）根据已知的单证资料信息，查看润滑油、防锈油等货物的进口是否需要许可证件。

（5）根据已知的单证资料信息，填写进口货物报关单，并使用报关软件进行电子报关单的信息录入。

（6）各组模拟实际报关情境，完成陪同海关关员查验工作。

（7）根据已知的单证资料信息，完成缴纳税费工作。

（8）各组模拟情境，完成海关放行，提取货物的工作。

（9）对（4）～（8）的每一个工作环节完成后及时进行交流点评，最终完成对这次任务的评价。

2. 考评标准（见表 3-2）

表 3-2 设计一般进出口货物的报关流程考评标准表

被考评人							
考评地点							
考评内容	设计一般进出口货物的报关流程						
考评标准	内 容	形式	分值	自我评价	他人评价	他组评价	教师评价
	一般进出口货物报关流程设计方案	电子	40				
	正确判断是否需要申领许可证件，理由充分	电子	10				
	进口货物报关单纸质填制及电脑录入准确、快速	纸质/电子	20				

续表

考评标准	内　容	形式	分值	自我评价	他人评价	他组评价	教师评价
	模拟配合查验、缴纳税费、提取货物等工作情境到位，完整	现场模拟	30				
合　计			100				
实际得分							

备注：

1. 实际得分 = 自我评价得分×20% + 他人评价得分×20% + 他组评价得分×20% + 教师评价得分×40%；
2. 考评满分为 100 分，60～74 分为及格，75～84 分为良好，85 分以上为优秀。

阅读资料：南京海关长江经济带海关区域通关一体化

任务二　设计保税货物的报关流程

为了使报关专业的学生能对保税货物的报关业务操作有清楚地区分和掌握，具备岗位必备的知识和技能，需要学生分别具备对保税加工货物和保税物流货物的报关操作技能。为此在任务二中设计了两个分任务。

分任务一　设计保税加工货物的报关流程

任务目标

学生掌握保税加工货物的报关程序，能够熟练设计保税加工货物的报关流程。

案例引入

本工作项目中，太仓捷达报关公司接到这样一票报关业务：新辉科技（太仓）有限公司是一家台资企业，海关注册代码为 3226930556，主要生产电脑周边产品，产品 100% 外销，外商公司为新辉科技（台湾）有限公司。

2017 年 2 月 9 日，新辉科技（台湾）有限公司接到日本客户 LOCK 公司的一批订单，订单内容为：LOCK 公司向新辉科技（台湾）有限公司订购数码相机镜头/电脑用——2 000 PCS，单价为 FOB 太仓 USD 20，交货日期最晚不得超过 2017 年 11 月 30 日。新辉科技（台湾）有限公司将该订单安排给新辉科技（太仓）有限公司负责生产及出口事宜。

2017 年 7 月 30 日，新辉科技（太仓）有限公司开始着手该订单的生产，因生产需要，有一部分料件由新辉科技（台湾）有限公司进行采购，因数量较少，采用航空快件方式从上海浦东机场进境。新辉科技（台湾）有限公司提供的装箱明细单如表 3-3 所示。

表 3-3　装箱单

合同号：201702　　日期：2017/7/30

品名规格	数量	总净重	总毛重	件数
单片数字集成电路/线宽>0. 35 um	8 000 PCS			
单片数字集成电路/0. 18 um<线宽≤0. 35 um	2 000 PCS			

续表

品名规格	数量	总净重	总毛重	件数
单层双面空白的印刷电路板	2 000 PCS			
镜头/Lens	2 000 PCS			
		21.2 kg	22.2 kg	1件

公司备好其他的国内采购的料件开始生产，生产完成后，2017年10月15日，新辉科技（太仓）有限公司委托太仓远东船公司负责将货物运至台湾。

新辉科技（太仓）有限公司委托太仓捷达报关公司来代为办理，小陈作为太仓捷达报关公司的报关员，将如何设计完成此票报关业务？请以小陈的名义完成此项任务。

知识链接

图解"区域通关一体化"

保税加工货物的报关程序

保税制度是指允许对特定的进口货物在进境后确定内销或复出口的最终去向前暂缓征缴关税和其他国内税，由海关监管的一种海关制度。保税制度在国际贸易中应用广泛，是一国发展对外经贸往来，扩大出口创汇，吸引外资的一项重要措施。因而，与保税制度密切相关的保税货物是进出口货物中的一项重要内容，保税货物的报关程序与一般进出口货物有着明显区别，保税放行后，海关继续进行监管，报关程序上有前期阶段、进出境阶段和后续阶段。

（一）保税加工货物的概述

1. 保税加工货物的含义和特征

（1）含义。保税加工货物是指经海关批准未办理纳税手续进境，在境内加工、装配后复运出境的货物，包括专为加工、装配出口产品而从国外进口且海关准予保税的原材料、零部件、元器件、包装物料、辅助材料（简称料件）以及用上述料件生产的成品、半成品。保税加工货物通常被称为"加工贸易保税货物"。加工贸易俗称"两头在外"的贸易，料件从境外进口在境内加工装配后成品运往境外的贸易。

加工贸易有两种形式：

① 来料加工。来料加工是指由境外企业提供料件，经营企业不需要付汇进口，按照境外企业的要求进行加工或装配，只收取加工费，制成品由境外企业销售的经营活动。

② 进料加工。进料加工是指经营企业用外汇购买料件进口，制成成品后外销出口的经营活动。

（2）特征。

① 料件进口时暂缓缴纳进口关税及进口环节海关代征税，成品出口时除另有规定外无须缴纳关税；

② 料件进口时除国家另有规定外免予交验进口许可证件，成品出口时凡属许可证件管理的，必须交验出口许可证件；

③ 进出境海关现场放行并未结关。

2. 海关对保税加工货物的监管模式

海关对保税加工货物的监管模式有两大类：一类是非物理围网的监管模式，采用纸质手册管理或计算机联网监管；另一类是物理围网的监管模式，包括出口加工区和跨境工业园区，采用电子账册管理。

（1）物理围网监管。所谓物理围网监管，是指经国家批准，在境内或边境线上设立海关特殊监管区域，让企业在物理围网内专门从事保税加工业务，由海关进行封闭式的监管。

（2）非物理围网监管。

① 纸质手册管理。这是一种传统的监管方式，主要是用加工贸易纸质登记手册进行加工贸易合同内容的备案，凭此进出口并记录进口料件出口成品的实际情况，最终凭此办理核销结案手续。这种监管方式使用范围广，在海关对保税加工货物监管中起到了非常重要的作用。但随着对外贸易和现代科技的高速发展，已经不再适应，目前逐渐被其他监管模式所替代，海关不再核发纸质手册，或者所核发的纸质手册仅作为报核时的手册凭证。

② 计算机联网监管。这一监管方式运用计算机将海关和加工贸易企业联网并实施监管。建立电子账册或电子化手册、合同备案、成品进口、成品出口以及手册的核销，全部通过计算机进行操作。海关管理科学严密，企业通关便捷高效，将会成为海关对保税加工货物监管的主要模式。

这种监管方式又分为两种：一种是针对大型企业的，以建立电子账册为主要标志，以企业为单元进行管理；另一种是针对中小企业的，以建立电子化手册为主要标志，以合同为单元进行管理。

3. 海关对保税加工货物监管的基本特征

（1）备案保税。国家规定，加工贸易料件经海关批准后才能保税进口，海关批准保税是通过受理备案来实行的。凡是准予备案的加工贸易料件一律可以不办理纳税手续即保税进口。

海关受理加工贸易料件备案的原则是：

① 合法经营。合法经营是指申请保税的料件、形式或保税申请人本身不属于国家禁止的范围，并且获得有关主管部门的许可，有合法进出口的凭证。

② 复运出境。复运出境是指申请保税的货物流向明确，进境加工、装配后的最终流向表明是复运出境，而且申请保税的单证能够证明进出业务基本是平衡的。

③ 可以监管。可以监管是指申请保税的货物无论在进出口环节，还是在境内加工、装配环节，海关都可以监管，不会因为某种不合理因素造成监管失控。

（2）纳税暂缓。国家规定专为加工出口产品而进口的料件，按实际加工复出口成品所耗用料件的数量准予免缴进口关税和进口环节增值税、消费税。这里所指的免税，是指用在出口成品上的料件可以免税。但是在料件进口的时候无法确知用于出口成品上的料件的实际数量，因此也无法免税。海关只有先准予保税，在产品实际出口并最终确定使用在出口成品上的料件数量后，才能确定征免税的范围，即用于出口的免税、不出口的征税然后再由企业办理纳税手续。因此，保税加工的料件纳税时间被推迟到了加工成品出口后，也正是因为这个原因，保税加工货物（出口加工区除外），经批准内销要征收缓税利息。

（3）监管延伸。

监管延伸包括监管地点的延伸和监管时间的延伸。地点延伸是指保税加工的料件离开进境地口岸海关监管场所后进行加工、装配的地方，都是海关监管的场所；时间延伸是指保税加工的料件在进境地被提取，不是海关监管的结束，而是海关保税监管的开始，海关一直要监管到加工、装配后复运出境或者办结正式进口手续为止。

保税加工货物海关准予保税的期限和申请核销的期限见表3-4。

① 准予保税的期限。准予保税的期限是指经海关批准保税后在境内加工、装配、复运出境的时间限制。

a. 纸质手册管理的保税加工期限，原则上不超过 1 年，经批准可以申请延长的，延长的最长期限原则上也是 1 年；

b. 联网监管模式中纳入电子账册管理的料件保税期限从企业的电子账册记录第一批料件进口之日起到该电子账册被撤销止；

c. 出口加工区保税加工的期限原则上是从加工贸易料件进区到加工贸易成品出区办结海关手续止。

② 申请核销的期限。申请核销的期限是指加工贸易经营人向海关申请核销的最后日期。

a. 纸质手册管理的保税加工报核期限是在手册有效期到期之日起或最后一批成品出运后 30 天内；

b. 电子账册管理的保税加工报核期限，一般以 6 个月为 1 个报核周期，首次报核是从海关批准电子账册建立之日起算，满 6 个月后的 30 天内报核，以后则从上一次的报核日期起算满 6 个月后的 30 天内报核。

c. 出口加工区经营保税加工业务的企业每 6 个月向海关申报 1 次保税加工货物的进出境、进出区的实际情况。

表 3-4 保税加工货物海关准予保税的期限和申请核销的期限

<table>
<tr><th colspan="3">期限
种类</th><th>准予保税的期限</th><th>申请核销的期限</th></tr>
<tr><td rowspan="2">非物理围网的监管模式</td><td colspan="2">电子手册管理</td><td>原则上不超过 1 年，可延长的最长期限原则上也是 1 年</td><td>手册到期之日起或最后一批成品出运后 30 日内报核</td></tr>
<tr><td colspan="2">电子账册管理</td><td>从企业电子账册记录第一批料件进口之日起，到该电子账册被撤销止</td><td>以 180 天为一个报核周期，满 180 天后的 30 天内报核</td></tr>
<tr><td rowspan="2">物理围网的监管模式</td><td rowspan="2">电子账册管理</td><td>出口加工区</td><td rowspan="2">从料件进区，到成品出区办结海关手续止</td><td>每 6 个月核销一次</td></tr>
<tr><td>珠海园区</td><td>每年向海关办理报核手续</td></tr>
</table>

（4）核销结关。保税加工货物（出口加工区的除外）经过海关核销后才能"结关"。保税加工货物的报核必须如实申报实际单耗。保税加工的料件进境后要进行加工、装配，改变原进口料件的形态，复出口的商品不再是原进口的商品。这样向海关的报核，不仅要确认进出数量是否平衡，还要确认成品是否由进口料件生产。在报核的过程中，数量往往是不平衡的，正确处理报核中发生的数量不平衡问题，是企业报核必须解决的问题。

（二）保税加工货物的基本作业流程

保税加工货物的基本作业流程分为三个阶段，主要是合同备案——进出口报关——合同报核。

1. 合同备案

（1）合同备案的含义。合同备案是指加工贸易企业持合法的加工贸易合同，到主管海关备案，申请保税并领取加工贸易登记手册或其他准予备案凭证的行为。

（2）合同备案的企业。经营企业，是指负责对外签订加工贸易进出口合同的各类进出口企业和外商投资企业，以及经批准获得来料加工经营许可的对外加工装配服务公司。加工企业，是指接受经营企业委托，负责对进口料件进行加工或者装配且具有法人资格的生产企业，以及由经营企业设立的虽不具有法人资格但实行相对独立核算并已经办理工商营业证（执照）的工厂。

（3）合同备案的步骤。

① 报商务主管部门审批合同，领取《加工贸易业务批准证》和《加工企业经营状况和生产能力证明》。

② 需要领取许可证件的需向有关主管部门领取许可证。

③ 将合同相关内容预录入与主管海关联网的计算机。

④ 由海关审核确定是否准予备案，准予备案的还要由海关确定是否需要开设《加工贸易银行保证金台账》，需要开设台账的在海关领取《台账开设联系单》。

⑤ 不需要开设台账的，直接向海关领取《加工贸易登记手册》或其他备案凭证。

⑥ 需要开设台账的，凭《台账开设联系单》到银行开设台账领取《 台账登记通知单》，凭《台账登记通知单》到海关领取《加工贸易登记手册》。

（4）合同备案的内容。

① 备案单证。备案单证包括：商务主管部门签发《加工贸易业务批准证》和《加工贸易企业经营状况和生产能力证明》；加工贸易合同或合同副本；《加工贸易备案申请表及企业加工合同备案呈报表》；需交验的主管部门的许可证件或复印件；为确定单耗和损耗率所需的有关资料；其他备案所需要的单证。

② 备案商品。加工贸易禁止类商品不允许进行加工贸易；进出口消耗臭氧层物质、易制毒化学品以及监控化学品的在备案时需要提供进出口许可证或两用物项进出口许可证复印件；进出口音像制品、印刷品、地图产品及附有地图的产品或进口工业再生废料的，在备案时需要提供有关主管部门签发的许可证件或批准文件。

③ 保税额度。在加工贸易合同项下海关准予备案的料件实行全额保税，不予备案的料件及试车材料、非列名消耗性物料等不予保税。

④ 银行保证金台账制度。银行保证金台账制度全称为加工贸易银行保证金台账制度，是指经营加工贸易的单位或企业凭海关核准的手续，按合同备案料件金额向指定银行申请设立加工贸易进口料件保证金台账，加工成品在规定期限内全部出口，经海关核销后，由银行核销保证金台账的制度。

银行保证金台账制度有以下三种情况：不转，即不需要开设保证金台账；空转，即开设台账，不需要支付保证金；实转，即开设台账，支付保证金。银行保证金台账制度的核心内容是对企业和商品实行分类管理，主要是根据不同的企业类别和要进行加工贸易的进口的料件的性质来确定实行“不转”“空转”“实转”，见表3-5。

⑤ 风险担保金管理。

保税加工企业有下列情形之一的，海关应当在经营企业提供相当于应缴税款金额的保证金或者银行、非银行金融机构保函后办理手册的设立手续：a. 涉嫌走私，已经被海关立案侦查，案件尚未审结的；b. 由于管理混乱被海关要求整改，在整改期内的。

保税加工企业有下列情形之一的，海关可以要求经营企业办理手册设立手续时提供相当于应缴税款金额的保证金或者银行、非银行金融机构保函：a. 租赁厂房或者设备的；b. 手册开展加工贸易业务的；c. 加工贸易手册两次或者两次以上延期的；d. 办理异地加工贸易手续的；e. 涉嫌违规，已经被海关立案调查，案件尚未审结的。

海关根据报关单位分类管理中“收发货人的审定标准”，将加工贸易企业设定为 AA、A、B、C、D 5 类。商品分为禁止类、限制类和允许类等 3 类。将地区分为东部地区和中西部地区，东部地区包含辽宁省、北京市、天津市、河北省、山东省、江苏省、上海市、浙江省、福建省、广东省，中西部地区指东部地区以外的中国其他地区。

表 3-5　加工贸易银行保证金台账分类管理

<table>
<tr><th rowspan="2">分类</th><th rowspan="2">禁止类</th><th colspan="2">限制类</th><th colspan="2">允许类</th><th rowspan="2">1 万美元及以下
零星料件</th><th rowspan="2">5 千美元及以下
78 种客供辅料</th></tr>
<tr><th>东部</th><th>中西部</th><th>东部</th><th>中西部</th></tr>
<tr><td>AA 类</td><td rowspan="5">不准
开展
加工
贸易</td><td colspan="2" rowspan="2">空转</td><td colspan="2">不转</td><td rowspan="3">不转</td><td rowspan="3">不转/免册</td></tr>
<tr><td>A 类</td><td colspan="2">空转</td></tr>
<tr><td>B 类</td><td>半实转</td><td>空转</td><td colspan="2">空转</td></tr>
<tr><td>C 类</td><td colspan="6">实转</td></tr>
<tr><td>D 类</td><td colspan="6">不准开展加工贸易</td></tr>
</table>

海关受理合同备案后，企业应当申领有海关签章的《加工贸易登记手册》或其他准予备案的凭证，《加工贸易登记手册》是海关为了便于管理加工贸易货物而向从事加工贸易的企业核发的登记册，企业凭此登记册办理进出口货物的备案、报关及报核等程序。

（5）合同备案的凭证。海关受理并准予备案后，企业应当领取海关签章的加工贸易手册或其他准予备案的凭证。

① 加工贸易手册。按规定可以不设台账的合同，在准予备案后，由企业直接向受理合同备案的主管海关领取海关签章的加工贸易手册；按规定在银行开设了台账的合同，由企业凭银行签发的《银行保证金台账登记通知单》到合同备案主管海关领取海关签章的加工贸易手册；经海关批准，企业在领取加工贸易手册的基础上，可以根据不同的情况申请领取加工贸易手册分册。

② 其他准予备案的凭证。对为生产出口产品而进口的属于国家规定的 78 种列名服装辅料且金额不超过 5 000 美元的合同，除 C 类企业外可以免申领手册，直接凭出口合同备案准予保税后，凭海关在备案出口合同上的签章和编号直接进入进出口报关阶段。

（6）合同备案的变更。已经海关登记备案的加工贸易合同，其品名、规格、金额、数量、加工期限、单损耗及商品编码等发生变化的，须向主管海关办理合同备案变更手续，开设台账的合同还须变更台账。合同变更应在合同有效期内报商务原审批部门批准。

（7）与合同备案相关的事宜。

① 异地加工贸易合同备案。异地加工贸易，是指一个在直属海关的关区内加工贸易经营企业，将进口料件委托给在另一个直属海关的关区内加工生产企业加工，待成品回收后再组织出口的加工贸易活动。开展异地加工贸易应在加工企业所在地设立台账，由加工贸易经营企业向加工企业所在地主管海关办理合同备案手续。海关对开展异地加工贸易的经营企业和加工企业实行分类管理，如果两者的管理类别不相同，按其中较低类别管理。

② 加工贸易单耗申报。加工贸易单耗申报，是指加工贸易企业在备案和报核中向海关如实申报加工贸易单耗的行为。单耗是指加工贸易企业在正常加工条件下加工单位成品所耗用的料件量，单耗包括净耗和工艺损耗：

a. 净耗，是指在加工后，料件通过物理变化或者化学反应存在或者转化到单位成品中的量；

b. 工艺损耗，是指因加工工艺原因，料件在正常加工过程中除净耗外所必需耗用但不能存在或者转化到成品中的量，包括有形损耗和无形损耗。

具体内容包括：

i. 加工贸易项下料件和成品的商品名称、商品编号、计量单位、规格型号和品质；

ii. 加工贸易项下成品的单耗；

iii. 加工贸易同一料件有保税和非保税料件的，应当申报非保税料件的比例。

中华人民共和国海关加工贸易单耗申报单

《中华人民共和国海关加工贸易单耗管理办法》解读

③ 加工贸易外发加工申请。外发加工，是指加工贸易企业因受自身生产工序限制，经海关批准并办理有关手续后，委托承揽企业对加工贸易出口产品生产环节中的个别工序进行加工，在规定期限内将加工后的产品运回本企业并最终复出口的行为。外发加工的成品、剩余料件及生产过程中产生的边角料、残次品及副产品等加工贸易货物，经经营企业所在地主管海关批准后可以不运回本企业。经营企业申请开展外发加工业务，应当如实填写《加工贸易外发加工申请审批表》和《加工贸易外发加工货物外发清单》，经海关审核批准后，方可进行外发加工。

（8）加工贸易串料申请。经营企业因加工出口产品急需，申请在本企业内部进行料件串换的，需提交书面申请并符合以下条件：

① 保税进口料件和保税进口料件之间及保税进口料件和征税进口料件之间的串换必须符合同品种、同规格、同数量的条件。

② 保税进口料件和国产料件（不含深加工结转料件）之间的串换必须符合同品种、同规格、同数量、关税税率为零且商品不涉及进出口许可证件管理的条件。经海关批准的保税进口料件和征税进口料件之间及保税进口料件和国产料件之间发生串换，串换下来的同等数量的保税进口料件，由企业自行处置。

2. 进出口报关

（1）保税加工货物进出境报关。对加工贸易保税货物进出境报关的要求：报关时所提供的有关单证内容必须与备案时的数据一致；报关时的数据必须与备案时的数据完全一致，商品的名称、数量、规格、计量单位、币种等应与备案时的完全一样且字面相同；报关人可以是加工经营企业本身，也可以是其代理；报关时须提供加工贸易手册。

（2）保税加工货物深加工结转报关。加工贸易深加工结转是指加工贸易企业将保税进口料件加工的产品转至另一个加工贸易企业进一步加工后复出口的经营活动，包括计划备案、收发货登记、结转报关3个环节。

① 计划备案。转入、转出企业应当向各自主管海关提交《保税加工货物深加工结转申请表》和申报结转计划：

a. 转出企业在申请表（一式四联）中填写本企业的转出计划并签章，凭申请表向转出地海关备案；

b. 转出地海关备案后，留存申请表第一联，其余三联退转出企业交转入企业；

c. 转入企业自转出地海关备案之日起20日内，持申请表其余三联，填制本企业的相关内容后，向转入地海关办理报备手续并签章。转入企业在20日内未递交申请表，或者虽向海关递交但因申请表的内容不符合海关规定而未获准的，该份申请表作废，转出、转入企业应当重新填报和办理备案手续；

d. 转入地海关审核后，将申请表第二联留存，第三、第四联交转入、转出企业凭此办理结转收发货登记及报关手续。

② 收发货登记。转出、转入企业办理结转备案手续后，应当按照经双方海关核准后的申请表进行实际收发货。转出、转入企业的每批次收发货记录应当在《保税货物实际结转情况登记表》上进行如实登记，并加盖企业结转专用名章。结转货物退货的，转出、转入企业应当将实际退货情况在登记表中进行登记，同时注明“退货”字样，并加盖企业结转专用名章。

③ 结转报关。转出、转入企业应当分别在转出地、转入地海关办理结转报关手续，转出、转入企业可以凭一份申请表分批或者集中办理报关手续，转出（入）企业每批实际发（收）货后，应当在90日内办结该批货物的报关手续；转入企业凭申请表、登记表等单证向转入地海关办理结转进口报关手续，并在结转进口报关后的第2个工作日将报关情况通知转出企业；转出企业自接到转入企业通知之日起10日内，凭申请表、登记表等单证向转出地海关办理结转出口报关手续；结转进口、出口报关的申报价格为结转货物的实际成交价格；一份结转进口报关单对应一份结转出口报关单，两份报关单之间对应的申报序号、商品编号、数量、价格和手册号应当一致；结转货物分批报关的，企业应当同时提供申请表和登记表的原件及复印件；企业超过规定时限申请办理结转报关手续的，待海关按照《中华人民共和国海关关于加工贸易保税货物跨关区深加工结转的管理办法》第十二条规定处理后，方可补办有关手续。

（3）其他保税加工货物的报关。其他保税加工货物是指履行加工贸易合同过程中产生的剩余料件、边角料、残次品、副产品和受灾保税货物。对于履行加工贸易合同中产生的上述剩余料件、边角料、残次品、副产品及受灾保税货物，企业必须在手册有效期内处理完毕。处理的方式有内销、结转、退运、放弃及销毁等。除销毁处理外，其他处理方式都必须填制报关单报关。有关报关单是企业报核的必要单证。

3. 合同报核

（1）合同报核。合同报核是指加工贸易企业在加工合同履行完毕或终止后，按照规定处理完剩余货物，在规定的时间内，按照规定的程序向该企业主管海关申请核销要求结案的行为。经营企业应在规定的时间内完成合同，并自加工贸易手册项下最后1批成品出口或者加工贸易手册到期之日起30日内向海关申请报核；因故提前终止的合同，自合同终止之日起30日内向海关报核。报核有以下4个步骤：及时将登记手册和报关单进行收集、整理、核对；根据有关账册记录、生产工艺资料等查清此合同的实际单耗并填写核销核算表；填核销预录入申请单办理预录入手续；携带报核单证到主管海关报核并填写报核签收回联单。

报核企业报核时应出具的报核凭证包括：《企业合同核销申请表》《加工贸易手册》《进出口报关单》《核销核算表》及其他海关需要的资料。特殊情况的报核，要引起注意：

① 遗失登记手册的合同报核。企业遗失加工贸易手册应当及时向主管海关报告。主管海关及时移交缉私部门按规定进行处理。缉私部门处理后，企业应当持海关规定的相关单证向主管海关报核。

② 遗失进出口报关单的合同报核。按规定企业应当用报关单留存联报核，在遗失报关单的情况下，可以将报关单复印件向原报关地海关申请加盖海关印章后报核。

③ 无须申领登记手册的 5 000 美元及以下的 78 种列名服装辅料合同的报核。企业直接持进出口报关单、合同及核销核算表报核。报核的出口报关单应当是注明备案编号的一般贸易出口报关单。

④ 撤销合同报核。加工贸易合同备案后因故提前终止执行，未发生进出口而申请撤销的，应报商务主管部门审批，企业凭审批件和手册报核。

⑤ 有违规走私行为的加工贸易合同核销。加工贸易企业因走私行为被海关缉私部门或者法院没收加工贸易保税货物的，海关凭相关证明材料，如《行政处罚决定书》《行政复议决定书》《判决书》《裁决书》等办理核销手续。

加工贸易企业因违规等行为被海关缉私部门或法院处以警告、罚款等处罚但不没收加工贸易保税货物的，不予免除加工贸易企业办理相关海关手续的义务。

（2）海关核销。海关对企业的报核应当依法进行审核，不符合规定且不予受理的应当书面告知理由，并要求企业重新报核；符合规定的，应当受理。海关自受理企业报核之日起20个工作日内，应当核销完毕，情况特殊的可以由直属海关的关长批准或者由直属海关的关长授权的隶属海关关长批准延长 10 个工作日。经核销情况正常但未开设台账的，海关应当立即签发《核销结案通知书》；经核销情况正常的已开设台账的，应当签发《银行保证金台账核销联系单》，企业凭此到银行销台账，其中“实转”的台账，企业应当在银行领回保证金和应得的利息或者撤销保函，并领取《银行保证金台账核销通知单》，凭此向海关领取核销结案通知书。

（三）电子账册管理下的保税加工货物报关程序

1. 电子账册概述

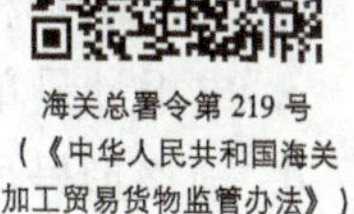

海关总署令第 219 号（《中华人民共和国海关加工贸易货物监管办法》）

（1）联网监管的含义。海关对加工贸易企业实施联网监管是指加工贸易企业通过数据交换平台或者其他计算机网络方式向海关报送能满足海关监管需要的物流、生产经营等数据，海关对数据进行核对、核算，并结合实物进行核查的一种海关保税加工监管方式。

（2）电子账册管理的特点。电子账册模式的适用对象是加工贸易进出口较为频繁、规模较大、原料和产品较为复杂以及管理信息化程度较高较完善的大型加工贸易企业。电子账册模式联网监管的基本管理原则是：一次审批、分段备案、滚动核销、控制周转、联网核查，并有以下特点：

① 对企业经营资格、经营范围（商品编码前 4 位数）和加工生产能力进行一次性审批，不再对加工贸易合同进行逐票审批。

② 采取分段备案，先备案进口料件，在生产成品出口包括深加工结转前再备案成品及申报准确、实际的单损耗情况，取消纸质手册实行的进口料件、出口成品及单损耗关系同时

一次备案的规定。

③ 建立以企业为单元的电子账册，实行与企业物流、生产实际接轨的滚动核销制度，取代以合同为单元的纸质手册。

④ 对进出口保税货物的总价值或数量按照企业生产能力进行周转量控制，取消对进出口保税货物备案数量的控制，满足企业在国际化大生产条件下的零库存生产需要，提高通关速度。

⑤ 企业通过计算机网络向商务主管部门和海关申请办理审批、备案及变更等手续，大大简化纸质手册模式下审批、备案及变更等各种复杂手续，满足现代企业快速生产和进出口的需求。

⑥ 实施电子账册模式联网监管企业，同时实行银行保证金台账制度。

⑦ 纳入电子账册的加工贸易货物全额保税。

⑧ 凭电子身份认证卡实现在全国口岸的通关。

（3）电子账册的建立。

① 联网监管的申请和审批。具备规定的相关条件的加工贸易企业可以向所在地直属海关申请加工贸易联网监管。申请联网监管的企业应当向海关提供规定的有关单证。经经营企业所在地直属海关审核，符合条件且单证具备的加工贸易企业，主管海关制发《海关实施加工贸易联网监管通知书》后即成为保税加工联网监管企业。

② 加工贸易业务的申请和审批。联网企业的加工贸易业务由商务主管部门审批。商务主管部门总体审定联网企业的加工贸易资格、业务范围和加工生产能力。商务主管部门收到联网企业申请后，对非国家禁止开展的加工贸易业务，予以批准并签发《联网监管企业加工贸易业务批准证》。

③ 建立商品归并关系和电子账册。商品归并关系，是指海关与联网企业根据监管的需要按照中文品名、HS 编码、价格及贸易管制等条件，将联网企业内部管理的“料号级”商品与电子账册备案的“项号级”商品归并或拆分，建立“一对多”或“多对一”的对应关系。同时满足以下条件的商品，才可归入同一个联网监管商品项号：

a. 10 位 HS 编码相同的；

b. 商品名称相同的；

c. 申报计量单位相同的；

d. 规格型号虽不同但单价相差不大的。

实现归并关系的优点

思考：

为什么海关要实行电子账册商品归并关系？

通过海关审批后，联网监管企业的加工贸易商品归并关系就建立了起来。联网监管商品关系的建立，主要表现在经海关审批通过的在归并原则基础上产生的《企业物料表》及归并关系数据。每个联网监管企业只有一份《企业物料表》及归并关系数据，并据此生成电子账册。

电子账册包括加工贸易《经营范围电子账册》和《便捷通关电子账册》。《经营范围电子账册》用于检查控制《便捷通关电子账册》进出口商品的范围，不能直接报关；《便捷通关电子账册》用于加工贸易货物的备案、通关和核销，电子账册编码为12位。《经营范围电子账册》第一、第二位为标记代码“IT”，因此《经营范围电子账册》也叫“IT账册”；《便捷通关电子账册》第一位为标记代码“E”，因此《便捷通关电子账册》也叫“E账册”。

海关确定归并关系的三种管理方式

思考：

海关确定归并关系有哪几种管理方式？

2. 程序

（1）备案。

①《经营范围电子账册》备案。企业凭商务主管部门的批准证通过网络向海关办理《经营范围电子账册》备案手续，备案内容为：经营单位名称及代码；加工单位名称及代码；批准证件编号；加工生产能力；加工贸易进口料件和成品范围（商品编码前4位）。企业在收到海关的备案信息后，应将商务主管部门的纸质批准证交海关存档。

②《便捷通关电子账册》备案。企业可通过网络向海关办理《便捷通关电子账册》备案手续。《便捷通关电子账册》的备案包括以下内容：

a. 企业基本情况表，包括经营单位及代码、加工企业及代码、批准证编号、经营范围账册号及加工生产能力等；

b. 料件、成品部分，包括归并后的料件、成品名称、规格、商品编码、备案计量单位、币制及征免方式等；

c. 单耗关系，包括出口成品对应料件的净耗、损耗率等。

其他部分可同时申请备案，也可分阶段申请备案，但料件必须在相关料件进口前备案，成品和单耗关系最迟在相关成品出口前备案。海关将根据企业的加工能力设定电子账册最大周转金额，并对部分高风险或需要重点监管的料件设定最大周转数量。电子账册进口料件的金额、数量，加上电子账册剩余料件的金额、数量，不得超过最大周转金额和最大周转数量。企业需在异地口岸办理进出口报关或异地深加工结转报关手续的，可以向海关申请办理《便捷通关电子账册》异地报关备案。

（2）进出口报关。

① 进出境货物报关。包括：

第一阶段：报关清单的生成。使用《便捷通关电子账册》办理报关手续，企业应先根据实际进出口情况，从企业系统导出料号级数据生成归并前的报关清单，通过网络发送到电子口岸。报关清单应按照加工贸易合同填报监管方式，进口报关清单填制的总金额不得超过电子账册最大周转金额的剩余值，其余项目的填制参照报关单的填制规范。

第二阶段：报关单的生成。联网企业进出口保税加工货物，应使用企业内部的计算机，采用计算机原始数据形成报关清单，报送中国电子口岸。电子口岸将企业报送的报关清单根据归并原则进行归并，并分拆成报关单后发送回企业，由企业填报完整的报关单内容后，通过网络向海关正式申报。联网企业可根据需要和海关规定分别选择有纸报关或无纸报关方式申报。

② 深加工结转货物报关。电子账册管理下的联网企业深加工结转货物报关与纸质手册管理下的保税加工货物深加工结转报关一样。

③ 其他保税加工货物报关。联网企业以内销、结转、退运、放弃或销毁等方式处理保税进口料件、成品、副产品、残次品、边角料和受灾货物的报关手续与纸质手册管理下的其他保税加工货物报关一样。后续缴纳税款时，同样要缴纳缓税利息。

3. 报核和核销

报关企业报核又分为预报核和正式报核。预报核，是指将周期内的报关数据发送电子信息给海关，海关与动态的电子账册比对；正式报核，是指企业预报通过海关审核后，以预报核海关核准的报关数据为基础，填报本期保税进口料件应当留存数量、实际留存数量等内容，以电子报文形式向海关正式申请报核，即将周期的结存数与应当结存数发送电子信息给海关，海关将之与电子账册比对。经海关认定企业实际库存多于应存数，有合理正当理由的，计入电子账册下期核销，否则依法处理。

阅读资料：乐高积木“嘉兴造”电子账册巧管理

（四）电子化手册管理下的保税加工货物的报关程序

1. 电子化手册概述

（1）含义。电子化手册管理以企业的单个加工贸易合同为单元实施对保税加工货物的监管。海关为联网企业建立电子底账，一个加工贸易合同建立一个电子化手册。

（2）电子化手册管理特点。

① 以合同（订单）为单元进行管理。商务主管部门审批每份加工贸易合同（订单），海关根据合同（订单）建立电子底账，企业根据合同（订单）的数量建立多本电子化手册。

② 企业通过计算机网络向商务主管部门和海关申请办理合同审批和合同备案、变更等手续。

③ 纳入加工贸易银行保证金台账制度管理。

④ 纳入电子化手册的加工贸易货物进口时全额保税。

⑤ 无须调度手册，凭身份认证卡实现全国口岸的报关。

（3）电子化手册的建立

电子化手册的建立同样要经过加工贸易经营企业的联网监管申请和审批、加工贸易业务的申请和审批、建立商品归并关系和电子化手册等3个步骤，基本程序同电子账册。

2. 报关程序

（1）备案。电子化手册的备案分为按合同常规备案和分段式备案两种。

① 按合同常规备案。按合同常规备案除不申领纸质手册以外其他要求同纸质手册管理基本一样，详见纸质手册管理有关内容。

② 分段式备案。分段式备案指将电子化手册的相关内容分为合同备案和通关备案两部分分别备案，通关备案的数据建立在合同备案数据的基础上。合同备案环节的备案内容有3部分，即表头数据、料件表和成品表。

（2）进出口报关。

① 进出境货物报关。包括：

第一阶段：报关清单的生成。企业在加工贸易货物进出境报关前，应从企业管理系统导出料号级数据生成归并前的报关清单，或通过电子口岸电子化手册系统按规定格式录入当次进出境的料号级清单数据，并向电子口岸数据中心报送。

第二阶段：报关单的生成。数据中心按归并关系和其他合并条件，将企业申报的清单生成报关单。企业通过中小企业模式联网监管系统的报关申报系统调出清单所生成的报关单信息后，将报关单上剩余各项填写完毕，即可生成完整的报关单，向海关进行申报。如属异地报关的，本地企业将报关单补充完整后，将报关单上载，由异地报关企业下载报关单数据，进行修改、补充后向海关申报。

② 深加工结转货物报关。电子化手册加工贸易深加工结转货物报关与纸质手册管理下的加工贸易深加工结转货物报关流程一样。

③ 其他保税加工货物报关。电子化手册管理下的联网企业以内销、结转、退运、放弃及销毁等方式处理保税进口料件、成品、副产品、残次品、边角料和受灾货物的报关手续，与纸质手册管理下的其他保税加工货物报关流程一样。后续缴纳税款时，同样要缴纳缓税利息（边角料除外）。缓税利息计息的起始日期为内销料件或者制成品所对应的加工贸易合同项下电子化手册记录的首批料件进口之日，截止日为海关签发税款缴款书之日。

（3）报核和核销。

① 报核。企业通过电子口岸数据中心向主管海关传送报核表头、报关单、进口料件、出口成品及单损耗 5 方面的报核数据。

② 核销。海关对报核的电子化手册进行数据核算，核对企业报核的料件、成品进出口数据与海关底账数据是否相同，核实企业申报的成品单损耗与实际耗用量是否相符，企业内销征税情况与实际内销情况是否一致。

③ 结案。海关对通过核销核算的电子化手册进行结案处理，并打印《结案通知书》交付企业。

（五）出口加工区进出货物报关程序

1. 出口加工区概述

（1）含义。出口加工区是指经国务院批准在境内设关的，由海关对保税加工贸易进出口货物进行封闭式监管的特定区域。出口加工区内设置出口加工企业、仓储物流企业以及经海关核准专门从事区内货物进出的运输企业。

阅读资料：2017 年起江苏将全面实施加工贸易监管一体化

（2）功能。出口加工区具有从事保税加工、保税物流及研发、检测及维修等业务的功能。

（3）海关监管。出口加工区是海关监管的特定区域。出口加工区与境内其他地区之间设置符合海关监管要求的隔离设施及闭路电视监控系统，在进出区通道设立卡口。海关在出口加工区内设立机构，并依照有关法律、行政法规对进出加工区的货物及区内相关场所实行 24 小时监管。区内不得经营商业零售业务，不得建立营业性的生活消费设施。区内企业建立符合海关监管要求的电子计算机管理数据库，并与海关实行电子计算机联网，进行电子数据交换。从境外运入出口加工区的加工贸易货物全额保税。出口加工区区内企业开展加工贸易业务不实行加工贸易银行保证金台账制度，适用电子账册管理，实行备案电子账册的滚动累加、扣减，每 6 个月核销一次。出口加工区内企业从境外进口的自用的生产管理所需设备和物资，除交通车辆和生活用品外，均予以免税。出口加工区与境外之间进出的货物，除国家另有规定的外，不实行进出口许可证件管理。境内区外进入出口加工区的货物视同出口，办理出口报关手续，可以办理出口退税手续。

2. 报关程序

出口加工区内企业在进出口货物前，应向出口加工区主管海关申请设立电子账册。出口加工区企业电子账册包括《加工贸易电子账册（H账册）》和《企业设备电子账册》。

（1）出口加工区与境外之间进、出货物的报关。出口加工区与境外之间进出货物报关实行备案制，由货主或其代理人填写进、出境货物备案清单，向出口加工区海关报关。对于跨关区进出境的出口加工区货物，一般按“转关运输”中的直转转关方式办理转关；对于同一直属海关的关区内进出境的出口加工区货物，一般按直通式报关。

按“转关运输”中直转转关方式转关的报关程序如下：

① 境外货物运入出口加工区。货物到港后，收货人或其代理人向口岸海关录入转关申报数据，并持《进口转关货物申报单》《汽车载货登记簿》向口岸海关物流监控部门办理转关手续；口岸海关审核同意企业转关申请后，向出口加工区海关发送转关申报电子数据，并对运输车辆进行加封。货物运抵出口加工区后，收货人或其代理人向出口加工区海关办理转关核销手续，出口加工区海关物流监控部门核销《汽车载货登记簿》，并向口岸海关发送转关核销电子回执；同时收货人或其代理人录入《出口加工区进境货物备案清单》，向出口加工区海关提交运单、发票、装箱单、电子账册编号、相应的许可证件等单证办理进境报关手续；出口加工区海关审核有关报关单证，确定是否查验，对不需查验的货物予以放行；对须查验的货物，由海关实施查验后，再办理放行手续，签发有关备案清单证明联。

② 出口加工区货物运出境外。发货人或其代理人录入《出口加工区出境货物备案清单》，向出口加工区海关提交运单、发票、装箱单、电子账册编号等单证办理出口报关手续，同时向出口加工区海关录入转关申报数据，并持《出口加工区出境货物备案清单》《汽车载货登记簿》向出口加工区海关物流监控部门办理出口转关手续；出口加工区海关审核同意企业转关申请后，向口岸海关发送转关申报电子数据，并对运输车辆进行加封。货物运抵出境地海关后，发货人或其代理人向出境地海关办理转关核销手续，出入境地海关核销《汽车载货登记簿》，并向出口加工区海关发送转关核销电子回执；货物实际离境后，出境地海关核销清洁载货清单并反馈出口加工区海关，出口加工区海关凭此签发有关备案清单证明联。

（2）出口加工区与境内区外其他地区之间进出货物报关。

① 出口加工区运往境内区外货物的报关。出口加工区运往境内区外的货物，由区外企业录入进口货物报关单，凭发票、装箱单以及有关许可证件等单证向出口加工区海关办理进口报关手续。进口报关结束后，区内企业填制《出口加工区出境货物备案清单》，凭发票、装箱单、电子账册编号等单证向出口加工区海关办理出区报关手续。货物经出口加工区海关查验放行后，出口加工区海关分别向区外企业核发进口货物报关单进口付汇证明联，向区内企业核发《出口加工区出境货物备案清单》出境收汇证明联。

② 境内区外运入出口加工区货物的报关。境内区外运入出口加工区的货物，由区外企业录入出口货物报关单，凭购销合同（协议）、发票、装箱单等单证向出口加工区海关办理出口报关手续。出口报关结束后，区内企业填制出口加工区进境货物备案清单，凭购销发票、装箱单、电子账册编号等单证向出口加工区海关办理进区报关手续。货物经出口加工区海关查验放行后，出口加工区海关分别向区外企业核发出口货物报关单出口收汇证明联，向区内企业核发出口加工区进境货物备案清单进境付汇证明联。

③ 出口加工区出区深加工结转货物报关。出口加工区货物出区深加工结转是指加工区

内企业将本企业加工生产的产品直接或者通过保税仓库转入其他出口加工区、保税区等海关特殊监管区域内及区外加工贸易企业进一步加工后复出口的经营活动。出口加工区企业开展深加工结转时，转出企业凭出口加工区管委会批复，向所在地的出口加工区海关办理海关备案手续后方可开展货物的实际结转；对转入其他出口加工区、保税区等海关特殊监管区域的，转入企业凭其所在区管委会的批复办理结转手续；对转入区域外加工贸易企业的，转入企业凭商务主管部门的批复办理结转手续。

对结转至海关特殊监管区域外的加工贸易企业的货物，海关按照对加工贸易进口货物的有关规定办理手续，结转产品如果属于加工贸易项下进口许可证件管理商品的，企业应当向海关提供相应的有效进口许可证件。

对转入特殊监管区域的，转出、转入企业分别在自己的主管海关办理结转手续，对转入特殊监管区域外加工贸易企业的，转出、转入企业在转出地主管海关办理结转手续。

对转入特殊监管区域的深加工结转，除特殊情况外，比照转关运输方式办理结转手续；不能比照转关运输方式办理结转手续的，在主管海关提供相应的担保后，由企业自行运输。

对转入特殊监管区域外加工贸易企业的深加工结转报关程序如下：

a. 转入企业在《中华人民共和国海关出口加工区出区深加工结转申请表》（一式四联）中填写本企业的转入计划，凭申请表向转入地海关备案；

b. 转入地海关备案后，留存申请表第一联，其余 3 联退还转入企业，由转入企业送交出口加工区转出企业；

c. 转出企业自转入地海关备案之日起 30 天内，持申请表其余 3 联，填写本企业的相关内容后，向主管海关办理备案手续；

d. 转出地海关审核后，留存申请表第 2 联，将第 3、第 4 联分别交给转出企业、转入企业；

e. 转出、转入企业办理结转备案手续后，凭双方海关核准的申请表进行实际收发货。转出企业的每批次发货记录应当在一式三联的《出口加工区货物实际结转情况登记表》上如实登记，转出地海关在卡口签注登记表后，货物出区；

f. 转出、转入企业每批实际发货、收货后，可以凭申请表和转出地卡口海关签注的登记表分批或者集中办理报关手续。转出、转入企业每批实际发货、收货后，应当在实际发货、收货之日起 30 天内办结该批货物的报关手续。转入企业填报结转进口货物报关单，转出企业填报结转出口备案清单。一份结转进口货物报关单对应一份结转出口备案清单。区内转出的货物因质量不符等原因发生退运、退换的，转入企业为特殊监管区以外的加工贸易企业的，按退运货物或退换货物办理相关手续。

3. 监管和报关要点

（1）加工区与境外之间进、出的货物，除国家另有规定外，不实行进出口许可证件管理。国家禁止进出口的货物，不得进出加工区。因国内技术无法达到产品要求，须将国家禁止出口或统一经营商品运至加工区内进行某项工序加工的，应报经商务主管部门批准，海关比照出料加工管理办法进行监管，其运入加工区的货物，不予签发出口退税报关单。

（2）出口加工区区内企业开展加工贸易业务不实行“加工贸易银行保证金台账”制度，使用电子账册管理，实行备案电子账册的滚动累加、核扣，每半年核销一次。

（3）对加工区运往境内区外的货物，按进口货物报关，如属许可证件管理的，出具有效的进口许可证件，缴纳进口关税、增值税、消费税，免交付缓税利息。

（4）从境内区外进入加工区的货物视同出口，办理出口报关手续。其出口退税，除法律、法规另有规定外，按照以下规定办理：从境内区外运进加工区供区内企业使用的国产机器、设备、原材料、零部件、元器件、包装物以及建造基础设施，加工企业和行政管理部门生产、办公用房所需合理数量的基建物资等，按照对出口货物的管理规定办理出口报关手续，海关签发出口退税报关单。境内区外企业凭“报关单出口退税联”向税务部门申请办理出口退（免）税手续。

（5）出口加工区内企业在需要时，可将有关模具、半成品运往区外进行加工，经加工区主管海关的关长批准，由接受委托的区外企业，向加工区主管海关缴纳货物应征关税和进口环节增值税等值的保证金或银行保函后方可办理出区手续。加工完毕后，加工产品应按期（一般为6个月）运回加工区，区内企业向加工区主管海关提交运出加工区时填写的《委托区外加工申请书》及有关单证，办理验收核销手续。加工区主管海关办理验收核销手续后，应及时退还保证金或撤销保函。

（6）出口加工区区内企业经主管海关批准，可在境内区外进行产品的测试、检验和展示活动。测试、检验和展示的产品，应比照海关对暂时进口货物的管理规定办理出区手续。出口加工区区内使用的机器、设备、模具和办公用品等，须运往境内区外进行维修、测试或检验时，区内企业或管理机构应填写《出口加工区货物运往境内区外进行维修查验联系单》，向主管海关提出申请，并经主管海关核准、登记、查验后，方可将机器、设备、模具和办公用品等运往境内区外维修、测试或检验。运往境内区外维修、测试或检验的机器、设备、模具和办公用品等，应自运出之日起2个月内运回加工区。因特殊情况下不能如期运回的，区内企业应于期满前7天内，向主管海关说明情况，并申请延期。申请延期以1次为限，延长期限不得超过1个月。运往境内区外维修的机器、设备、模具和办公用品等，运回区内时，要以海关能辨认其为原物或同一规格的新零件、配件或附件为限，但更换新零件、配件或附件的，原零件、配件或附件的，原零件、配件或应一并运回区内。

（六）珠海园区进出货物报关程序

1. 珠海园区概述

（1）概况。珠澳跨境工业区是指经国务院批准设立，在我国珠海经济特区和澳门特别行政区之间跨越珠海和澳门关境线，由中国海关和澳门海关共同监管的海关特殊监管区域。珠澳跨境工业区由珠海园区和澳门园区两部分组成。珠海园区是指经国务院批准设立的珠澳跨境工业区由中国海关按照《海关法》和其他有关法律、行政法规进行监管的珠海经济特区部分的园区。澳门园区是指经国务院批准设立的珠澳跨境工业区由澳门海关按照澳门特别行政区的有关规定进行监管的澳门特别行政区部分的园区。

（2）功能。珠海园区具备从事保税物流、保税加工和国际转口贸易的功能。珠海园区可以开展以下业务：

① 加工制造。

② 检测、维修、研发。

③ 储存进出口货物及其他未办结海关手续货物。

④ 国际转口贸易。

珠澳跨境工业区概况

⑤ 国际采购、分销和配送。

⑥ 国际中转。

⑦ 商品展示、展销。

⑧ 经海关批准的其他加工和物流业务。

（3）管理。珠海园区实行保税区政策，与中华人民共和国关境内的其他地区之间进出货物在税收方面实行出口加工区政策。包括：

① 法律、行政法规禁止进出口的货物、物品，不得进出珠海园区。

② 珠海园区内不得建立商业性生活消费设施。

③ 海关对区内企业实行电子账册监管制度和计算机联网管理制度。

④ 区内企业开展加工贸易不实行加工贸易银行保证金台账制度，区内加工贸易货物内销不征收缓税利息。

⑤ 从区外进入珠海园区供区内企业使用的国产机器、设备、原材料、零部件、元器件、包装物料及建造基础设施，企业和行政管理部门生产、办公用房所需合理数量的国产基建物资等，除属于取消出口退税的基建物资外，海关按照出口货物的有关规定办理手续，签发出口货物报关单退税证明联。从区外进入珠海园区供区内企业和行政管理机构使用的生活消费用品、交通运输工具等，海关不予签发出口货物报关单退税证明联。

⑥ 原进口货物进区从区外进入珠海园区的进口机器、设备、原材料、零部件、元器件、包装物料、基建物资等，有关企业应当向海关提供上述货物或者物品的清单，并且办理出口报关手续；上述货物或者物品已经缴纳的进口环节税，不予退还。

2. 报关程序

珠海园区进出货物的报关程序基本与出口加工区进出货物的报关程序一样，可参照出口加工区进出货物的报关程序进行学习。

任务实施

1. 完成步骤

（1）将学生分为5～6组，每组6～8人。

（2）以小组为单位，对保税加工货物的报关流程做初步设计方案，每组完成一份电子文档PPT。

（3）各组交流保税加工货物的报关流程设计方案，分别点评后进行修改完善。

（4）各组取得数码相机镜头（电脑用）的BOM表，即物料清单，可自行设计。

（5）根据数码相机镜头（电脑用）的BOM表所列各项料件，查找对应的商品编码，填写进口料件申请备案清单和成品出口备案清单。

（6）模拟办理合同备案，取得加工贸易手册。

（7）模拟办理料件进口手续的情境。

（8）模拟办理成品出口手续的情境。

（9）模拟办理合同核销手续的情境。

（10）对（4）～（9）的每一个工作环节完成后及时进行交流点评，最终完成对这次任务的评价。

2. 考评标准（见表3-6）

表3-6 设计保税加工货物的报关流程考评标准表

被考评人							
考评地点							
考评内容	设计保税加工货物的报关流程						
考评标准	内　容	形式	分值	自我评价	他人评价	他组评价	教师评价
	保税加工货物报关流程设计方案	电子	40				
	数码相机镜头（电脑用）的BOM表，并附上商品编码，料件数量丰富为好	电子	20				
	进口料件申请备案清单和成品出口备案清单	纸质/电子	20				
	模拟配合查验、缴纳税费、提取货物等工作情境到位、完整	现场模拟	20				
合　计			100				
实际得分							

备注：

1. 实际得分＝自我评价得分×20%＋他人评价得分×20%＋他组评价得分×20%＋教师评价得分×40%；
2. 考评满分为100分，60～74分为及格，75～84分为良好，85分以上为优秀。

分任务二　设计保税物流货物的报关流程

任务目标

学生掌握保税加工货物的报关程序，能够熟练设计保税加工货物的报关流程。

案例引入

太仓港保税物流中心是实行封闭管理的特殊监管区域，专业从事保税仓储物流业务，保税物流中心位于江苏省太仓港港口开发区内，紧靠太仓港集装箱码头和新港城，是目前太仓唯一的国家级功能载体。

太仓港保税物流中心于2009年3月30日通过国务院联合验收并正式封关运作。中心规划面积1.39平方千米。目前物流中心已建成3.7万平方米联检服务大楼、23.5万平方米仓库和12万平方米堆场和智能化卡口、围网、巡逻道、监控报警系统、查验场地等海关监管设施。

太仓港保税物流中心的发展定位是充分利用沿江沿沪的区位优势、天然良港的资源优势和腹地广阔的市场优势，立足太仓，满足区内加工制造业对保税物流和快速通关的需求，服务周边区域经济，在充分发挥其功能作用的基础上，打造功能齐全的物流平台，建设高效便捷的集散中心，培育繁荣发达的商贸市场，逐步发展成为长三角地区重要的国际采购中心和国际分拨、配送中心。

太仓捷达报关公司王经理为了使报关员小陈深刻感受到太仓港保税物流中心对太仓及长三角周边地区报关业务的发展有着至关重要的作用，安排小陈对太仓港保税物流中心进行实地调研，并要求小陈在熟悉保税物流中心各项功能的基础上，设计出保税物流中心的报关流程图。

请以小陈的名义完成此项任务。以保税仓库、出口监管仓库、保税物流园区、保税区、保税港区为调研对象，最后设计出保税物流货物的报关流程图。

知识链接

保税物流货物的报关程序

（一）保税物流货物概述

1. 保税物流货物的含义

保税物流货物，是指经海关批准未办理纳税手续进境，在境内储存后复运出境的货物，也称作保税仓储货物。已办结海关出口手续尚未离境，经海关批准存放在海关专用监管场所或特殊监管区域的货物，亦带有保税物流货物的性质。保税物流货物在境内储存后的流向除出境外，还可以留在境内按照其他海关监管制度办理相应的海关手续，如保税加工、正式进口等。

2. 保税物流货物的特征

（1）进境时暂缓缴纳进口关税及进口环节海关代征税，复运出境免税，内销应当缴纳进口关税和进口环节海关代征税，不征收缓税利息。

（2）进出境时除国家另有规定外，免予交验进出口许可证件。

（3）进境海关现场放行不是结关，进境后必须进入海关保税监管场所或特殊监管区域，运离这些场所或区域必须办理结关手续。

3. 监管模式

海关对保税物流货物的监管模式有两大类：一类是非物理围网的监管模式，包括保税仓库、出口监管仓库；另一类是物理围网的监管模式，包括保税物流中心、保税物流园区、保税区及保税港区。

4. 监管特征

（1）设立审批。保税物流货物必须存放在经过法定程序审批设立的专用场所或者特殊区域；保税仓库、出口监管仓库、保税物流中心要经过海关审批并核发批准证书，凭批准证书设立及存放保税物流货物；保税物流园区、保税区、保税港区要经过国务院审批，凭国务院同意设立的批复文件，并经海关等部门验收合格才能存放保税物流货物；未经法定程序审批同意设立的任何场所或者区域都不得存放保税物流货物。

（2）准入保税。保税物流货物报关，在任何一种监管模式下都没有备案程序，而是通过准予进入来实现批准保税。这样，准予进入成为海关保税物流货物监管目标之一。这个监管目标只能通过对专用场所或者特殊区域的监管来实现。

（3）纳税暂缓。凡是进境进入保税物流监管场所或特殊监管区域的保税物流货物在进境时都可以暂不办理进口纳税手续，等到运离海关保税监管场所或特殊监管区域时才办理纳税手续，确定是征税或免税。在这一点上，保税物流监管制度与保税加工监管制度是一致的，但是保税物流货物在运离海关保税监管场所或特殊监管区域征税时不需同时征收缓税利息，而保税加工货物（特殊监管区域内的加工贸易货物和边角料除外）内销征税时要征收缓税利息。

（4）监管延伸。监管地点延伸：进境货物从进境地海关监管现场，已办结海关出口手续尚未离境的货物从出口申报地海关现场，延伸到专用监管场所或者特殊监管区域。监管时间延伸：保税仓库存放保税物流货物的时间是1年，可以申请延长，延长的时间最长1年；出口监管仓库存放保税物流货物的时间是6个月，可以申请延长，延长的时间最长6个月；保税物流中心A型存放保税物流货物的时间是1年，可以申请延长，延长的时间最长1年；保税物流中心B型存放保税物流货物的时间是2年，可以申请延长，延长的时间最长1年；保税物流园区存放保税物流货物的时间没有限制；保税区存放保税物流货物的时间没有限制。

（5）“运离”结关。根据规定，保税物流货物报关有报核程序，有关单位应当定期以电子数据或各纸质单证向海关申报规定时段内保税物流货物的进、出、存、销等情况。除外发加工和暂准“运离”（维修、测试、展览等）需要继续监管以外，“运离”专用监管场所或者特殊监管区域，都必须根据货物的实际流向办结海关手续；办结海关手续后，该批货物就不再是“运离”的专用监管场所或者特殊监管区域范围的保税物流货物。

各种监管形式下的保税物流货物的某些管理要点比较可见表3-7：

表3-7 各种监管形式下的保税物流货物的某些管理要点比较

<table>
<tr><th rowspan="2">监管场所区域名称</th><th rowspan="2">存货范围</th><th rowspan="2">储存期限</th><th rowspan="2">服务功能</th><th rowspan="2">注册资本（不低于）</th><th colspan="2">面积（不低于）</th><th rowspan="2">审批权限</th><th rowspan="2">入区免税</th><th rowspan="2">备注</th></tr>
<tr><th>东部</th><th>中西部</th></tr>
<tr><td>保税仓库</td><td>进口</td><td>1+1</td><td>储存</td><td rowspan="2">3 000 000元</td><td colspan="2">公用维修2 000 m^2
液体5 000 m^2</td><td rowspan="2">直属海关</td><td rowspan="2">否</td><td>按月报核</td></tr>
<tr><td>出口监管仓库</td><td>出口</td><td>半+半</td><td>储存，出口配送，国内结转</td><td colspan="2">配送5 000 m^2
结转1 000 m^2</td><td>退换货物先入后出</td></tr>
<tr><td>保税物流中心</td><td rowspan="4">进出口</td><td>2+1</td><td>储存，全球采购配送，国内结转，转口，中转</td><td>50 000 000元</td><td>100 000 m^2</td><td>50 000 m^2</td><td>海关总署</td><td rowspan="2">是</td><td>—</td></tr>
<tr><td>保税物流园区</td><td rowspan="3">无期限</td><td>储存，贸易，全球采购配送，中转，展示</td><td colspan="3" rowspan="3">—</td><td rowspan="3">国务院</td><td>按年报核</td></tr>
<tr><td>保税区</td><td>物流园区功能+维修，加工</td><td>否</td><td>离境退税</td></tr>
<tr><td>保税港区</td><td>保税区功能+港口功能</td><td>是</td><td>—</td></tr>
</table>

（二）保税仓库货物的报关程序

1. 保税仓库概述

（1）含义。保税仓库，是指经海关批准设立的专门存放保税货物及其他未办结海关手续货物的仓库。经海关批准可以存入保税仓库的货物有：加工贸易进口货物，转口货物，供应国际航行船舶和航空器的油料、物料和维修用零部件，供维修外国产品所进口寄售的零配件，外商进境暂存货物，未办结海关手续的一般贸易进口货物，经海关批准的其他未办结海关手续的进境货物。

（2）功能。保税仓库的功能单一，就是仓储，而且只能存放进境货物。经海关批准可以存入保税仓库的进境货物有下列几种：

① 加工贸易进口货物。

② 转口货物。

③ 供应国际航行船舶和航空器的油料、物料和维修用零部件。

④ 供维修外国产品所进口寄售的零配件。

⑤ 外商进境暂存货物。

⑥ 未办结海关手续的一般贸易进口货物。

⑦ 经海关批准的其他未办结海关手续的进境货物。

保税仓库不得存放国家禁止进境货物，不得存放未经批准的影响公共安全、公共卫生或健康、公共道德或秩序的国家限制进境货物及其他不得存入保税仓库的货物。

（3）类型。我国大体上有 3 种保税仓库：公用型保税仓库，是指由主营仓储业务的中国境内独立企业法人经营，专门向社会提供保税货物仓储服务；自用型保税仓库，是指由特定的中国境内独立企业法人经营，仅存储本企业自用的保税货物；专用型保税仓库，是指专门用来存储具有特定用途或特殊种类商品的保税仓库。专用型保税仓库包括液体危险品保税仓库、备案保税仓库、寄售维修保税仓库和其他专用保税仓库。

（4）设立。保税仓库应当设立在设有海关机构、便于海关监管的区域。经营保税仓库的企业，应当具备“经工商行政管理部门注册登记，具有企业法人资格”等 6 项条件。企业申请设立保税仓库的，应向仓库所在地主管海关提交书面申请，提供能够证明具备要求条件的有关文件。

2. 保税仓库货物报关程序

保税仓库的报关程序可以分为进库报关和出库报关。

（1）进库报关。指货物在保税仓库所在地进境时，除国家另有规定的外，免领进口许可证件，由收货人或其代理人办理进口报关手续，海关进境现场放行后存入保税仓库的报关过程。

（2）出库报关。有进口报关和出口报关两种情况。保税仓库货物出库根据情况可以逐一报关，也可以集中报关。

① 进口报关。保税仓库货物出库用于加工贸易的，由加工贸易企业或其代理人按加工贸易货物的报关程序办理进口报关手续；保税仓库货物出库用于可以享受特定减免税的特定地区、特定企业各特定用途的，由享受特定减免税的企业或其代理人按特定减免税货物的报关程序办理进口报关手续；保税仓库货物出库进入国内市场或使用于境内其他方面，由收货人或其代理人按一般进口货物的报关程序办理进口报关手续。

② 出口报关。保税仓库货物为转口或退运到境外而出库的，保税仓库经营企业或其代理人按一般出口货物的报关程序办理出口报关手续，但可免缴纳出口关税，免交验出口许可证件。

③ 集中报关。保税货物出库批量少、批次频繁的，经海关批准可以办理定期集中报关手续。

（三）出口监管仓库的报关程序

1. 出口监管仓库概述

（1）含义。出口监管仓库，是指经海关批准设立，对已办结海关出口手续的货物进行存储、保税货物配送、提供流通性增值服务的海关专用监管仓库。出口监管仓库分为出口配送型仓库和国内结转型仓库。出口配送型仓库是指存储以实际离境为目的的出口货物的仓库；国内结转型仓库是指存储用于国内结转的出口货物的仓库。

（2）功能。出口监管仓库的功能也只有仓储，主要用于存放出口货物。经海关批准可以存入出口监管仓库的货物有以下几种：

① 一般贸易出口货物。

② 加工贸易出口货物。

③ 从其他海关特殊监管区域、场所转入的出口货物。

④ 其他已办结海关出口手续的货物。

出口配送型仓库还可以存放为拼装出口货物而进口的货物。

出口监管仓库不得存放下列货物：

① 国家禁止进出境货物。

② 未经批准的国家限制进出境货物。

③ 海关规定不得存放的货物。

（3）设立。出口监管仓库的设立，首先应符合海关规定的具有企业法人资格、注册资本、仓库面积等五项条件，经海关受理审批作出行政许可以及验收，经直属海关核发《中华人民共和国出口监管仓库注册登记证书》，方可投入运营。此证有效期为3年。

2. 出口监管仓库货物报关程序

出口监管仓库货物报关，大体可以分为进仓报关、出仓报关、结转报关和更换报关。

（1）进仓报关。出口货物存入出口监管仓库时，发货人或其代理人应当向主管海关办理出口报关手续，填制出口货物报关单。按照国家规定应当提交出口许可证件和缴纳出口关税的，必须提交许可证件和缴纳出口关税。提交报关必需单证和仓库经营企业填制的出口监管仓库货物入仓清单。对经批准享受入仓即退税政策的出口监管仓库，海关在货物入仓办结出口报关手续后予以签发出口货物报关单退税证明联；对不享受入仓即退税政策的出口监管仓库，海关在货物实际离境后签发出口货物报关单退税证明联。

（2）出仓报关。出口监管仓库货物出仓可能出现出口报关和进口报关两种情况。

① 出口报关。出口监管仓库货物出仓货物出口时，仓库经营企业或其代理人应当向主管海关申报。提交报关必需的单证，并提交仓库经营企业填制的出口监管仓库货物出仓清单。入仓没有签发出口货物报关单退税证明联的，出仓离境海关按规定签发出口货物报关单退税证明联。

② 进口报关。出口监管仓库货物转进口的，应当经海关批准，按照进口货物的有关规

定办理相关手续；用于加工贸易的，由加工贸易企业或其代理人按加工贸易货物的报关程序办理进口报关手续；用于可以享受特定减免税的特定地区、特定企业和特定用途的，由享受特定减免税的企业或其代理人按特定减免税货物的报关程序办理进口报关手续；进入国内市场或使用于境内其他方面，由收货人或其代理人按一般进口货物的报关程序办理进口报关手续。

(3) 结转报关。经转出、转入方所在地主管海关批准，并按照转关运输的规定办理相关手续后，出口监管仓库之间、出口监管仓库与保税区、出口加工区、保税物流园区、保税物流中心、保税仓库等特殊监管区域、专用监管场所之间可以进行货物流转。

(4) 更换报关。对已存入出口监管仓库因质量等原因要求更换的货物，经仓库所在地主管海关批准，可以更换货物。被更换货物出仓前，更换货物应当先行入仓，并应当与原货物的商品编码、品名、规格型号、数量和价值相同。

(四) 保税物流中心货物的报关程序

1. 保税物流中心概述

(1) 含义。保税物流中心是指经海关总署批准，由中国境内一家企业法人经营，多家企业进入并从事保税仓储物流业务的海关集中监管场所。

(2) 功能。保税物流中心的功能是保税仓库和出口监管仓库功能的叠加，既可以存放进口货物，也可以存放出口货物，还可以开展多项增值服务。

① 存放货物的范围：

a. 国内出口货物；

b. 转口货物和国际中转货物；

c. 外商暂存货物；

d. 加工贸易进出口货物；

e. 供应国际航行船舶和航空器的物料、维修用零部件；

f. 供维修外国产品所进口寄售的零配件；

g. 未办结海关手续的一般贸易进口货物；

h. 经海关批准的其他未办结海关手续的货物。

② 开展业务的范围。保税物流中心可以开展以下业务：

a. 保税存储进出口货物及其他未办结海关手续货物；

b. 对所存货物开展流通性简单加工和增值服务；

c. 全球采购和国际分拨、配送；

d. 转口贸易和国际中转业务；

e. 经海关批准的其他国际物流业务。

但不得开展以下业务：

a. 商业零售；

b. 生产和加工制造；

c. 维修、翻新和拆解；

d. 存储国家禁止进出口货物，以及危害公共安全、公共卫生或者健康、公共道德或者秩序的国家限制进出口货物；

e. 存储法律、行政法规明确规定不能享受保税政策的货物；

f. 其他与保税物流中心无关的业务。

（3）设立。保税物流中心应当设在靠近海港、空港、陆路枢纽及内陆国际物流需求量较大，交通便利，设有海关机构且便于海关集中监管的地方。保税物流中心的设立要满足海关的监管要求，保税物流中心的申请由直属海关受理，报海关总署审批，并由海关总署出具批准申请企业筹建保税物流中心的文件。保税物流中心验收合格后，由海关总署向企业核发《保税物流中心验收合格证书》和《保税物流中心注册登记证书》，颁发保税物流中心标牌。保税物流中心在验收合格后方可开展有关业务。保税物流中心的经营企业注册资本不低于5 000 万元人民币，能协助海关对进出保税物流中心的货物和中心内企业的经营行为实施监管的独立企业法人。保税物流中心内企业需满足海关监管条件，进驻中心应当向所在地主管海关提交书面申请，主管海关受理后报直属海关审批。直属海关对经批准的企业核发《中华人民共和国海关保税物流中心企业注册登记证书》。

2. 保税物流中心货物报关程序

（1）保税物流中心与境外之间的进出货物报关。保税物流中心与境外之间进出的货物，应当在保税物流中心主管海关办理相关手续，除国家另有明确规定的以外，不实行进出口配额、许可证件管理。从境外进入保税物流中心内的货物，凡属于规定存放范围内的货物予以保税；属于保税物流中心企业进口自用的办公用品、交通运输工具、生活消费品以及保税物流中心开展综合物流服务所需进口的机器、装卸设备、管理设备等，按照进口货物的有关规定和税收政策办理相关手续。

（2）保税物流中心与境内之间的进出货物报关。

保税物流中心内货物运往所在关区外，或者跨越关区提取保税物流中心内货物，可以在保税物流中心主管海关办理进出中心的报关手续，也可以按照境内监管货物转关运输的方式办理相关手续。保税物流中心与境内之间的进出货物报关按下列规定办理：

① 出中心。

a. 出中心进入关境内的其他地区。保税物流中心货物出中心进入关境内的其他地区视同进口，按照货物进入境内的实际流向和实际状态填制进口货物报关单，办理进口报关手续；属于许可证件管理的商品，企业还应当向海关出具有效的许可证件。进口申报手续同保税仓库出库进入境内货物的报关手续一样，具体手续见保税仓库有关内容。

b. 出中心运往境外。

保税物流中心货物出中心运往境外填制出口货物报关单，办理出口报关手续，具体手续同保税仓库和出口监管仓库出库运往境外货物的报关手续一样。

② 进中心。货物从境内进入保税物流中心视同出口，办理出口报关手续。如需缴纳出口关税的，应当按照规定纳税，属于许可证件管理的商品，还应当向海关出具有效的出口许可证件。从境内运入保税物流中心的原进口货物，境内发货人应当向海关办理出口报关手续，经主管海关验放，已经缴纳的关税和进口环节海关代征税，不予退还。从境内运入保税物流中心已办结报关手续的货物或者从境内运入中心供中心企业自用的国产机器设备、装卸设备、管理设备、检测检验设备等及转关出口货物，海关签发出口货物报关单退税证明联。但是从境内运入保税物流中心的供中心企业自用的生活消费品、交通运输工具；供中心企业自用的进口的机器设备、装卸设备、管理设备、检测检验设备等；保税物流中心之间，保税物流中心与出口加工区、保税物流园区和已实行国内货物入仓环节出口退税政策的出口监管

仓库等海关特殊监管区域或者海关保税监管场所往来的货物，海关不签发出口货物报关单退税证明联。

（五）保税物流园区货物的报关程序

1. 保税物流园区概述

（1）含义。保税物流园区是指经国务院批准，在保税区规划面积或者毗邻保税区的特定港区内设立的、专门发展现代国际物流的海关特殊监管区域。

（2）功能。保税物流园区的主要功能是保税物流。可以开展下列保税物流业务：

① 存储进出口货物及其他未办结海关手续的货物。

② 对所存货物开展流通性简单加工和增值服务，如分级分类、分拆分拣、分装、计量、组合包装、打膜、印刷运输标志、改换包装、拼装等具有商业增值的辅助性服务。

③ 国际转口贸易。

④ 国际采购、分销和配送。

⑤ 国际中转。

⑥ 商品展示。

⑦ 经海关批准的其他国际物流业务。

（3）管理。保税物流园区行政机构及其经营主体、在保税物流园区内设立的企业等单位的办公场所应当设置在园区规划面积或围网外的园区综合办公区内。除安全人员和相关部门、企业值班人员外，其他人员不得在园区内居住。园区内设立仓库、堆场、查验场和必要的业务指挥调度操作场所，不得建立工业生产加工场所和商业性消费设施。园区内不得开展商业零售、加工制造、翻新、拆解及其他与园区无关的业务。法律、行政法规禁止进出口的货物、物品不得进出园区。

园区货物不设存储期限。但园区企业自开展业务之日起，应当每年向园区主管海关办理报核手续。园区企业可以对所存货物开展流通性简单加工和增值服务。除法律、行政法规规定不得声明放弃的货物外，园区企业可以申请放弃货物。因不可抗力造成园区货物损坏、损毁、灭失的，园区企业应当及时书面报告园区主管海关，说明理由并提供保险、灾害鉴定部门的有关证明。经主管海关核实确认后，按照有关规定处理。海关对园区企业实行电子账册监管制度和计算机联网管理制度。

2. 保税物流园区货物报关程序

（1）保税物流园区与境外之间进出货物报关。海关对园区与境外之间进出货物，除园区自用的免税进口货物、国际中转货物外，实行备案制管理，适用进出境备案清单。园区与境外之间进出货物应当向园区主管海关申报。园区内开展整箱进出、二次拼箱等国际中转业务的，由开展此项业务的企业向海关发送电子舱单数据，园区企业向园区主管海关申请提箱、集运等，提交舱单等单证，办理进出境申报手续。

① 境外运入园区。境外货物到港后，园区企业及其代理人可以先提交舱单将货物直接运到园区，再提交进境货物备案清单向园区主管海关办理申报手续。除法律、行政法规另有规定的外，境外运入园区的货物不实行许可证件管理。境外运入园区的共 10 类货物保税，包括加工贸易进口货物、转口贸易货物、外商暂存货物等。境外运入园区的园区基础设施建设项目所需的设备、物资；园区企业开展业务所需机器、装卸设备、仓储

设施、管理设备及其维修用消耗品、零配件及工具；园区行政机构及其经营主体、园区企业自用合理数量的办公用品等3种货物免税。从境外运入园区的园区行政机构及其经营主体、园区企业自用交通运输工具、生活消费品，按一般进口货物的有关规定和程序办理申报手续。

② 园区运往境外。从园区运往境外的货物，除法律、行政法规另有规定外，免征出口关税，不实行许可证件管理。进境货物未经流通性简单加工，需原状退运出境的，园区企业可以向园区主管海关申请办理退运手续。

（2）园区与境内区外之间进出的货物报关。园区与区外之间进出的货物，由区内企业或者区外的收发货人或其代理人在园区主管海关办理申报手续。园区企业在区外从事进出口贸易且货物不实际进出园区的，可以在收发货人所在地的主管海关或者货物实际进出境口岸的海关办理申报手续。除法律、行政法规规定不得集中申报的货物外，园区企业少批量、多批次进出货物的，经主管海关批准可以办理集中申报手续。

① 园区货物运往区外。园区货物运往区外，视同进口，园区企业或者区外收货人或其代理人按照进口货物的有关规定向园区主管海关申报，海关按照货物出园区时的实际监管方式的有关规定办理，主要有：进入国内市场，用于加工贸易，用于可以享受特定减免税的特定企业、特定地区或有特定用途的，园区企业跨关区配送货物或者异地企业跨关区到园区提取货物等多种状态。

② 区外货物运入园区。区外货物运入园区视同出口，由区内企业或者区外的发货人或其代理人向园区主管海关办理出口申报手续。属于应当缴纳出口关税的商品，应当照章缴纳；属于许可证管理的商品，应当同时向海关出具有效的许可证件。

（3）保税物流园区与其他特殊监管区域的进出货物的报关。不予签发出口货物报关单证明联，但货物从未实行国内货物入区、入仓环节出口退税制度的海关特殊监管区域或者保税监管场所转入园区的，按照货物实际离境的有关规定办理申报手续，由转出地海关签发出口货物报关单退税证明联。园区与其他特殊监管区域、保税监管场所之间的货物交易、流转，不征收进出口环节和国内流通环节的有关税收。

（六）保税区进出货物的报关程序

1. 保税区概述

（1）含义。保税区是指经国务院批准在中华人民共和国境内设立的由海关进行监管的特定区域。

（2）功能。保税区具有多种功能：出口加工、转口贸易、商品展示及仓储运输等，也就是说既有保税加工的功能又有保税物流的功能，但其主要的功能是保税物流。保税区内仅设置保税区行政机构和企业，除安全保卫人员外，其他人员不得在保税区居住。

（3）管理。保税区与境内其他地区之间，应当设置符合海关监管要求的隔离设施。在保税区内设立的企业，应当向海关办理注册手续。区内企业应当依照国家有关法律、行政法规的规定设置账簿、编制报表，凭合法、有效的凭证记账并进行核算，记录有关进出保税区货物和物品的库存、转让、转移、销售、加工、使用和损耗等情况。区内企业应当与海关实行电子计算机联网，进行电子数据交换。海关对进出保税区的货物、物品、运输工具、人员及区内有关场所，有权依照《海关法》的规定进行检查、查验。区内企业在保税区内举办境外商品和非保税区商品的展示活动，展示的商品应当接受海关监管。国家禁止进出口的货物、物品，不得进出保税区。为保税加工、保税仓储、转口贸易、展示而进口进入保税区的货物均可以保税。为了支持保税区的发展，保税区对某些符合规定的属于免税优惠范围的物资、设备、办公用品等享受免税优惠。

保税区企业开展加工贸易，除进口易制毒化学品、监控化学品、消耗臭氧层物质要提供进口许可证件，生产激光光盘要主管部门批准外，其他加工贸易料件进口免予交验许可证件。保税区内企业开展加工贸易，不实行银行保证金台账制度。区内加工企业加工的制成品及其在加工过程中产生的边角余料运往境外时，应当按照国家有关规定向海关办理手续，除法律、行政法规另有规定外，免征出口关税。区内加工企业将区内加工贸易料件及制成品，在加工过程中产生的副产品、残次品、边角料，运往非保税区时，应当依照国家有关规定向海关办理进口报关手续，并依法纳税，免交缓税利息。

2. 保税区进出货物报关程序

保税区货物报关分进出境报关和进出区报关。

（1）进出境报关。进出境报关采用报关制和备案制相结合的运行机制，即保税区与境外之间进出境货物，属自用的，采取报关制，填写进出口报关单；属非自用的，包括加工出口、转口、仓储和展示，采取备案制，填写进出境备案清单。自用的，是指保税区内企业进口自用合理数量的机器设备、管理设备、办公用品及工作人员所需自用合理数量的应税物品及货样；非自用的，是指保税区内企业的加工贸易料件、转口贸易货物、仓储货物。

（2）进出区报关。进出区报关要根据不同的情况按不同的报关程序报关。

① 保税加工货物进出区。进区，报出口，要有加工贸易手册或者加工贸易电子账册、电子化手册，填写出口报关单，提供有关的许可证件，出口应当征收出口关税商品的，须缴纳出口关税；海关不签发出口货物报关单退税证明联。出区，报进口，按不同的流向填写不同的进口货物报关单。出区进入国内市场的，按一般进口货物报关，填写进口货物报关单，提供有关的许可证件；出区用于加工贸易的，按加工贸易货物报关，填写加工贸易进口货物报关单，提供加工贸易纸质手册或者加工贸易电子账册；出区用于可以享受特定减免税企业的，按特定减免税货物报关，提供进出口货物征免税证明和应当提供的许可证件，免缴进口税。

② 进出区外发加工。保税区企业货物外发到区外加工，或区外企业货物外发到保税区加工，需经主管海关核准；进区提交外发加工合同向保税区海关备案，加工出区后核销，不填写进出口货物报关单，不缴纳税费；出区外发加工的，需由区外加工企业在加工企业所在地海关办理加工贸易备案手续，申领纸质手册或者建立电子账册、电子化手册，需要建立银行保证金台账的应当设立台账，加工期限最长6个月，情况特殊的经海关批准可以延长，延长的最长期限是6个月；备案后按加工贸易货物出区进行报关。

③ 设备进出区。不管是施工还是投资设备，进出区均需向保税区海关备案，设备进区不填写报关单，不缴纳出口税，海关不签发出口货物报关单退税证明联，设备系从国外进口已征进口税的，不退进口税；设备退出区外，也不必填写报关单申报，但要报保税区海关销案。

（七）保税港区进出货物的报关程序

1. 保税港区概述

（1）含义。保税港区是指经国务院批准，设立在国家对外开放的口岸港区和与之相连的特定区域内的海关特殊监管区域。

（2）功能。保税港区具备口岸、保税加工、保税物流功能，可以开展下列业务：

① 存储进出口货物和其他未办结海关手续的货物。

② 国际转口贸易。

③ 国际采购、分销和配送。

④ 国际中转。

⑤ 检测和售后服务维修。

⑥ 商品展示。

⑦ 研发、加工、制造。

⑧ 港口作业。

⑨ 经海关批准的其他业务。

（3）管理。保税港区实行封闭式管理。国外货物入港区保税；货物出港区进入国内销售按货物进口的有关规定办理报关手续，并按货物实际状态征税；国内货物入港区视同出口，实行退税；港区内企业之间的货物交易不征增值税和消费税。

保税港区内不得建立商业性生活消费设施和开展商业零售业务；区内企业的生产经营活动应当符合国家产业发展要求，不得开展高耗能、高污染和资源性产品及列入《加工贸易禁止类商品目录》商品的加工贸易业务。

海关对进出保税港区的运输工具、货物、物品及保税港区内企业、场所进行监管。申请在保税港区内开展维修业务的企业应当具有企业法人资格，并在保税港区主管海关登记备案。区内企业所开展的维修业务仅限于我国出口的机电产品的售后维修，维修后的产品、更换的零配件及维修过程中产生的物料等应当复运出境。经海关核准，区内企业可以办理集中申报手续。

区内企业不实行加工贸易银行保证金台账和合同核销制度，海关对保税港区内加工贸易货物不实行单独标准管理。区内企业应当自开展业务之日起，定期向海关报送货物的进区、出区和储存情况。

2. 进出保税港区货物的报关程序

保税港区企业向海关申报货物进出境、进出区，以及在同一区域内或者不同特殊区域之间流转货物的双方企业，应填制海关进（出）境货物备案清单。保税港区与境内（区外）之间进出的货物，区外企业应同时填制进（出）口货物报关单，向保税港区主管海关办理进出口报关手续。货物在同一保税港区企业之间、不同特殊区域企业之间或保税港区与区外之间流转的，应先办理进口报关手续，后办理出口报关手续。

综合保税区以及被整合到国务院新批准设立的综合保税区或保税港区内的出口加工区、保税物流园区、保税区或保税物流中心，按照保税港区模式运作。

（1）保税港区与境外之间。保税港区与境外之间进出的货物应当在保税港区主管海关办理海关手续。海关对保税港区与境外之间进出的货物实行备案制管理，对从境外进入保税港区的货物予以保税。货物的收发货人或者代理人应当如实填写进出境货物备案清单，向海关备案。

从境外进入保税港区的区内生产性的基础设施建设项目所需的机器、设备和建设生产厂房、仓储设施所需的基建物资；区内企业生产所需的机器、设备、模具及其维修用零配件；区内企业和行政管理机构自用合理数量的办公用品等，海关免征进口关税和进口环节海关代征税。从境外进入保税港区，供区内企业和行政管理机构自用的交通运输工具、生活消费用品，按进口货物的有关规定办理报关手续，海关按照有关规定征收进口关税和进口环节海关代征税。从保税港区运往境外的货物免征出口关税。保税港区与区外之间进出的货物，除法律、行政法规和规章另有规定的外，不实行进出口配额、许可证件管理。

（2）保税港区与区外非特殊监管区域或场所之间。保税港区与区外之间进出的货物，区内企业或者区外收发货人按照进出口货物的有关规定向保税港区主管海关办理申报手续。需要征税的，区内企业或者区外收发货人按照货物进出区时的实际状态缴纳税款；属于配额、许可证件管理商品的，区内企业或者区外收货人还应当向海关出具配额、许可证件。

① 出区。一般贸易货物出区直接进入生产或消费领域流通的，按一般进口货物的报关程序办理海关手续；区内企业生产加工贸易货物出区，按出区时的实际状态办理报关手续；区内企业在区外其他地方举办商品展示活动的，比照海关对暂准进境货物的管理规定办理有关手续；保税港区内使用的机器、设备、模具和办公用品等海关监管货物出去进行检测、维修的，可以比照进境修理货物的有关规定办理报关手续；区内企业需要将模具、原材料、半成品等运往区外进行外发加工的，应当向保税港区主管海关办理外发加工手续。

② 进区。从区外进入保税港区供区内企业开展业务的国产货物及其包装物料，海关按照对出口货物的有关规定办理，签发出口货物报关单证明联；区外进入保税港区供保税港区行政管理机构和区内企业使用的国产基建物资、机器、装卸设备、管理设备、办公用品等，海关按照对出口货物的有关规定办理，除属于取消出口退税的基建物资外，签发出口货物报关单证明联；从区外进入保税港区的原进口货物、包装物料、设备、基建物资等，区外企业应当向海关提供上述货物或者物品的清单，按照出口货物的有关规定办理申报手续，海关不予签发出口货物报关单退税证明联，原已缴纳的关税、进口环节海关代征税不予退还。

（3）保税港区与其他海关特殊监管区域或者保税监管场所之间。海关对于保税港区与其他海关特殊监管区域或者保税监管场所之间往来的货物，实行保税监管，不予签发用于办理出口退税的出口货物报关单证明联。但货物从未实行国内货物入区环节出口退税制度的海关特殊监管区域或者保税监管场所转入保税港区的，视同货物实际离境，由转出地海关签发出口货物报关单退税证明联。保税港区与其他海关特殊监管区域或者保税监管场所之间的流转货物，不征收进出口环节的有关税收。

阅读资料：国新办就促进加工贸易创新发展和海关特殊监管区域整合优化情况举行发布会

任务实施

1. 完成步骤

（1）教师带领学生参观太仓港保税物流中心，了解保税物流中心的相关信息。包括：

① 区位优势：地理优势、港口优势等。

② 功能布局：国际采购、国际配送等功能，空间布局。

③ 业务模式：保税存储，对所存货物开展流通性简单加工和增值服务，全球采购和国际分拨、配送，转口贸易和国际中转等。

④ 经营管理：保税物流中心的经营企业的运作，中心内入驻企业情况等。

（2）将学生分为5～6组，每组6～8人，以小组为单位，画出其功能布局示意图等。

（3）各组交流保税物流中心功能布局图，点评后进行修改完善。

（4）小组根据实地考察访谈的心得，设计保税加工货物（保税物流中心）的报关流程方案。

（5）各组交流保税加工货物（保税物流中心）的报关流程设计方案，并提出修改意见。

（6）各组推荐1名学生在全班进行交流，并完成对这次任务的评价。

2. 考评标准（见表3-8）

表3-8 设计保税物流货物（保税物流中心）的报关流程考评标准表

<table>
<tr><td>被考评人</td><td colspan="7"></td></tr>
<tr><td>考评地点</td><td colspan="7"></td></tr>
<tr><td>考评内容</td><td colspan="7">设计保税物流货物（保税物流中心）的报关流程</td></tr>
<tr><td rowspan="4">考评标准</td><td>内　容</td><td>形式</td><td>分值</td><td>自我评价</td><td>他人评价</td><td>他组评价</td><td>教师评价</td></tr>
<tr><td>保税物流中心功能布局示意图</td><td>电子</td><td>30</td><td></td><td></td><td></td><td></td></tr>
<tr><td>保税物流中心货物报关流程设计方案</td><td>电子</td><td>40</td><td></td><td></td><td></td><td></td></tr>
<tr><td>展示过程表现良好（讲解流畅、语言清晰易懂）</td><td>阐述答辩</td><td>30</td><td></td><td></td><td></td><td></td></tr>
<tr><td colspan="3">合　计</td><td>100</td><td></td><td></td><td></td><td></td></tr>
<tr><td colspan="3">实际得分</td><td colspan="5"></td></tr>
</table>

备注：

1. 实际得分=自我评价得分×20%+他人评价得分×20%+他组评价得分×20%+教师评价得分×40%；
2. 考评满分为100分，60～74分为及格，75～84分为良好，85分以上为优秀。

任务三　设计特定减免税货物和其他各类进出境货物的报关流程

由于其他进出口货物涉及10余种海关监管货物，为了使报关专业学生在今天后的报关工作中举一反三，具备独立学习和操作的能力，现以特定减免税货物和暂准进出境货物为例，在任务三中设计了两个分任务。

分任务一　设计特定减免税货物的报关流程

任务目标

学生理解特定减免税货物的报关程序，能够熟练设计特定减免税货物的报关流程。

案例引入

太仓捷达报关公司于2013年10月10日接到以下业务。委托报关的收发货人是太仓兴隆电器有限公司，海关注册编码是3226940011，投资总额为USD10 000 000，其中办公用品、厂房等实物投资为 USD2 856 753。截止到 2013 年 8 月 15 日，已申请进口设备总额为USD5 864 381，均为免税进口。2013 年 9 月 2 日因生产需要，该公司要进口两台台湾原产注塑机，此两台注塑机每台净重 8 500 kg，毛重 10 000 kg，单价 USD34 647，于 2013 年 9 月26 日从台湾基隆，由“MAY FLOWER”号，船次 357 货轮直接运抵太仓港，集装箱号为TCKU91914822＊40，当天即向太仓海关申报。

小陈作为太仓捷达报关公司的报关员，该如何完成这笔报关业务呢？请以小陈的名义完成此项任务。

知识链接

特定减免税货物的报关程序

除了一般进出口货物、保税货物的报关程序外，还有特定减免税货物、暂准进出境货物、过境货物、转运货物、通运货物等其他不同形式货物的报关程序。

（一）特定减免税货物概述

1. 特定减免税货物的含义

特定减免税货物是指海关根据国家的政策规定准予减免税进口，用于特定地区、特定企业、特定用途的货物。特定地区是指我国关境内由行政法规规定的某一特别限定区域，享受减免税优惠的进口货物只能在这一特别限定的区域内使用，如保税区和出口加工区。特定企业是指由国务院制定的行政法规专门规定的企业，享受减免税优惠的进口货物只能由这些专门规定的企业使用。特定企业主要是指外商投资企业，包括外资企业、中外合资企业和中外合作企业。特定用途是指国家规定可以享受减免税优惠的进口货物只能用于行政法规专门规定的用途，如国内投资项目、利用外资项目、科教用品项目和残疾人专用品。

2. 特定减免税货物的特征

（1）特定条件下减免税。特定减免税是我国关税优惠政策的重要组成部分，是国家无偿向符合条件的进口货物的使用企业提供的关税优惠，其目的是优先发展特定地区的经济、鼓励外商投资、促进国有大中型企业和科教文卫事业的发展。因而，这种关税优惠具有明显的特定性。进口货物必须按照规定的使用条件，在规定地区、规定企业或是规定的用途使用，才能享受到国家的优惠政策。但是，如果进口货物在规定的海关监管期限内，因故脱离规定的用途或超出规定的范围出售、转让或移作他用，则不再享受国家关税的优惠，应该视同为一般进出口货物折旧估价，补征进口税。

（2）进口申报应提交进口许可证件。特定减免税货物是实际进口的货物，因此，按照国家有关进出境管理的规定，凡属于涉及我国对外贸易管制制度的进口货物，均应在进口申报时向海关交验许可证件。但对外资企业和中国香港、中国澳门、中国台湾及华侨的投资企业进口本企业自用的机器设备或外商投资企业在投资总额内进口涉及机电产品自动许可证管理的，可以免予交验有关许可证件。

（3）特定的海关监管期限。特定减免税货物在海关放行后，并未结关，海关仍要进行后续监管。海关根据货物的不同种类分别规定了海关监管期限，如：船舶、飞机类 8 年；机动车辆类6年；其他货物类5年。特定减免税货物在海关监管期限内，因故脱离规定的用途或超出规定的范围出售、转让或移作他用，则必须向海关提出解除监管的申请，并提交许可证件、补纳税款。特定减免税货物在海关监管期限届满时，要向海关提出申请解除监管，办理结关手续。

思考：

特定减免税货物一般不豁免进口许可证件，但是对外资企业和中国香港、中国澳门、中国台湾及华侨的投资企业进口本企业自用的机器设备可以免交验进口许可证件；外商投资企业在投资总额内进口涉及机电产品自动进口许可管理的，也可以免交验有关许可证件。那么请问：外资企业在投资总额外，用自有资金进口涉及机电产品自动进口许可管理的，也可以免交验有关许可证件吗？

（二）特定减免税货物的报关程序

扫一扫，知答案

特定减免税货物报关程序适用于报关的前期阶段、进出境阶段和后续阶段。前期阶段主要是办理减免税申请手续，进出境阶段主要是办理货物进口申报手续，后续阶段主要是办理申请海关解除监管手续。

1. 减免税申请

特定地区即保税区企业和出口加工区企业，应向主管海关提交企业批准文件、营业执照等办理减免税备案。海关审核后准予备案的，向保税区企业签发企业征免税手册，企业在进口特定减免税机器设备等货物以前，凭征免税手册向海关申领进出口货物征免税证明；海关审核后准予备案的，对出口加工区企业建立企业电子设备账册，企业在进口特定减免税机器设备等货物以前，向海关提出申请，海关直接在企业设备电子账册中进行登记，不核发进出口货物征免税证明。

特定企业即外商投资企业向主管海关提交企业批准文件、营业执照等，办理减免税备案。海关审核后准予备案的，签发《外商投资企业征免税手册》，外商投资企业在进口特定减免税机器设备等货物以前，凭《外商投资企业征免税手册》向海关申领进出口货物征免税证明。

特定用途，属国内投资项目和利用外资项目，应当持国务院有关部门签发的《国家鼓励发展的内外资项目确认书》，向项目主管直属海关提出减免税申请，海关审核后签发进出口货物征免税证明；属科教用品，应当持有关主管部门的批准文件，向海关提出减免税申请，海关审核后签发《科教用品免税手册》，在进口特定减免税科教用品以前，凭《科教用品免税手册》向海关申领进出口货物征免税证明；属残疾人专用品，应当持民政部的批准文件，向海关提出减免税申请，海关审核后签发进出口货物征免税证明。

2. 进口报关

科教用品项目减免税申请指南

特定减免税货物进口报关程序，可参见一般进出口货物的报关程序中的有关内容。但是，要注意的是，特定减免税进口货物报关时，进口货物收货人或其代理人除了向海关提交报关单及随附单证以外，必须向海关提交进出口货物征免税证明。

进出口货物征免税证明的有效期为6个月，持证人应当在海关签发征免税证明的6个月内进口经批准的特定减免税货物。如特殊情况，可以向海关申请延长，延长的最长期限为 6 个月。进出口货物征免税证明适用于“一证一批”“一证一关”。

3. 申请解除监管

（1）监管期满，解除海关监管。特定减免税货物监管期满，原减免税申请人可以向主管海关申请解除海关对减免税进口货物的监管。主管海关经审核批准，签发《减免税进口货物解除监管证明》。特定减免税进口货物办结完全部海关手续。

（2）监管期内，解除海关监管。特定减免税货物在监管期限内，要求解除监管的，主要有在国内销售、转让、放弃或退运等几种情况，必须要向海关提出解除监管的申请，海关按照使用时间审查确定完税价格征税后，签发解除监管证明书，办理结关手续。

任务实施

1. 完成步骤

（1）将学生分为 5~6 组，每组 6~8 人。

（2）以小组为单位，对特定减免税货物的报关流程做初步设计方案，每组完成一份电子文档 PPT。

（3）各组交流特定减免税货物的报关流程设计方案，点评后进行修改完善。

（4）根据海关规定，确认太仓兴隆电器有限公司进口的设备是否可以享受免税政策，如果可以，请办理申请减免税手续，并获得进出口货物征免税证明。

（5）讨论通过什么途径（进入海关网上服务大厅或是通过相关途径），确定这两台注塑机是否需要申领进口许可证件。

（6）根据已知的单证资料信息，填写进口货物报关单，并使用报关软件进行电子报关单的信息录入。

（7）分析这批进口货物放行后的海关后续监管应该如何进行。通过设置不同的情境来完成。

（8）对（4）~（7）的每一个工作环节完成后及时进行交流点评，最终完成对这次任务的评价。

2. 考评标准（见表 3-9）

表 3-9　设计特定减免税货物的报关流程考评标准表

被考评人							
考评地点							
考评内容	设计特定减免税货物的报关流程						
考评标准	内　容	形式	分值	自我评价	他人评价	他组评价	教师评价
	特定减免税货物的报关流程设计方案	电子	40				
	正确判断是否可以享受免税政策以及是否需要申领进口许可证件，理由充分	电子	20				

续表

	内 容	形式	分值	自我评价	他人评价	他组评价	教师评价
考评标准	进口货物报关单纸质填制及电脑录入准确、快速	纸质/电子	20				
	模拟后续监管会出现的各种情境及处理情况，工作情境设计到位、完整	现场模拟	20				
合 计			100				
实际得分							

备注：

1. 实际得分＝自我评价得分×20%＋他人评价得分×20%＋他组评价得分×20%＋教师评价得分×40%；
2. 考评满分为100分，60～74分为及格，75～84分为良好，85分以上为优秀。

分任务二　设计其他各类进出境货物的报关流程

任务目标

学生理解暂准进出境货物的报关程序，能够熟练设计暂准进出境货物的报关流程。

案例引入

上海捷达报关公司是太仓捷达报关公司的分支机构，2016年11月1日接到一票报关业务，委托方是日本京大公司。缘由是日本京大公司应邀参加由上海市对外经济贸易委员会在上海展览馆举办的电子产品展览，展览日期：2016年11月20日至2017年4月25日，日本京大公司现委托上海捷达报关公司办理有关展览事宜的一切手续。上海展出后该批货又应邀到南京展览。在南京展出期间，整流器及变压器无偿赠送给南京鑫辉电器公司，其余货品在展览结束后退回日本详细内容见下表。

日本京大公司展览入境产品

品名规格	数量	单价	总价	币制
整流器/KH-6116	120台	3	360	JPY
变压器/6V-30V	150台	5	750	JPY
开关/用于电压<1 000 W线路的	10 000个	0.1	1 000	JPY

现在假设小陈到上海分公司去工作锻炼，那么她应当去办理哪些手续？请以小陈的名义完成此项任务。

知识链接

其他各类进出境货物的报关程序

一、暂准进出境货物的报关程序

（一）暂准进出境货物概述

1. 暂准进出境货物的含义

暂准进出境货物是暂准进境货物和暂准出境货物的合称。暂准进境货物是指为了特定的目的，经海关批准暂时进境，按规定的期限原状复运出境的货物。暂准出境货物是指为了特定的目的，经海关批准暂时出境，按规定的期限原状复运进境的货物。

2. 暂准进出境货物的范围

第一类暂准进出境货物是指经海关批准暂时进境或出境，在进境或出境时纳税义务人向海关缴纳相当于应纳税款的保证金或者提供其他担保可以暂不缴纳税款，并按规定的期限复运出境或复运进境的货物。

第二类暂准进出境货物是指第一类以外的暂准进出境货物。第二类暂准进出境货物应当按照该货物的完税价格和其在境内、境外滞留时间与折旧时间的比例计算，按月缴纳进、出口税。

以下仅介绍第一类暂准进出境货物。

第一类暂准进出境货物的范围如下：

（1）在展览会、交易会及类似会议活动中展示或者使用的货物。

（2）文化、体育交流活动中使用的表演或比赛用品。

（3）进行新闻报道或者摄制电影、电视节目使用的仪器、设备及用品。

（4）开展科研、教学、医疗活动使用的仪器、设备和用品。

（5）上述 4 项所列活动中使用的交通工具及特种车辆。

（6）货样。

（7）慈善活动使用的仪器、设备及用品。

（8）供安装、调试、检测、修理设备时使用的仪器及工具。

（9）盛装货物的容器。

（10）旅游用自驾交通工具及其用品。

（11）工程施工中使用的设备、仪器及用品。

（12）海关批准的其他暂时进出境货物。

上述 12 项暂准进出境货物按照我国海关的监管方式可以归纳为以下 4 种：

a. 使用 ATA 单证册报关的暂准进出境货物，指使用 ATA 单证册报关的第 1 项货物。

b. 不适用 ATA 单证册报关的暂准进出境货物，指包含在第 1 项货物中的进出境展览品，但不含使用 ATA 单证册报关的展览品。

c. 集装箱箱体，指包含在“盛装货物的容器”中的暂准进出境的集装箱箱体。

d. 其他暂准进出境货物，指包含所有 12 项不使用上述 a、b、c 所述监管方式报关的暂准进出境货物。

3. 暂准进出境货物的特征

（1）在提供担保的条件下暂时免予缴纳税费。

（2）免予提交进出口许可证件。但是，涉及公共道德、公共安全、公共卫生所实施的进出境管制制度的暂准进出境货物应当凭许可证件进出境。

（3）规定期限内按原状复运进出境。一般为自进境或者出境之日起 6 个月内复运出境或者复运进境；经收发货人申请，海关可以根据规定延长复运出境或者复运进境的期限。

（4）按货物实际使用情况办结海关手续。暂准进出境货物都必须在规定期限内，由货物的收发货人根据货物不同的情况向海关办理核销结关手续。

（二）暂准进出境货物的报关程序

1. 使用 ATA 单证册报关的暂准进出境货物

（1）ATA 单证册。ATA 单证册是"暂准进口单证册"的简称，是指世界海关组织通过的《货物暂准进口公约》及其附约 A 和《关于货物暂准进口的 ATA 单证册海关公约》中规定使用的，用于替代各缔约方海关暂准进出口报关单和税费担保的国际性通过文件。

一份 ATA 单证册一般由 8 页 ATA 单证组成：一页绿色封面单证、一页黄色出口单证、一页白色进口单证、一页白色复出口单证、两页蓝色过境单证、一页黄色复进口单证、一页绿色封底。

我国海关只接受用中文或英文填写的 ATA 单证册。在我国，使用 ATA 单证册的范围仅限于展览会、交易会及类似会议活动项下的货物。除此以外的货物，我国海关不接受持 ATA 单证册办理进出口申报手续。使用 ATA 单证册报关的货物暂准进出境期限为自货物进出境之日起 6 个月。超过 6 个月的，ATA 单证册持证人可以向海关申请延期。延期最多不超过 3 次，每次延长期限不超过 6 个月，延长期届满应当复运出境、进境或者办理进出口手续。

（2）ATA 单证册制度的运作。

①《ATA 单证册》的正常使用过程。持证人向出证协会提出申请，缴纳一定的手续费，按出证协会的规定提供担保，出证协会审核后签发《ATA 单证册》，持证人凭《ATA 单证册》将货物在出口国暂时出口，又暂时进口到进口国，进口国海关经查验签章放行，货物完成暂时进口的特定使用目的后，复运出口，又复运进口到原出口国，持证人将使用过的经各海关签注的《ATA 单证册》交还给原出证协会（见图 3-1）。

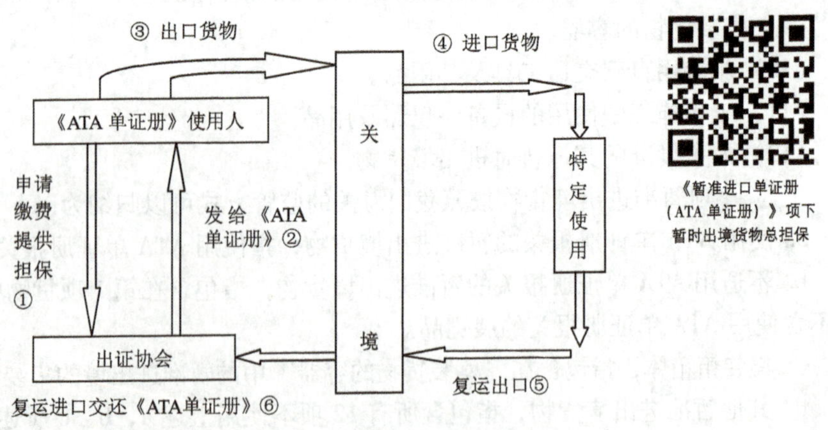

图 3-1 《ATA 单证册》正常使用过程

②《ATA 单证册》未正常使用过程。有两种情况：一是货物未在规定的期限内复运出口，产生了暂时进口国海关对货物征税的问题；二是《ATA 单证册》持证人未遵守暂时进口国海关有关规定，产生了暂时进口国海关对持证人罚款的问题。索赔过程：暂时进口国担保协会代持证人垫付税款、罚款等款项后，向暂时出口国担保协会进行追偿，暂时出口国担保协会垫付款项后向持证人追偿，持证人偿付款项后，进程结束（见图 3-2）。

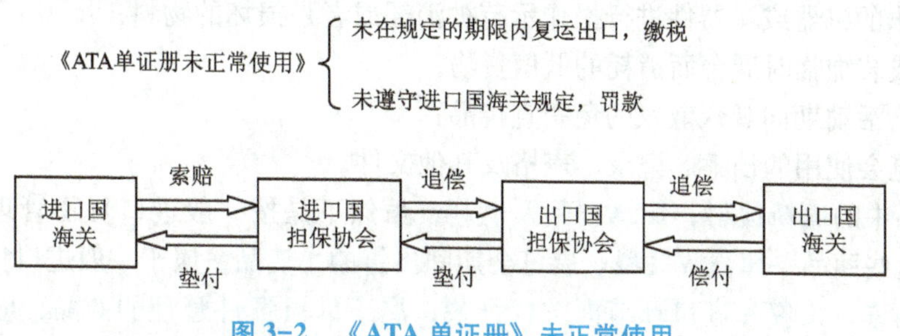

图 3-2　《ATA 单证册》未正常使用

（3）使用 ATA 单证册的暂准进出境货物的报关程序。

① 进出口申报。

a. 进境申报。进境货物收货人或其代理人持《ATA 单证册》向海关申报进境展览品时，先在海关核准的出证协会如中国国际商会以及其他商会，将《ATA 单证册》上的内容预录进海关与商会联网的 ATA 单证册电子核销系统，然后向展览会主管海关提交纸质《ATA 单证册》、提货单等单证。海关在白色进口单证上签注，并留存白色进口单证（正联），退还其存根联和《ATA 单证册》其他各联给货物收货人或其代理人。

b. 出境申报。出境货物发货人或其代理人持《ATA 单证册》向海关申报出境展览品时，向出境地海关提交国家主管部门的批准文件、纸质《ATA 单证册》、装货单等单证。海关在绿色封面单证和黄色出口单证上签注，并留存黄色出口单证（正联），退还其存根联和《ATA 单证册》其他各联给出境货物发货人或其代理人。

c. 异地复运出境、进境申报。使用《ATA 单证册》进出境的货物异地复运出境、进境申报，《ATA 单证册》持证人应当持主管地海关签章的海关单证向复运出境、进境地海关办理手续。货物复运出境、进境后，主管地海关凭复运出境、进境地海关签章的海关单证办理核销结案手续。

d. 过境申报。过境货物承运人或其代理人持《ATA 单证册》向海关申报将货物通过我国转运至第三国参加展览会的，不必填制过境货物报关单。海关在两份蓝色过境单证上分别签注后，留存蓝色过境单证（正联），退还其存根联和《ATA 单证册》其他各联给运输工具承运人或其代理人。

② 核销结关。持证人在规定期限内将进境展览品和出境展览品复运进出境，海关在白色复出口单证和黄色复进口单证上分别签注，留存单证（正联），退还其存根联和《ATA 单证册》其他各联给持证人，正式核销结关。持证人不能按规定期限将展览品复运进出境的，我国海关向担保协会——中国国际商会提出追索。

阅读资料：《ATA 单证册》让临时出国货物通关无忧

2. 不使用 ATA 单证册报关的暂准进出境货物

（1）进出境展览品的范围。

① 进境展览品。进境展览品包括在展览会中展示或示范用的货物、物品，为示范展出的机器或器具所需用的物品，展览者设置临时展台的建筑材料及装饰材料，供展览品做示范宣传用的电影片、幻灯片、录像带、说明书、广告等。下列与展览会活动有关的物品也可以按展览品申报进境，免征进口关税和进口环节税：

a. 在展览活动中的小件样品；

b. 为展出的机器或者器件进行操作示范被消耗或者是损坏的物料；

c. 布置或装饰临时展台而消耗的低值货物；

d. 展览会活动期向观众散发的免费宣传品；

e. 供展览会使用的档案、记录、表格及其他文件。

展览用品中的酒精饮料、烟草制品及燃料，虽然不是按一般进口货物管理，但不能免税，海关对这些商品一律征收关税。展览会期间出售的小卖品，属于一般进口货物范围，进口时应当缴纳进口关税和进口环节海关代征税，属于许可证件管理的商品，应当交验许可证件。

② 出境展览品。出境展览品包含国内单位赴境外举办展览会或参加外国博览会、展览会而运出的展览品，以及与展览活动有关的宣传品、布置品、招待品等。与展览活动有关的小卖品、展卖品可以按展览品报关出境，如果不按规定期限复运进境的，则办理一般出口手续，交验出口许可证件，缴纳出口关税。

（2）展览品的暂准进出境期限。进境展览品的暂准进境期限是6个月，即自展览品进境之日起6个月内复运出境。出境展览品的暂准出境期限为在展览品出境之日起6个月内复运进境。超过6个月的，进出境展览品的收发货人可以向海关申请延期，延期最多不超过3次，每次延长期限不超过6个月。参加展期在24个月以上展览会的展览品，在18个月延长期届满后仍需要延期的，由主管地直属海关报海关总署审批。

（3）不使用《ATA单证册》的暂准进出境货物的报关程序。

① 进出境申报。

a. 进境申报。在展览品进境前，展览会主办单位应向主管地海关提交有关部门备案证明或批准文件及展览品清单等相关单证，办理备案手续。展览品进境申报手续可以在展出地海关办理。从非展出地海关进境的，可以采用转关运输，将展览品在海关监管下从进境口岸转运至展览会举办地主管海关办理申报手续。展览会主办单位或其代理人应当向海关提交报关单、展览品清单、提货单、发票、装箱单等。展览品中涉及检验检疫等管制的，还应当向海关提交有关许可证件。展览会主办单位或其代理人应当向海关提供担保。在海关指定场所或者海关派专人监管的场所举办展览会的，经主管地直属海关批准，参展的展览品可以免予向海关提供担保。海关一般在展览会举办地对展览品进行开箱查验。展览品开箱前，展览会主办单位或其代理人应当通知海关。海关查验时，展览品所有人或其代理人应当到场，并负责搬移、开拆、封装货物。展览会展出或使用的印刷品、音像制品及其他需要审查的物品，还要经过海关的审查，才能展出或使用。对我国政治、经济、文化、道德有害的以及侵犯知识产权的印刷品、音像制品不得展出，由海关没收、退运出境或责令更改后使用。

b. 出境申报。在展览品出境前，展览会主办单位应向主管地海关提交有关部门备案证明或批准文件及展览品清单等相关单证，办理备案手续。展览品出境申报手续应当在出境地海关办理。在境外举办展览会或参加国外展览会的企业应当向海关提交国家主管部门的批准文件、报关单、展览品清单一式两份等单证。展览品属于应当缴纳出口关税的，向海关缴纳相当于税款的保证金；属于核用品、核两用品及相关技术的出口管制商品的，应当提交出口许可证。海关对展览品进行开箱查验，核对展览品清单。查验完毕，海关留存一份清单，另一份封入关封交还给发货人或其代理人，凭此办理展览品复运进境申报手续。

② 核销结关。

a. 复运进出境。进境展览品和出境展览品按规定期限复运出境或者是复运进境后，海关分别签发报关单证明联，展览品所有人或其代理人凭以向主管海关办理核销结关手续。展览品未能按规定期限复运进出境的，展览会主办单位或出国举办展览会的单位应当向主管海关申请延期，在延长期内办理复运进出境手续。

b. 转为正式进出口。进境展览品在展览期间被人购买的，由展览会主办单位或其代理人向海关办理进口申报、纳税手续，其中属于许可证件管理的，还应当提交进口许可证件。出口展览品在境外参加展览会后被销售的，由海关核对展览品清单后要求企业补办有关正式出口手续。

c. 展览品放弃或赠送。展览会结束后，进口展览品的所有人决定将展览品放弃交由海关处理的，由海关依法变卖后将款项上缴国库。展览品的所有人决定将展览品赠送的，受赠人应当向海关办理进口手续，海关根据进口礼品或经贸往来赠送品的规定处理。

d. 展览品毁坏、丢失、被窃。进境展览品因毁坏、丢失、被窃等原因不能复运出境的，展览会主办单位或其代理人应当向海关报告。对于毁坏的展览品，海关根据毁坏程度估价征税；对于丢失或被窃的展览品，海关按照进口同类货物征收进口税。进出境展览品因不可抗力的原因受损，无法原状复运出境、进境的，进出境展览品的收发货人应当及时向主管地海关报告，可以凭有关部门出具的证明材料办理复运出境、进境手续；因不可抗力的原因灭失或者失去使用价值的，经海关核实后可以视为该货物已经复运出境、进境。进出境展览品因不可抗力以外其他原因灭失或者受损的，进出境展览品的收发货人应当按照货物进出口的有关规定办理海关手续。

3. 集装箱箱体

（1）集装箱箱体的范围。集装箱箱体既是一种运输设备，又可能是一种购买进口或销售出口的货物。集装箱箱体作为货物进出口是一次性的，而在通常情况下，是作为运输设备暂准进出境的。这里学习的集装箱箱体是指作为运输设备的暂准进出境集装箱箱体。

（2）集装箱箱体的报关要点。暂准进出境集装箱箱体报关有两种情况：

① 境内生产的集装箱及我国营运人购买进口的集装箱在投入国际运输前，营运人应当向其所在地海关办理登记手续。海关准予登记并符合规定的集装箱箱体，无论是否装载货物，海关准予暂时进境和异地出境，营运人或其代理人无须对箱体单独向海关办理报关手续，进出境时也不受规定的期限限制。

② 境外集装箱箱体暂准进境，无论是否装载货物，承运人或其代理人应当对箱体单独向海关申报，并应当于入境之日起 6 个月内复运出境。如因特殊情况不能按时复运出境的，营运人应当向暂准进境地海关提出延期申请，经海关审核后可以延长，但延长期最长不得超过 3 个月，逾期应按规定向海关办理进口报关纳税手续。

4. 其他暂准进出境货物

（1）其他暂准进出境货物的范围。可以暂不缴纳税款的上述 12 项暂准进出境货物，除使用《ATA单证册》报关的货物、不使用《ATA单证册》报关的展览品、集装箱箱体按各自的监管要求由海关进行监管外，其余的均按其他暂准进出境货物进行监管，因此均属于其他暂准进出境货物的范围。

（2）其他暂准进出境货物的期限。其他暂准进出境货物应当自进出境之日起6个月内复运出境或复运进境。超过6个月的，收发货人可以向海关申请延期。延期最多不超过3次，每次延长期限不超过6个月。延长期届满应当复运出境、进境或者办理进出口手续。国家重点工程、国家科研项目使用的暂准进出境货物，在18个月延长期届满后仍需要延期的，由主管地直属海关报海关总署审批。

（3）其他暂准进出境货物的报关程序。其他暂准进出境货物进出境要经过海关的核准。其他暂准进出境货物进出境核准属于海关行政许可范围，应当按照海关行政许可的程序办理。

① 进出境申报。

a. 进境申报。其他暂准进出境货物进境时，收货人或其代理人应当向海关提交主管部门允许货物为特定目的而暂准进境的批准文件、进口货物报关单、商业及货运单据等，向海关办理暂时进境申报手续。其他暂准进出境货物不必提交进口货物许可证件，但对国家规定需要实施检验检疫的，或者为公共安全、公共卫生等实施管制措施的，仍应当提交有关的许可证件。其他暂准进出境货物在进境时，收货人或其代理人免予缴纳进口税，但必须向海关提供担保。

b. 出境申报。其他暂准进出境货物出境时，发货人或其代理人应当向海关提交主管部门允许货物为特定目的而暂准出境的批准文件、出口货物报关单、货运和商业单据等，向海关办理暂时出境申报手续。其他暂准进出境货物，除易制毒化学品、监控化学品、消耗臭氧层物质、有关核出口、核两用品及相关技术的出口管制条例管制的商品以及其他国际公约管制的商品外，不需交验许可证件。

② 核销结关。

a. 复运进出境。其他暂准进出境货物复运出境或复运进境，进出口货物收发货人或其代理人必须留存由海关签章的复运进出境的报关单以准备报核。

b. 转为正式进出口。其他暂准进出境货物因特殊情况，改变特定的暂准进出境目的转为正式进出口，进出口货物收发货人或其代理人应当向主管地海关申请，按照规定提交有关许可证件，办理货物正式进口或者出口的报关纳税手续。

c. 放弃。其他暂准进出境货物在境内完成暂时进境的特定目的后，如货物所有人不准备将货物复运出境的，可以向海关申明将货物放弃，海关按放弃货物的有关规定处理。

d. 核销结关。其他暂准进出境货物复运出境或进境、转为正式进口或出口或者选择放弃时，收发货人向海关提交经海关签注的进出口货物报关单、处理放弃货物的有关单据以及其他有关单证并申请报核。海关经审核属情况正常的，退还保证金或办理其他担保销案手续，予以结关。

二、过境、转运、通运货物的报关程序

（一）过境、转运、通运货物的概念

过境、转运、通运货物都是由境外启运，通过我国境内继续运往境外的货物。这类货物

仅通过我国境内运输及短暂停留，不在境内销售、加工、使用以及贸易性储存。过境货物是指从境外启运通过我国境内陆路运输继续运往境外的货物。转运货物是指由境外启运通过我国境内设立海关的地点换装运输工具而不通过境内陆路运输继续运往境外的货物。通运货物是指由境外启运由船舶、航空器载运进境并由原运输工具载运出境的货物。

按照《海关法》第三十六条的规定："过境、转运和通运货物，运输工具负责人应当向进境地海关如实申报，并应当在规定期限内运输出境。"从这个意义上说，这类货物也具有暂时进境的性质，但我国海关规定这 3 类货物不属暂准进出口通关制度的适用范围。

（二）过境货物报关

1. 过境货物的经营人、承运人及其责任

我国办理过境运输的全程经营人是经国家外经贸主管部门批准，具有国际货物运输代理业务经营权并拥有过境货物运输代理业务经营范围（国际多式联运）的有关企业。承担过境货物在中国境内运输的承运人，应是经国家运输主管部门批准从事过境货物运输业务的企业，并应承担海关监管要求的义务。

2. 过境货物的范围

（1）准予过境的货物。

① 与我国签有过境货物协定的国家的过境货物，或在同我国签有铁路联运协定的国家收、发货的过境货物，按有关协定准予过境；

② 对于同我国未签有上述协定的国家的过境货物，应当经国家经贸、运输主管部门批准，并向入境地海关备案后准予过境。

（2）禁止过境的货物。

① 来自或运往我国停止或禁止贸易的国家和地区的货物；

② 各种武器、弹药、爆炸物品及军需品，通过军事途径运输的除外；

③ 各种烈性毒药、麻醉品和鸦片、吗啡、海洛因、可卡因等毒品；

④ 我国法律、法规禁止过境的其他货物、物品。

3. 承运过境货物的条件

（1）装载过境货物的运输工具，应当具有海关认可的加封条件或装置。海关认为必要时，可以对过境货物及其装载装置加封。

（2）运输部门和经营人应当负责保护海关封志的完整，任何人不得擅自开启或损毁。

（3）经营人应当持主管部门的批准文件和工商行政管理部门颁发的营业执照，向海关申请办理报关注册登记手续。

4. 过境货物的通关手续

海关对过境货物监管的目的，是防止过境货物在我国境内运输过程中滞留在国内或将我国货物混入过境货物随运出境，防止禁止过境货物从我国过境。因此，海关要求过境货物经营人必须办理相应的过境货物通关手续。

（1）过境货物进境手续。过境货物进境时，经营人应当向进境地海关如实申报，并递交《过境货物报关单》以及海关规定的其他单证，办理进境手续。过境货物经进境地海关审核无误后，海关在运单上加盖"海关监管货物"戳记，并将《过境货物报关单》和《过境货物清单》制作关封后加盖"海关监管货物"专用章，连同上述运单一并交经营人。经营人或承运人应当负责将进境地海关签发的关封完整及时地带交出境地海关。

（2）过境货物复出境手续。过境货物出境时，经营人应当向出境地海关申报，并递交进境地海关签发的关封和海关需要的其他单证。经审核有关单证、关封和货物无误后，由出境地海关在运单上加盖放行章，在海关监管下出境。

（三）转运货物报关

1. 转运货物的条件

进境运输工具载运的货物必须具备下列条件之一的，方可办理转运手续：

（1）持有转运或联运提货单的。

（2）进口载货清单上注明是转运货物的。

（3）持有普通提货单，但在起卸前向海关声明转运的。

（4）误卸的进口货物，经运输工具经营人提供确实证件的。

（5）因特殊情由申请转运并经海关批准的。

2. 转运货物的通关手续

海关对转运货物实施监管的目的，主要是防止货物在口岸换装过程中混卸进口或混装出口，承运人的责任就是确保其继续运往境外。转运货物承载有转运货物的运输工具进境后，承运人应当在《进口载货清单》上列明转运货物的名称、数量、启运地和到达地，并向海关申报。转运货物换装运输工具时应接受并配合海关的监装、监卸至货物装运出境为止。

转运货物应当在规定时间内运送出境。外国转运货物在中国口岸存放期间，不得开拆、改换包装或进行加工，必须在 3 个月内办理海关手续并转运出境，否则，海关将按规定提取变卖。海关对转运的外国货物有权检查。但是，如果没有发现有违法或可疑情事，将只作外形查验。

（四）通运货物报关

通运货物虽不换装运输工具，并随原承载的运输工具运往境外，但在海关监管中，其目的也是防止混同进口货物的装卸地，并监督其维持原状如数运出境外。运输工具进境时，运输工具负责人应在《船舶进口报告书》或在国际民航机的《进口载货舱单》上注明通运货物的名称和数量。海关在运输工具抵、离境时，将予核查并监管通运货物出境。运输工具因装卸货物须搬运或倒装货物时，应向海关申请并在海关监管下进行。

三、租赁货物的报关程序

（一）租赁货物概述

1. 租赁货物的含义

租赁是指所有权和使用权之间的一种借贷关系，即由资产所有者（出租人）按契约规定，将租赁物件租给使用人（承租人），使用人在规定期限内支付租金并享有租赁物件使用权的一种经济行为。跨越国（地区）境的租赁就是国际租赁，而以国际租赁方式进出境的货物，即为租赁进出口货物。以下介绍的主要是租赁进口货物。

2. 租赁货物的范围

租赁进口货物包含金融租赁进口货物和经营租赁进口货物两类。金融租赁进口货物，一般是不复运出境的，租赁期满，以很低的名义价格转让给承租人，承租人按合同规定分期支付租金，租金的总额一般都大于货价；经营租赁进口的货物一般是暂时性质的，按合同规定的期限复运出境，承租人按合同规定支付租金，租金总额一般都小于货价。

（二）租赁货物的报关程序

根据《关税条例》的规定，租赁进口货物的纳税义务人对租赁进口货物应当按照海关审查确定的租金作为完税价格缴纳进口税款，租金分期支付的可以选择一次性缴纳税款或者分期缴纳税款。选择一次性缴纳税款的可以按照海关审查确定的货物的价格作为完税价格，也可以按照海关审查确定的租金总额作为完税价格。租赁进口货物的报关程序显然要根据纳税义务人对缴纳税款的完税价格的选择来决定。

1. 金融租赁进口货物的报关程序

金融租赁进口货物由于租金大于货价，纳税义务人会选择一次性按货价缴纳税款或者选择按租金分期缴纳税款，相应地报关就可能出现两种情况：

（1）按货物的完税价格缴纳税款。收货人或其代理人在租赁货物进口时应当向海关提供租赁合同，按进口货物的实际价格向海关申报，提供相关的进口许可证件和其他单证，按海关审查确定的货物完税价格计算税款数额，缴纳进口关税和进口环节海关代征税。海关现场放行后，不再对货物进行监管。

（2）按租金分期缴纳税款。收货人或其代理人在租赁货物进口时应当向海关提供租赁合同，按照第一期应当支付的租金和按照货物的实际价格分别填制报关单向海关申报，提供相关的进口许可证件和其他单证，按海关审查确定的第一期租金的完税价格计算税款数额，缴纳进口关税和进口环节海关代征税，海关按照货物的实际价格统计。海关现场放行后，对货物继续进行监管。

纳税义务人在每次支付租金后的 15 日内（含第 15 日）按支付租金额向海关申报，并缴纳相应的进口关税和进口环节海关代征税，直到最后一期租金支付完毕。需要后续监管的金融租赁进口货物租期届满之日起 30 日内，纳税义务人应当申请办结海关手续，将租赁进口货物退运出境，如不退运出境，以残值转让，则应当按照转让的价格审查确定完税价格计征进口关税和进口环节海关代征税。

2. 经营租赁进口货物的报关程序

经营租赁进口货物由于租金小于货价，货物在租赁期满应当返还出境，纳税义务人只会选择按租金缴纳税款。报关程序为：收货人或其代理人在租赁货物进口时应当向海关提供租赁合同，按照第一期应当支付的租金或者租金总额和按照货物的实际价格分别填制报关单向海关申报，提供相关的进口许可证件和其他报关单证，按海关审查确定的第一期租金或租金总额的完税价格计算税款数额，缴纳进口关税和进口代征税，海关按照货物的实际价格统计。海关现场放行后，对货物继续进行监管。分期缴纳税款的，纳税义务人在每次支付租金后的 15 日内（含第 15 日）按支付租金额向海关申报，提供报关单证，并缴纳相应的进口关税和进口环节海关代征税，直到最后一期租金支付完毕。经营租赁进口货物租期届满之日起 30 日内，纳税义务人应当申请办结海关手续，将租赁进口货物复运出境或者办理留购、续租的申报纳税手续。

四、加工贸易不作价设备的报关程序

（一）加工贸易不作价设备概述

1. 含义

加工贸易不作价设备是指与加工贸易经营企业开展加工贸易（包括来料加工、进料加工及外商投资企业履行产品出口合同）的境外厂商，免费（不需境内加工贸易经营企业付汇，也不需用加工费或差价偿还）向经营单位提供的加工生产所需设备。

加工贸易不作价设备既包括来料加工项下进口的不作价设备，也包括进料加工项下进口的不作价设备。加工贸易进口设备必须是不作价的，可以是由境外厂商免费提供，也可以是向境外厂商免费借用（临时进口不超过半年的单件的模具、机器除外），进口设备的一方不能以任何方式、任何途径，包括用加工费扣付、出口产品减价等方式来偿付提供设备的一方设备价款或租金。

2. 范围

加工贸易境外厂商免费提供的不作价设备，除属于国家禁止进口商品和《外商投资项目不予免税的进口商品目录》所列商品外，海关受理加工贸易不作价设备免税进口的申请。

3. 特征

（1）加工贸易不作价设备与保税加工货物相比，虽然进境后都用于加工贸易生产，但加工贸易设备是加工贸易生产设备，进境后使用时一般不改变形态，国家政策不强调复运出境。

（2）加工贸易不作价设备与特定减免税设备相比，虽然都是免税进境的生产设备，但加工贸易不作价设备海关按保税货物管理。

（3）进口放行后需要继续监管。

（二）加工贸易不作价设备的报关程序

加工贸易不作价设备的报关程序，包括备案、进口、核销3个阶段。

1. 备案

加工贸易不作价设备的备案合同应当是订有加工贸易不作价设备条款的加工贸易合同或者加工贸易协议，单独的进口设备合同不能办理加工贸易不作价设备的合同备案。

满足条件的加工贸易经营企业，办理加工贸易不作价设备的备案手续如下：

（1）凭商务主管部门批准的加工贸易合同（协议）和批准件及《加工贸易不作价设备申请备案清单》到加工贸易合同备案地主管海关办理合同备案申请手续。

（2）主管海关根据加工贸易合同（协议）、批准件和《加工贸易不作价设备申请备案清单》及其他有关单证，对照《外商投资项目不予免税的进口商品目录》，审核准予备案后，核发登记手册。

海关核发的加工贸易登记手册有效期一般为1年，到期前加工贸易经营企业向海关提出延期申请，延长期一般为1年，可以申请延长4次。加工贸易不作价设备不纳入银行保证金台账制度管理范围，海关可以根据情况对加工贸易不作价设备收取保证金或者保证函。不在加工贸易合同或者协议里注明的单独进口的不作价设备及其零配件、零部件不予备案。

2. 进口

企业凭登记手册向口岸海关办理进口报关手续，口岸海关凭登记手册验放。加工贸易不作价设备，除国家另有规定的外，进境时免进口关税，不免进口环节增值税，如有涉及进口许可证件管理的，可免交进口许可证件。加工贸易不作价设备进口申报时，报关单的“贸易方式”栏填“不作价设备”（代码0320）。对临时进口（期限在6个月以内）加工贸易生产所需不作价模具、单台设备，按暂准进境货物办理进口手续。

3. 核销

加工贸易不作价设备自进口之日起至按海关规定解除监管止，属海关监管货物，企业应按海关的规定保管、使用。加工贸易不作价设备的海关监管期限是根据特定减免税货物的海关监管期限来规定的。加工贸易不作价设备海关监管期限一般是5年。申请解除海关监管有两种情况：

（1）监管期内。监管期限未满，企业申请提前解除监管，按结转、转让、留用、修理、替换和退运6种情况分别处理。

（2）监管期满。

加工贸易不作价设备5年监管期满，如不退运出境，可以留用，也可以向海关申请放弃。监管期限已满的不作价设备，要求留在境内继续使用，企业可以向海关申请解除监管，也可以自动解除海关监管；监管期满既不退运也不留用的加工贸易不作价设备，可以向海关申请放弃，海关比照放弃货物办理有关手续。放弃货物要填制进口货物报关单。

五、出料加工货物的报关程序

（一）出料加工概述

1. 含义

出料加工货物是指我国境内企业运到境外进行技术加工后复运进境的货物。

2. 原则

出料加工的目的是借助国外先进的加工技术提高产品的质量和档次，因此只有在国内现有的技术手段无法或难以达到产品质量要求而必须运到境外进行某项工序加工的情况下，才可开展出料加工业务。

出料加工原则上不能改变原出口货物的物理形态。对完全改变原出口货物物理形态的出境加工，属于一般出口。

3. 管理

出料加工货物自运出境之日起6个月内应当复运进境；因正当理由不能在海关规定期限内将出料加工货物复运进境的，应当在到期之前书面向海关说明情况并申请延期。经海关批准可以延期后，延长的期限最长不得超过3个月。

（二）出料加工货物的报关程序

1. 备案

开展出料加工的经营企业应当到主管海关办理出料加工合同的备案申请手续，海关受理备案的应当核发《出料加工手册》。

2. 进出口

（1）出境申报。出料加工货物出境，发货人或其代理人应当向海关提交出料加工手册、出口货物报关单、货运单据及其他海关需要的单证申报出口，属许可证件管理的商品，免交许可证件；属应征出口税的，应提供担保。为实现有效监管，海关可以对出料加工出口货物附加标志、标记或留取货样。

（2）进境申报。出料加工货物复运进口，收货人或其代理人应当向海关提交出料加工手册、进口货物报关单、货运单据及其他海关需要的单证申报进口，海关对出料加工复进口货物以境外加工费、材料费、复运进境的运输及其相关费用和保险费审查确定完税价格征收进口关税和进口环节海关代征税。

3. 核销

出料加工货物全部复运进境后，经营人应当向海关报核，海关进行核销，提供担保的应当退还保证金或者撤销担保。出料加工货物未按海关允许期限复运进境的，海关按照一般进出口货物办理，将货物出境时收取的税款担保金转为税款，货物进境时按一般进口货物征收进口关税和进口环节海关代征税。

六、无代价抵偿货物的报关程序

（一）无代价抵偿货物概述

1. 无代价抵偿货物的含义

无代价抵偿货物，是指进出口货物在海关征税或免税放行之后，发现货物残损、短少或品质不良，而由境外承运人、发货人或保险公司免费补偿或更换的与原货物相同或者与合同规定相符的货物。

收发货人申报进出口的无代价抵偿货物，与退运出境或者退运进境的原货物不完全相同或者与合同规定不完全相符的，经收发货人说明理由，海关审核认为理由正当且税则号列未发生改变的，仍属于无代价抵偿货物范围；若税则号列不一致的，则不属于无代价抵偿货物范围，属于一般进出口货物范围。

2. 无代价抵偿货物的特征

（1）进出口无代价抵偿货物免予交验进出口许可证件。无代价抵偿进口货物属于国家限制进口商品的，如原进口货物在品名、数量、价值及贸易性质等方面完全一致，可以在原进口货物退运出口的条件下，免予另办许可证。但是如原进口货物不退运出口的，则应补办许可证。

（2）进口无代价抵偿货物不征收进口关税和进口环节海关代征税。但是，如果进出口与原货物或合同规定不完全相符的无代价抵偿货物，则应当按规定计算与原进出口货物的税款差额。高出原征收税款数额的应当征收超出部分的税款，低于原征收税款且与原进出口货物的发货人、承运人或者保险公司同时补偿税款的，海关应当退还补偿货款部分的相应税款，未补偿货款的，税款的差额部分不予退还。

（3）现场放行后，海关不再进行监管。即被抵偿进口的货物已经办理了货物进口手续，并且已经按规定交纳关税或者享受减免税的优惠，海关放行后不再进行监管。

（二）无代价抵偿货物的报关

无代价抵偿分为两种：一种是短少抵偿；一种是残损、品质不良或规格不符的抵偿。对这两种抵偿引起的两类进出口无代价抵偿货物在报关程序上有所区别。短少抵偿引起的无代价抵偿货物在报关程序上不需要办理前期阶段，而因残损、品质不良或规格不符引起的无代价抵偿货物则应当先办理相应的海关手续。

1. 因残损、品质不良或规格不符引起的无代价抵偿货物进出口海关手续

（1）退运进出境。原进出口货物的收货人或其代理人应当办理被更换的原进出口货物中残损、品质不良或规格不符货物的退运出境的报关手续。被更换的原进口货物退运出境时不征收出口关税，被更换的原出口货物退运进境时不征收进口关税和进口环节海关代征税。

（2）放弃，交由海关处理。被更换的原进口货物中残损、品质不良或规格不符货物不退运出境，但原进口货物的收货人愿意放弃交由海关处理的，海关应当依法处理并向收货人提供依据，凭此申报进口无代价抵偿货物。

（3）不退运出境，也不放弃，或不退运进境。被更换的原进口货物中残损、品质不良或规格不符货物不退运出境且不放弃交由海关处理的，或者被更换的原出口货物中残损、品质不良或规格不符的货物不退运进境，原进出口货物的收发货人应当按照海关接受无代价抵偿货物申报进出口之日适用的有关规定申报出口或进口，并缴纳出口关税或进口关税和进口环节海关代征税，属于许可证管理的商品还应当交验相应的许可证件。

2. 无代价抵偿货物的报关期限

向海关申报进出口无代价抵偿货物应当在原进出口合同规定的索赔期内，而且不超过原货物进出口之日起3年。

3. 无代价抵偿货物报关应提供的单证

收发货人向海关申报无代价抵偿货物进出口时，除应当填制报关单和提供基本单证外，还应当提供以下特殊单证。

（1）进口申报需要提交的特殊单证：

① 原进口货物报关单。

② 原进口货物退运出境的出口货物报关单，或者是原进口货物交由海关处理的货物放弃处理证明，或者已经办理了纳税手续的单证（短少抵偿的除外）。

③ 原进口货物税款缴纳书或者进出口货物征免税证明。

④ 买卖双方签订的索赔协议。

⑤ 纳税义务人还应在海关认为需要时提交由具有资质的商品检验机构出具的原进口货物残损、短少、品质不良或者规格不符的检验证明书或者其他有关证明文件。

（2）出口申报需要提交的特殊单证：

① 原出口货物报关单。

② 原出口货物退运出境的进口货物报关单或者已经办理了纳税手续的单证（短少抵偿的除外）。

③ 原出口货物税款缴纳书或者进出口货物征免税证明。

④ 买卖双方签订的索赔协议。

⑤ 纳税义务人还应在海关认为需要时提交由具有资质的商品检验机构出具的原出口货物残损、短少、品质不良或者规格不符的检验证明书或者其他有关证明文件。

七、进出境修理货物的报关程序

（一）进出境修理货物概述

1. 含义

进出境修理货物是指运出境或运进境进行修理后复运进境或复运出境的机械器具、运输工具或者其他货物以及为维修这些货物需要进出口的原材料、零部件。

进出境修理包括原进出口货物出境或运进修理和其他货物的运进境或运出境修理两种情况。原进口货物出境修理包括进口货物在保修期内运出境修理和原进口货物在保修期外运出境修理两种情况。

2. 特征

（1）进境修理货物免纳进口关税和进口环节代征税，但应向海关提供担保并接受海关监管。对于进境维修的货物，也可以向海关申请按照保税货物办理进境手续。

（2）出境修理货物进境时，在保修期内并由境外免费维修的，可以免征进口关税和进口代征税；在保修期外或虽在保修期内但境外收取维修费用的，海关应当按照境外修理费和料件费审定完税价格，计征进口关税和进口环节海关代征税。

（3）进出境修理货物免予交验许可证件。

（二）进出境修理货物的报关程序

1. 进境修理货物

货物进境后，收货人或其代理人持维修合同或者含有保修条款的原出口合同及申报进口需要的所有单证，办理货物进口报关手续，并提供进口税款担保。货物进口后在境内的维修期限为6个月，可以申请延长，延长期限最长不得超过6个月。在维修期间应接受海关监管。进境修理货物复出境申报时应当向海关提供修理货物原进口申报时的报关单留存联或复印件。修理货物复出境后应当向海关申请销案，正常销案的海关退还保证金或撤销担保；未复出境的部分货物，应当向海关办理进口申报纳税手续。

2. 出境修理货物

货物出境时，发货人应向海关提交维修合同或含有保修条款的原进口合同，以及申报出口需要的所有报关单证，办理出境报关手续。货物出境后，在境外的修理期限为6个月，可以申请延长，延长期限最长不得超过6个月。货物复运进境时应当向海关申报在境外实际支付的修理费和材料费，由海关确定完税价格，计征进口关税和进口环节海关代征税。超过海关规定期限复运进境的，海关按照一般进口货物计征进口关税和进口环节海关代征税。

八、溢卸货物和误卸货物的报关程序

（一）溢卸、误卸货物概述

1. 溢卸、误卸货物的含义

溢卸货物，是指未列入进口载货清单、运单的货物或者多于进口载货清单、提单、运单所列数量的货物。进口误卸货物，是指将指运境外港口、车站或境内其他港口、车站而在本港（站）卸下的货物。

2. 管理

误卸、溢卸货物，经海关审定属实的，由载运该项货物的原运输工具负责人，自该运输工具卸货之日起3个月内，向海关申报退运手续；或者由该货物的收发货人，自该运输工具卸货之日起3个月内，向海关申请办理退运或申报进口手续。经运载该货物的原运输工具负责人，或者该货物的收发货人申请，经海关批准的，可以延期3个月办理退运出境或者申报进口手续。超出上述规定的限期且未向海关办理退运或者申报手续的，由海关提取依法变卖处理。溢卸、误卸货物属于危险品或者鲜活、易腐、易烂、易失效、易变质、易贬值等不宜长期保存的货物的，海关可以根据实际情况，依法提取变卖处理，变卖所得价款按照有关规定办理。

（二）溢卸、误卸货物报关程序

根据对溢卸、误卸货物的处置方式，可以有以下几种报关程序：

1. 退运境外

属于溢卸或误卸货物，能够提供发货人或者承运人书面证明文书的，当事人可以向海关申请办理直接退运手续。

2. 溢短相补

运输工具负责人或其代理人要求将溢卸货物抵补短卸货物的，应与短卸货物原收货人协商同意，并限于同一运输工具、同一品种的货物。非同一运输工具或同一运输工具非同一航次之间抵补的，只限于同一运输公司、同一发货人、同一品种的进口货物。上述两种情况都应由短卸货物原收货人或其代理人按照无代价抵偿货物的报关程序办理进口手续。

3. 物归“原主”

如是运境外港口、车站的误卸货物，运输工具负责人或其代理人要求运往境外时，经海关核实后按照转运货物的报关程序办理海关手续，转运至境外。如是运境内其他港口、车站的误卸货物，可由原收货人或其代理人就地向进境地海关办理进口申报手续，也可以经进境地海关同意办理转关运输手续。

4. 就地进口

溢卸货物由原收货人接受的，原收货人或其代理人应按一般进口货物报关程序办理进口手续，填写进口货物报关单向进境地海关申报，并提供相关的溢卸货物证明，如属于许可证件管理商品的，应提供有关的许可证件；海关征收进口关税和进口环节海关代征税后，放行货物。

5. 境内转售

原收货人不接受溢卸货物、误卸货物，或不办理溢卸货物、误卸货物的退运手续的，运输工具负责人或其代理人可以要求在国内进行销售，由购货单位向海关办理相应的进口手续。

九、退运、退关货物的报关程序

（一）退运、退关货物的含义

退运货物是指原出口货物或进口货物因各种原因造成退运进口或者退运出口的货物。退运货物包括一般退运货物和直接退运货物。一般退运货物是指已办理申报手续且海关已放行出口或者进口，因各种原因造成退运进口或退运出口的货物。直接退运货物是指在进境后、办结海关放行手续前，进口货物收发货人、原运输工具负责人或者其代理人（以下统称当事人）申请直接退运境外，或者海关根据国家有关规定责令直接退运境外的全部或部分货物。退关货物又称出口退关货物，是指向海关申报出口并获准放行，但因故未能装上运输工具，经发货单位请求退运出海关监管区域不再出口的货物。

（二）一般退运货物的报关

1. 退运进口

原出口货物退运进境时，若该批出口货物已收汇、已核销，原发货人或其代理人应填写进口货物报关单向进境地海关申报，并提供原货物出口时的出口货物报关单，现场海关应凭加盖有已核销专用章的“外汇核销单出口退税专用联”（正本），或税务部门出具的“出口商品退运已补税证明”，保险公司证明或承运人溢装、漏卸的证明等有关资料办理退运进口手续，同时签发一份进口货物报关单。

原出口货物退运进口时，若出口未收汇，原发货人或其代理人在办理退运手续时，提交原出口货物报关单、出口收汇核销单、报关单退税证明联向进口地海关申报退运进口，同时填制一份进口货物报关单；若出口货物部分退运进口，海关应在原出口货物报关单上批注退运的实际数量、金额后退回企业并留存复印件，海关核实无误后，验放有关货物进境。

因品质或者规格原因，出口货物自出口之日起1年内原状退货复运进境的，经海关核实后不予征收进口税，原出口时已经征收出口关税的，只要重新缴纳因出口而退还的国内环节税，自缴纳出口税款之日起1年内准予退还。

2. 退运出口

因故退运出口的进口货物，原收货人或其代理人应当填写出口货物报关单申报出境，并提供原货物进口时的进口货物报关单、保险公司证明或承运人溢装、漏卸的证明等有关资料，经海关核实无误后，验放有关货物出境。

因品质或者规格原因，进口货物自出口之日起1年内原状退货复运出境的，经海关核实后可以免征出口关税，已征收的进口关税和进口环节海关代征税，自缴纳进口税款之日起1年内准予退还。

（三）直接退运货物的报关

直接退运货物的报关可以分为当事人申请直接退运的货物报关，海关责令直接退运的货物报关两大类。下面分别介绍：

1. 当事人申请直接退运的货物报关

（1）范围：

① 因国家贸易管理政策调整，收货人无法提供相关证件的。

② 属于错发、误卸或者溢卸货物，能够提供发货人或者承运人书面证明文件的。

③ 收发货人双方协商一致同意退运，能够提供双方同意退运的书面证明文件的。

④ 有关贸易纠纷，能够提供法院判决书、仲裁机构仲裁决定书或者无争议的有效货物所有权凭证的。

⑤ 货物残损或者国际检验检疫不合格，能够提供国家检验检疫部门根据收货人申请而出具的相关检验证明文书的。

对在当事人申请直接退运前，海关已经确定查验或者认为有走私违规嫌疑的货物，不予办理直接退运，待查验或者案件处理完毕后，按照海关有关规定处理。

（2）报关。当事人向海关申请直接退运，应当按照海关要求提交《进口货物直接退运申请书》，证明进口实际情况的合同、发票、装箱清单、已报关货物的原报关单、提运单或者载货清单等相关单证，符合申请条件的相关证明文书以及海关要求当事人提供的其他文件。海关按行政许可程序受理或者不予受理，受理并批准直接退运的，制发《准予直接退运决定书》。

当事人办理进口货物直接退运的申报手续时，应当先填写出口货物报关单向海关申报，再填写进口货物报关单。因进口货物收发货人或者承运人的责任造成货物错发、误卸或者溢卸，经海关批准直接退运的，当事人免予填制报关单，凭《准予直接退运决定书》向海关办理直接退运手续。经海关批准直接退运的货物不需要交验进出口许可证或者其他监管证件，免予征收各种税费及滞报金，不列入海关统计。进口货物直接退运应当从原进境地口岸退运出境。对因运输原因需要改变运输方式或者由另一口岸退运出境的，应当经由原进境地海关批准后，以转关运输方式出境。

2. 海关责令直接退运的货物报关

（1）范围：

① 进口国家禁止进口的货物，经海关依法处理后的。

② 违反国家检验检疫政策法规，经国家检验检疫部门处理并且出具《检验检疫处理通知书》或者其他证明文书后的。

③ 未经许可擅自进口属于限制进口的固体废物用作原料，经海关依法处理后的。

④ 违反国家有关法律、行政法规，应当责令直接退运的其他情形。

对需要责令进口货物直接退运的，由海关根据相关政府行政主管部门出具的证明文书，向当事人制发《中华人民共和国海关责令进口货物直接退运通知书》。

（2）报关。当事人办理进口货物直接退运的申报手续时，应当先填写出口货物报关单向海关申报，再填写进口货物报关单。因进口货物收发货人或者承运人的责任造成货物错发、误卸或者溢卸时，经海关责令直接退运的，当事人免予填制报关单，凭《责令直接退运决定书》向海关办理直接退运手续。经海关责令直接退运的货物不需要交验进出口许可证或者其他监管证件，免予征收各种税费及滞报金，不列入海关统计。进口货物直接退运应当从原进境地口岸退运出境，对因运输原因需要改变运输方式或者由另一口岸退运出境的，应当经由原进境地海关批准后，以转关运输方式出境。

（四）退关货物的报关

出口货物的发货人或其代理人应当在得知出口货物未被装上运输工具，并决定不再出口之日起 3 日内向海关申请退关。经海关核准且撤销出口申报后方能将货物运出海关监管场所。已缴纳出口税的退关货物，可以在缴纳税款之日起 1 年内，提出书面申请，向海关申请退税。

十、放弃进口货物的报关程序

（一）放弃进口货物概述

1. 放弃进口货物的含义

放弃进口货物是指进口货物的收货人或其所有人声明放弃，由海关提取依法变卖处理的货物。

2. 放弃进口货物的范围

（1）未办结海关手续的一般进口货物。

（2）在海关监管期限内的特定减免税货物。

（3）保税货物。

（4）暂准进境货物。

（5）其他未办结海关手续的货物。

国家禁止或限制进口的废物、对环境造成污染的货物不得声明放弃。

（二）对放弃进口货物的处理

对海关准予放弃的进口货物，由海关依法提取变卖处理。变卖所得价款，在优先拨付变卖处理实际支出的费用后，再扣除运输、装卸、储存等费用。所得价款不足以支付上述运输、装卸、储存等费用的，按照比例支付。尚有余款的，上缴国库。

十一、超期未报货物的报关程序

（一）超期未报货物概述

1. 超期未报货物的含义

超期未报货物是指在海关规定的期限内未办结海关手续的海关监管货物。

2. 超期未报货物的范围

（1）自运输工具进境之日起超过3个月未向海关申报的进口货物。

（2）在海关批准的延长期满未办结海关手续的溢卸、误卸进境货物。

（3）超过规定期限3个月未向海关办理复运出境或者其他海关手续的保税货物。

（4）超过规定期限3个月未向海关办理复运出境或者其他海关手续的暂准进境货物。

（5）超过规定期限3个月未运输出境的过境货物、转运货物和通运货物。

（二）对超期未报货物的处理

（1）被依法变卖处理的货物如属于《法检目录》范围内的货物，由海关在变卖前提请出入境检验检疫部门进行检验检疫，其费用从变卖所得价款中支付。

（2）变卖所得价款在优先拨付变卖处理实际支出的费用后，按照以下顺序扣除相关费用和税款，所得价款不足以支付同一顺序相关费用的，按照比例支付：

① 运输、装卸、储存等费用。

② 进口关税。

③ 进口环节海关代征税。

④ 滞报金。

（3）按照规定扣除费用和税款后尚有余款的，自货物依法变卖之日起1年内，经进口货物收货人向海关提出申请，海关可以发还。被变卖货物有属于许可证件管理的，应当向海关提交许可证件，如不能提供的不予发还；不能提供证明其为该进口货物收货人的相关资料的，申请不予受理；逾期无收货人申请，或者不予发还的，余款上缴国库。经海关审核符合被变卖进口货物收货人资格的发还余款的申请人，应当按照海关对进口货物的申报规定，补办进口申报手续。

十二、海关监管货物的特殊申报程序

（一）进出境快件概述

（1）含义。进出境快件是指进出境快件运营人，以向客户承诺的快速商业运作方式承揽、承运的进出境的货物、物品。进出境快件运营人（以下简称“运营人”）是指在中华人民共和国境内依法注册，在海关登记备案的从事进出境快件运营业务的国际货物运输代理企业。

（2）分类。进出境快件分为文件类、个人物品类和货物类等3类。

① 文件类进出境快件是指法律、行政法规规定予以免税且无商业价值的文件、单证、单据及资料。

② 个人物品类进出境快件是指《海关法》规定自用、合理数量范围内的进出境的旅客分离运输行李物品、亲友间相互馈赠物品和其他个人物品。

③ 货物类进出境快件是指文件类、个人物品类进出境快件以外的进出境快件。

（二）进出境快件的申报程序

1. 申报

（1）申报方式。运营人应当按照海关的要求采用纸质文件方式或电子数据交换方式向海关办理进出境快件的报关手续。

（2）申报期限。进境快件应当自运输工具申报进境之日起 14 日内，出境快件在运输工具离境 3 小时之前，向海关申报。

（3）申报单证。

① 文件类进出境快件报关时，运营人应当向海关提交《中华人民共和国海关进出境快件 KJ1 报关单》（以下简称“KJ1 报关单”）、总运单副本和海关需要的其他单证。

② 个人物品类进出境快件报关时，运营人应当向海关提交《中华人民共和国海关进出境快件个人物品报关单》、每一进出境快件的分运单、进境快件收件人或出境快件发件人身份证件影印件和海关需要的其他单证。

③ 进境的货物类快件报关时，运营人应当按下列情形分别向海关提交申报单证：

a. 对关税税额在人民币 50 元以下的货物和海关规定准予免税的货样、广告品，应提交《中华人民共和国海关进出境快件 KJ2 报关单》（以下简称“KJ2 报关单”）、每一进境快件的分运单、发票和海关需要的其他单证；

b. 对应予征税的货样、广告品（法律、行政法规规定实行许可证件管理的、需进口付汇的除外），应提交《中华人民共和国海关进出境快件 KJ3 报关单》（以下简称“KJ3 报关单”）、每一进境快件的分运单、发票和海关需要的其他单证；

c. 其他进境的货物类快件，一律按进口货物相应的报关程序提交申报单证。

④ 出境的货物类快件报关时，运营人应当按下列情形分别向海关提交申报单证：对货样、广告品（法律、行政法规规定实行许可证管理的、应征出口关税的、需出口收汇的、需出口退税的除外），应提交 KJ2 报关单、每一出境快件的分运单、发票和海关需要的其他单证；其他出境的货物类快件，一律按出口货物相应的报关程序提交申报单证。

2. 查验

海关查验进出境快件时，运营人应派工作人员到场，并负责进出境快件的搬移、开拆和封装。

（三）进出境货物集中申报程序

1. 集中申报概述

（1）含义。集中申报是指经海关备案后，进出口货物收发货人在同一口岸多批次进出口规定范围内货物，可以先以集中申报清单申报货物进出口，再以报关单集中办理海关手续的特殊通关方式。

（2）范围。适用集中申报方式的仅限于以下货物：

① 图书、报纸、期刊类出版物等时效性较强的货物。

② 危险品或者鲜活、易腐、易失效等不宜长期保存的货物。

③ 公路口岸进出境的保税货物。

不适用集中申报方式的情形：

① 涉嫌走私或者违规，正在被海关立案调查的收发货人进出口货物。

② 因进出口侵犯知识产权货物被海关依法给予行政处罚的收发货人进出口货物。

③ 适用C类或者D类管理类别的收发货人进出口货物。

停止适用集中申报方式的情形：

① 担保情况发生变更，不能继续提供有效担保的。

② 涉嫌走私或者违规，正在被海关立案调查的。

③ 进出口侵犯知识产权货物，被海关依法给予行政处罚的。

④ 海关分类管理类别被降为C类或者D类的。

⑤ 收发货人在备案有效期内主动申请终止适用集中申报通关方式的。

（3）管理。收发货人应当在货物所在地海关提交《适用集中申报通关方式备案表》，办理集中申报备案手续。加工贸易企业应当在主管地海关办理集中申报备案手续。在备案有效期内，收发货人可以适用集中申报通关方式。进出口货物收发货人可以委托B类以上管理类别（含B类）的报关企业办理集中申报有关手续。

2. 申报程序

（1）电子申报。集中申报必须在载运进口货物的运输工具申报进境之日起14日内，出口货物运抵海关监管区后、装货的24小时前，根据货运单填制《中华人民共和国海关进口/出口货物集中申报清单》，按清单格式录入电子数据向海关申报。如被海关审核后退单的，收发货人应当以报关单方式向海关申报。

（2）纸质单证申报。收发货人应当自海关审结集中申报清单电子数据之日起3日内，持集中申报清单及随附单证到货物所在地海关办理交单验放手续。属于许可证件管理的，收发货人还应当提交相应的许可证件，由海关在相关证件上批注并留存复印件。收发货人未在规定期限办理相关海关手续的，海关删除集中申报清单电子数据，收发货人应当重新向海关申报。重新申报日期超过运输工具申报进境之日起14日的，应当以报关单申报。收发货人应当对1个月内以集中申报清单申报的数据进行归并，填制进出口货物报关单，一般贸易货物在次月10日之前、保税货物在次月底之前到海关办理集中申报手续。一般贸易货物集中申报手续不得跨年度办理。收发货人对集中申报清单申报的货物以报关单方式办理海关手续时，应当按照海关规定对涉税的货物办理税款缴纳手续。涉及许可证件管理的，应当提交海关批注过的相应许可证件。对适用集中申报通关方式的货物，海关按照接受清单申报之日实施的税率、汇率计征税费。

（四）海关监管货物转关申报程序

1. 转关及转关货物概述

（1）转关。转关是指进出口货物在海关监管下，从一个海关运至另一个海关办理某项海关手续的行为。包括货物由进境地入境，向海关申请转关，运往另一个设关地点进口报关；货物在起运地出口报关运往出境地，由出境地海关监管出境；已经办理入境手续的海关监管货物从境内一个设关地点运往境内另一个设关地点报关。

进出口货物的转关与进出口货物的申报地有着密切的联系。按照《海关法》的规定："进出口货物除应当在进出境地办理海关手续外，经收发货人申请，海关同意，也可以在设有海关的进口货物的指运地或者出口货物的起运地办理海关手续"。海关对进出口货物的监管起止时间同时规定："进口货物在进境时就已受到海关的实际监管；出口货物必须在运离关境后才能解除海关的实际监管。"因此，凡是将在远离进出境地的指运地或起运地办理海关手续的，必然要将海关监管从进境地延伸至指运地或者从起运地延伸至出境地，必然要由两地海关共同完成海关承担的全部管理责任，这是产生转关的主要原因。对于保税和暂准进口的货物，不论其在何地办理进口手续，海关放行后仍属海关监管货物。因而在其加工、储存、使用期间需转运至另一设关地，海关的监管责任应当随之结转，并同样需要有转关的措施。

（2）转关货物的种类。进出口转关货物有 3 种基本类型：

① 进口转关货物，指由进境地入境，向海关申请转关，运往另一设关地点办理进口海关手续的货物。

② 出口转关货物，指在起运地已办理出口海关手续，运往出境地，由出境地海关监管放行的货物。

③ 境内转关货物，指从境内一个设关地点运往境内另一个设关地点，需经海关监管的货物。

（3）限制转关运输货物的范围

属于《限制转关货物清单》范围之列的进出口货物不能办理转关手续。

① 废物类中包括动物废物、冶炼渣，木制品废料、纺织品废物、贱金属及其制品的废料、各种废旧五金电机电器产品等，废运输设备、特殊需进口的废物、废塑料和碎料及下脚料等部分进出口货物。

② 化工类中包括监控化学品、可作为化学武器的化学品、消耗臭氧层物质、化学武器关键前体、化学武器原料、易制毒化学品及氯化钠等部分进出口货物。

③ 进口汽车整车，包括成套散件和二类底盘。

④ 国家检验检疫部门规定必须在口岸检验检疫的商品。

2. 转关的方式及条件

（1）转关的方式。转关货物的收发货人或其代理人可采取以下 3 种方式办理转关手续。

① 提前报关转关。收发货人或其代理人在指运地或起运地海关提前以电子数据录入的方式申报进口或出口，待计算机自动生成《进口转关货物申报单》或《出口转关货物申报单》，并传输至进境地海关或货物运抵出境地海关监管现场后，办理进口或出口转关手续。

② 直转转关。收发货人或其代理人在进境地或起运地海关以直接填报《转关货物申报单》的方式办理转关手续，在货物转关运输至指运地海关或出境地海关办理进口或出口手续。

③ 中转转关。收发货人或其代理人向指运地或起运地海关办理进出口报关手续后，由境内承运人或其代理人统一向进境地或起运地海关办理进口或出口转关手续。

具有全程提运单，需换装境内运输工具的进出口中转货物应采用中转方式办理转关手续；其他进口转关、出口转关及境内转关的货物可采用提前报关方式或直转方式办理转关手续。

（2）转关的条件。

① 转关的指运地和起运地必须设有海关。

② 转关的指运地和起运地应当设有经海关批准的监管场所。转关货物的存放、装卸、查验应在海关监管场所内进行。特殊情况需要在海关监管场所以外存放、装卸、查验货物的，应事先向海关提出申请。

③ 转关货物的承运人应当在海关注册登记，承运车辆符合海关监管要求，并能根据海关对转关路线范围和途中运输时间所作的限定，将货物运抵指定的场所。

（3）转关管理。

① 申报的期限。直转转关货物应当自运输工具申报进境之日起 14 日内向进境地海关办理转关手续，在海关限定期限内运抵指运地海关之日起 14 日内，向指运地海关办理报关手续。逾期按规定征收滞报金。提前报关的进口转关货物应在电子数据申报之日起 5 日内，向进境地海关办理转关手续。超过期限仍未到进境地海关办理转关手续的，指运地海关撤销提前报关的电子数据；提前报关的出口转关货物应在电子数据申报之日起 5 日内，运抵起运地海关监管场所，向起运地海关办理出口转关手续，超过期限未办理海关转关手续的，起运地海关撤销提前报关的电子数据。

② 申报单证的法律效力。转关货物申报的电子数据与书面单证具有同等的法律效力。对确因填报或传输错误的数据，有正当理由并经海关同意，可做适当修改或者撤销。对海关已决定查验的转关货物，则不再允许修改或撤销申报内容。

3. 转关货物的报关

（1）进口货物的转关。提前报关的进口转关货物，在其收货人或代理人未向进境地海关办理转关手续前，应先向指运地海关传送《进口货物报关单》电子数据，进行申报。指运地海关提前受理电子申报后，计算机系统自动生成《进口转关货物申报单》并传输至进境地海关；转关货物收货人或代理人向进境地海关提供《进口转关货物申报单》编号，并持海关规定的单证办理货物的进口转关手续。

直转的进口转关货物，由其收货人或其代理人向进境地海关传送转关申报的电子数据，并持《进口转关货物申报单》等单证直接办理进境及转关手续，待货物运达指运地后向指运地海关办理货物的进口报关手续。

具有全程提运单、须换装境内运输工具的中转转关货物，在收货人或其代理人向指运地海关办理进口报关手续后，由境内承运人或其代理人，持《进口转关货物申报单》《进口货物中转通知书》等单证向进境地海关批量办理货物转关手续。

进口转关货物，按货物运抵指运地海关之日的税率和汇率征税。提前报关的，则适用指运地海关所接收的由进境地海关传输的转关放行信息之日的税率和汇率。如货物运输途中税率和汇率发生重大调整，以转关货物运抵指运地海关之日的税率和汇率计算。

（2）出口货物的转关。提前报关的出口转关货物，在货物未运抵起运地海关监管场所前，由货物发货人或其代理人向起运地海关传送《出口货物报关单》电子数据，进行申报。起运地海关提前受理电子申报后，计算机自动生成《出口转关申报单》数据，传输至出境地海关；货物运抵起运地海关监管场所后，发货人或其代理人持海关规定的单证向起运地海关办理出口转关手续；出口转关货物运抵出境地后，发货人或其代理人向出境地海关办理货物的出口转关手续。

直转的出口转关货物，与前述出口提前报关的转关手续的区别在于：出口直转货物运抵起运地海关监管现场后，发货人或其代理人才向海关填报录入《出口货物报关单》的电子数据，进行申报。其余手续均与出口提前报关的转关方式一致。

具有全程提运单、需换装境内运输工具的出口中转货物，发货人或代理人向起运地海关办理出口报关手续后，由承运人或其代理人持《出口转关货物申报单》等单证向起运地海关办理出口转关手续；起运地海关核准后，签发《出口货物中转通知书》。承运人或其代理人凭此办理中转货物的出境手续。

（3）境内货物的转关。从一个设关地运往另一设关地的海关监管货物（即境内转关货物），除加工贸易深加工结转另有规定外，均按进口转关货物的规定办理转关手续。

任务实施

1. 完成步骤

（1）将学生分为5～6组，每组6～8人。

（2）以小组为单位，对暂准进出境货物的报关流程做初步设计方案，每组完成一份电子文档PPT。

（3）各组交流暂准进出境货物的报关流程设计方案，点评后进行修改完善。

（4）小组讨论分析这批展品需要办理哪些手续，并进行总结。

（5）根据讨论方案，确定如何办理在上海展出的手续。

（6）确定如何办理在南京展出的手续。

（7）根据在南京展出后，部分展品赠送给了南京一家公司，确定应该如何办理这批赠品的手续。

（8）确定剩余的展品该如何办理复运出境的手续。

（9）对（4）至（8）的每一个工作环节完成后及时进行交流点评，提交完整的有关这次展览的展品该如何办理相关手续的电子文档，并最终完成对这次任务的评价。

2. 考评标准（见表3-10）

表3-10　设计暂准进出境货物的报关流程考评标准表

被考评人							
考评地点							
考评内容	设计暂准进出境货物的报关流程						
考评标准	内　容	形式	分值	自我评价	他人评价	他组评价	教师评价
	暂准进出境货物的报关流程设计方案	电子	40				
	提交完整阐述办理这批展品的相关手续的文档	电子/纸质	40				
	展示过程表现良好（讲解流畅、语言清晰易懂）	阐述答辩	20				
合　计			100				
实际得分							

备注：

1. 实际得分=自我评价得分×20%+他人评价得分×20%+他组评价得分×20%+教师评价得分×40%；
2. 考评满分为100分，60～74分为及格，75～84分为良好，85分以上为优秀。

任务四 操作进出口报关软件

任务目标

学生掌握报关软件以及进出口流程，能熟练利用计算机操作进出口报关流程。

案例引入

本工作项目中，太仓捷达报关公司使用的报关软件是上海美华公司设计开发的智迅通报关软件。为了使小陈能尽快上手，学会利用报关软件对进出口报关业务流程进行操作管理，王经理交给小陈一份出口货物的报关信息和一份进口货物的报关信息，然后打开软件界面，让小陈尝试着去练习操作。

请以小陈的名义完成此任务。

背景资料

软件操作指南

1. 出口报关的软件操作

（1）查找一份出口货物报关，申报号为（6位学号）001，或者是录入一份新的出口货物报关单信息。

（2）接单及费用录入等。

① 接单并修改已有的工作编号，把工作编号改为“BG+你的学号”，例如学号为040801，则工作编号为“BG040801”。

② 此业务委托人为上海百瑞特国际货运有限公司，且商品为军品。

③ 收取报关费50元，预录费100元，保证金10 000元（代收代付）。

④ 此笔业务由科思达申报。

⑤ 设定保证金截止日期为系统当前时间后15天。

（3）电子报关的操作。

① 派单作业，设定作业批号为BLUE1。

② 生成报关作业单，将单子以PDF格式导出到文件夹。

③ 完成现场报关、取回纸面单证，将单子以PDF格式导出到文件夹。

（4）归档。将此票作业按照正常、外港口岸进行归档。

（5）退税操作。

① 生成出口报关证明联，将单子以PDF格式导出到文件夹。

② 退税完成。

2. 进口报关的软件操作

（1）查找一份进口货物报关，申报号为（6位学号）971，或者是录入一份新的进口货物报关单信息。

（2）接单及费用录入等。

① 接单并修改已有的工作编号，把工作编号改为“BG+你的学号”，例如学号为040801，则工作编号为“BG040801”。

② 此笔业务委托人为“宁波联邦”，业务来源为“外接”。

③ 此笔业务需垫付保证金，担保截止日期为当前日期后15天。

④ 此笔业务收取报关费300元，传真费50元。

⑤ 此笔业务需商检，送达地为民生路，完成日期为明天。

⑥ 此笔业务收取商检费500元，并支付400元。

（3）送提货信息。

① 计划送货日期为3天后，计划送货地址为DIZHI，车队电话EF234，车队联系人CD，货主HUO，收货人电话SH234，港区“外一”。

② 此笔业务收取运费1 000元。

③ 打印送货通知给B先生，将单子以PDF格式导出到文件夹。

（4）电子报关的操作。

① 打印海关作业单，将单子以PDF格式导出到文件夹。

② 此笔业务取回所有单证，并报关完成。

（5）按“非付汇联”格式打印进口报关单付汇证明联清单，将单子以PDF格式导出到文件夹。

知识链接

进出口报关软件的使用

进出口报关软件，主要通过与H2000电子报关系统或是中国电子口岸连接，能够实现数据共享，并且通过对出口报关、进口报关、出口报检、进口报检以及单据管理、财务管理等的操作控制，充分实现对实际工作流程的操作管理。报关企业通过报关软件的使用，可以方便对客户资料、业务信息的管理，提高工作效率。

一、出口报关操作

出口报关的软件操作过程主要包括接单、预录入、电子报关、退税及归档等环节。

1. 接单

接单是出口报关的软件操作中的第一步。主要是在接到客户的报关委托书及核销单等相关资料后开始对客户信息以及报关的基本信息、商检信息等进行录入，包括这笔业务每个工作环节所产生的费用均进行录入。

2. 预录入

预录入电子报关单的数据信息，主要根据客户提供的具体信息进行录入，录入过程中相关栏目资料不齐全或填制不清楚的，要及时和客户进行确认，提高报关的效率。预录入的信息，也可以方便公司报关人员及时查看该票业务的报关状态。

3. 电子报关

在接单、预录入完成的基础上，发送电子数据报关单给海关，海关审单后同意现场报关的，报关企业携带打印的纸质报关单及随附单证到海关报关大厅现场报关。同时在报关软件中记录该票业务的报关状态，根据现场报关的实际情况标注各种报关状态，方便进行查询和监督报关工作。

4. 退税

出口货物放行后，出口企业需要办理出口退税手续。作为报关企业，需要为出口企业取得合法出口的证明文件，以方便办理出口退税手续，此工作极为重要。通过报关软件的操作，实现对出口退税所需相关单证的管理。

5. 归档

为了报关企业的科学管理和海关稽查的需要，在所有报关工作完成后，企业必须将业务过程中涉及的各种资料、记录进行归类整理，形成自己的业务档案。通过报关软件的操作，能科学高效地完成归档。

二、进口报关操作

进口报关的软件操作过程主要包括接单、预录入、商检、电子报关、送提货及归档等环节。进口报关的软件操作与出口报关的软件操作的接单、预录入、电子报关及归档等工作环节一致，这里不再赘述。重点关注商检和送提货的操作。

商检。进口商品大多需要进行检验检疫，只有在检验检疫部门出具入境货物通关单或相关合格证明的基础上，才能允许进境报关。因此，商检这一信息必须在软件操作中得到体现，便于报关状态的监督管理。报关企业主要是对检验检疫的类型、时间、费用等进行电子记录。

送提货。进口业务中，部分大型报关行将其服务领域拓展到货物的运输。送提货信息可由车队直接操作，填写送货计划和实际工作记录，记录发生的费用，并可打印各种送货通知单、计划表等，从而实现报关企业报关工作的全面信息化管理。

任务实施

1. 完成步骤

（1）根据案例，个人独立完成以下步骤，操作过程中遇到问题可以相互交流，教师也可以进行指导。

（2）首先进行出口报关的软件操作，根据案例的要求步骤，逐步完成。

（3）每个步骤完成后，通过系统随机抽取学生的报关单，及时进行点评，抓住操作要点进行修改或重新操作。

（4）其次进行进口报关的软件操作，根据案例的要求步骤逐步完成。

（5）每个步骤完成后，通过系统随机抽取学生的报关单，及时进行点评，抓住操作要点进行修改或重新操作。

（6）完成这部分内容的交流评价，最后完成对这次任务的评价。

2. 考评标准（见表3-11）

表3-11 操作进出口报关软件考评标准表

被考评人	
考评地点	
考评内容	操作进出口报关软件

续表

考评标准	内　容	形式	分值	自我评价	他人评价	他组评价	教师评价
	软件录入速度快、正确率高	电脑操作	100				
合　计			100				
实际得分							

备注：

1. 实际得分＝自我评价得分×20%＋他人评价得分×20%＋他组评价得分×20%＋教师评价得分×40%；
2. 考评满分为100分，60～74分为及格，75～84分为良好，85分以上为优秀。

岗位操作必备知识点

1. 海关监管货物的分类
2. 一般进出口货物概述（含义、特征、范围）
3. 一般进出口货物的申报（含义、地点、期限、日期）
4. 滞报天数和滞报金的计算
5. 提交纸质报关单及随附单证的期限
6. 修改申报内容或撤销申报（原则、理由、单证）
7. 海关查验（复验、径行开验）
8. 放行与结关的关系
9. 保税加工货物概述（含义、特征、范围）
10. 保税加工货物海关监管模式和管理要点
11. 保税加工货物设限商品范围（禁止类、限制类）
12. 银行保证金台账制度（地区分类、具体内容、保证金计算公式）
13. 合同备案
14. 加工贸易单耗、外发加工，加工贸易抵押
15. 深加工结转（含义、程序）
16. 剩余料件、残次品、边角料、副产品的含义及处理
17. 正常报核和合同终止报核的时间
18. 报核的单证
19. 电子账册的建立
20. 便捷通关电子账册备案（最大周转金额和周转数量、账册变更）
21. 报关单（生成、修改、删除、填制要求）
22. 电子化手册管理特点
23. 电子化手册备案
24. 电子化手册下报关单（生成、修改、撤销）
25. 深加工结转货物报关
26. 出口加工区进出货物的报关程序

27. 保税物流货物管理要点
28. 减免税货物的监管年限和减免税审批
29. 减免税货物的后续处置和解除监管
30. ATA 单证册（含义、格式、适用、出证担保和管理机构等）
31. 不使用 ATA 单证册报关的展览品的报关
32. 不使用 ATA 单证册报关的展览品的核销结关
33. 其他暂准进出境货物的报关与结关
34. 过境货物概述
35. 过境货物的报关程序
36. 货样、广告品报关程序（许可证件管理、税收管理）
37. 租赁货物的报关程序（按货物完税价格缴纳税款、按租金分期缴纳税款）
38. 加工贸易不作价设备程序
39. 无代价抵偿货物概述（含义、特征）、报关程序（单证、期限）
40. 进出境修理货物的报关程序（期限、税收）
41. 溢卸货物和误卸货物的报关程序
42. 一般退运货物的含义和报关
43. 直接退运货物的含义、范围
44. 超期未报关货物的含义、范围和处理（法检商品的检验检疫、变卖费用支出顺序）
45. 进出境快件的报关程序（时间、方式、期限）、申报单证
46. 集中申报的含义、范围、程序
47. 集中申报的程序
48. 转关概述（含义、条件、不得申请转关的范围）
49. 转关的方式（提前报关转关、直转转关、中转转关）
50. 转关的期限（直转转关、提前报关方式转关）

能力迁移

[实训题一]

中国成套设备进出口总公司（北京）（CHINA ANTIONAL COMPLETE PLANT IMPORT&EXPORT CORP.）与法国 LECLEC 公司于 2017 年 7 月 8 日在广州签订了出售户外家具（Outdoor Furniture）的外贸合同，货名：花园椅（Garden Chair，铸铁底座的木椅，按规定出口时需要有动植物检验检疫证明），型号：TG0503，价格：USD58.00/PC FOB Guangzhou，数量：950 把，毛重：20 KGS/PC，净重：18 KGS/PC，包装：1PC/CTN，集装箱：1X20'，生产厂家：广东南海飞达家具厂，最迟装船日期：2017 年 9 月 8 日，起运港：广州港，目的港：马赛，支付方式：不可撤销信用证。

1. 根据以上资料为出口公司整理一份销售合同。

2. 如果中国成套设备进出口总公司委托广州穗港报关行报关，是否需要办理异地报关备案手续？需要的话，应如何办理。

3. 如果订舱的装船时间是 2017 年 9 月 8 日 10：00am，那么，报关员应最迟何时在何地报关完毕。

4. 如果报关员在8月20日以电子数据报关单向海关申报，8月22日收到《海关放行交单》的通知，那么，报关员应不迟于哪一天持打印的纸质报关单，备齐哪些单证到货物所在地海关提交书面单证并办理相关海关手续。

5. 应该缴纳哪些海关规定的税费。

6. 为该批出口货物报关进行流程设计。

[实训题二]

天津华峰机械设备有限公司委托新新国际货运公司以一般贸易方式向海关申报进口汽车零部件。经海关审单和查验发现，该公司实际进口数量多于申报数量，涉嫌漏缴税款人民币25万元，且部分零部件涉嫌侵犯在海关总署备案的知识产权。经海关进一步调查，该进口货物收货人并无以伪报、瞒报方式逃避海关监管、逾逃应缴纳款的主观故意，进口汽车零部件申报不实是由于华峰公司业务员提供申报材料有误及新新公司报关员未认真核查有关单证、工作疏忽所致。由于申报不实导致漏缴税款人民币25万元，对于华峰公司来说因漏缴税款人民币达25万元，但由于不存在逃避海关监管、逾逃应缴纳款的主观故意，该公司承担申报不实的违规法律责任，你认为对吗？

[实训题三]

保税货物的报关程序如下：

货物在保税仓库所在地海关入境时，货主或其代理人应当填写《进口货物报关单》一式三份，加盖“保税仓库货物”印章并注明此货系存入某保税仓库，向海关申报。经海关查验放行后，一份由海关留存，两份随货带交保税仓库。保税仓库经理人应于货物入仓库后即在上述报关单上签收，一份留存，一份交回海关存查。

货主在保税仓库所在地以外的其他口岸进口货物，应按海关对转关运输货物的规定办理转关运输手续，转关运输应持有《海关转关运输货物准单》，货物运抵后再按上述办法办理入库手续。

以上说法正确吗？请说明原因。

[实训题四]

南京市红十字会直属单位进口一批外国赠与的残疾人专用仪器，经海关审批后，该批货物获免税进口。2016年12月8日，载运该货物的运输工具抵达南京港，收货人持《进出口货物征免税证明》向南京海关进行了申报。

请根据案例，分析以下问题：

1. 请详述“进出口货物征免税证明”的申领过程。

2. 这一批残疾人专用仪器在进口后是否可以售予医院？为什么？

[实训题五]

南京大学邀请境外的学术代表团来华进行学术交流，通过货运渠道从南京禄口国际机场口岸运进一批交流必需的设备，其中有一个先进的智能机器人是国内所没有的。货物进口时，南京大学作为收货人委托南京捷达报关行在机场海关办理该批设备的进口手续。交流结束后，南京大学同外国代表团协商决定留购该机器人以备研究，并以科教用品的名义办理减免税手续，其余测试设备在规定期限内经南京禄口国际机场复运出口。

请根据案例，分析以下问题：

1. 南京捷达报关行在申报讲学设备进口时，应按何种管理性质的货物申报？
2. 办理该智能机器人留购手续时，应注意哪些问题？

［实训题六］

国内一家生产企业因技术改造需进口一套设备（一般机电产品）被批准立项。该企业委托外贸公司C对外签约及办理海关手续。设备进口3个月后发现这套设备中有一台机器不符合合同规定的质量要求，即发函给供应商。供应商答应替补一台。作为C公司的报关员，为了使这项技术改造顺利完成，应当做些什么工作？假如质量不符的机器不退运出口，又该办些什么手续？

［实训题七］

天津市某纺织厂从天津口岸出口一个集装箱非法检纺织品，货未到港，客户提出不执行合同并要求弃货。于是，该纺织厂在天津口岸办理退运手续，请问在天津海关需要办理什么手续，并应该出具哪些资料文件？

［实训题八］

山东辉煌科技有限公司2015年从日本某公司进口一套大豆出仓系统。2016年11月，出仓机的滑动式轴承磨损严重，通过“无代价抵偿”方式更换了一套滑动式轴承，已损部件未退运出境。2017年6月，该轴承又产生严重磨损，经商检部门检验为设计缺陷。企业与日方签订索赔协议，将滑动轴承更换为滚动轴承，再次以“无代价抵偿”方式向海关申报。

请根据案例，分析以下问题：

1. 这两次申报的货物是否都属于无代价抵偿货物？为什么？
2. 正确的申报过程应该是怎样的？

［实训题九］

有一批韩国半导体产品从韩国起运经中国出口至哈萨克斯坦，在我国办理运输业务的是深圳市大洋集团物流有限公司。深圳市大洋物流有限公司是一家主要经营国际铁路集装箱运输、国际铁路车皮运输、国际海运及国际空运等业务的物流公司。请问，如果你是这家物流公司的报关员，应该如何办理这批半导体产品的报关手续？

项目四

进出口商品归类

能力目标

1. 具备对归类总规则各条规则的全面分析把握能力
2. 具备对归类总规则举一反三的诠释能力
3. 能运用归类总规则对进出口商品进行正确归类

知识目标

1. 掌握和理解商品归类总规则的内容
2. 正确把握商品归类总规则的应用
3. 熟悉我国进出口商品分类目录21类97章的商品排列及注释

案例导入

太仓捷达报关公司王经理拿着一本非常厚的《中国海关报关实用手册》交给实习生小陈。叮嘱她花时间认真翻阅、学习。她马上打开了目录看到有一部分内容是有关海关通关系统《商品综合分类表》，于是翻开后看到如下部分内容。

商品编号	商品名称及备注	进口关税税率/%		增值税率/%	计量单位	监管条件
		最惠国	普通			
2103	调味汁及其制品，混合调味品，芥子粉及其调制品					
2103100000	酱油	28.0	90.0	17.0	千克	AB
2103200000	番茄沙司及其他番茄调味汁	15.0	90.0	17.0	千克	AB
2103900000	芥子粉及其调味品	15.0	70.0	17.0	千克	AB
2103901000	味精	21.0	130.0	17.0	千克	AB

续表

商品编号	商品名称及备注	进口关税税率/%		增值税率/%	计量单位	监管条件
		最惠国	普通			
2103902000	别特酒（Aromatic bitters，仅作烹饪用，不适于饮用）	21.0	90.0	17.0	千克	AB
2103909000	其他调味品	21.0	90.0	17.0	千克	AB

小陈在之前填制报关单的工作中，已经熟悉了商品编号这个栏目，但是对于进出口货物对应的这个商品编号是怎么来的，起到什么作用一无所知。因而看到上表后，她请教王经理，如何来查找进出口货物的商品编码，以便查实该商品对应的税率和监管条件。王经理回答她进出口商品归类是报关技能之一，作为一名报关员必须掌握。现在你可以从这样两个方面入手学习：

（1）认识《商品名称及编码协调制度》，掌握其基本结构、编排方法，理解并熟练运用商品归类总规则。

（2）熟悉商品归类的21类97章，能正确归类商品。

案例分析

（1）解读商品归类总规则。

（2）归类各类进出口商品。

任务一　解读商品归类总规则

任务目标

学生熟悉商品归类的六条规则，能够正确运用商品归类总规则。

案例引入

以实习生小陈的名义，对商品归类总规则（主要是规则一、二、三、五、六）进行解读，并结合下列归类题作为参考，制作解读商品归类总规则的PPT。

1. 规则一的归类题

（1）由80%铁、2%金、3%银、15%铜制成的合金条（非货币用）。

（2）化学纯丙烷。

（3）冻猪胃。

2. 规则二的归类题

（1）为便于运输而未组装的20套山地自行车散件，其中，无车座装于一木箱中，另有单独包装的40个车座。

（2）一套散装的带时钟的收音机。

（3）含20%柑橘皮的绿茶（每包净重6千克）。

3. 规则三的归类题

（1）飞机用钢化玻璃。

（2）一套有一个带钥匙环的笔形手电筒和一支圆珠笔组成的供零售用物品。

（3）八宝粥罐头（内装有八宝粥和附有一塑料小勺）。

4. 规则五的归类题

（1）特殊形状的塑料盒，盒内装有一块指针式石英铜表。

（2）带塞子的玻璃陶瓷瓶，内装有已消毒的棉球。

（3）装有绿茶的银制罐子（包装重 2 千克）。

5. 规则六的归类题

（1）羽毛球拍。

（2）中华绒螯蟹种苗。

（3）氧化铅含量为 20% 的铅晶制玻璃花瓶。

知识链接

进出口商品归类概述

根据《中华人民共和国海关进出口货物商品归类管理规定》，进出口商品归类是指在《商品名称及编码协调制度公约》商品分类目录体系下，以《中华人民共和国进出口税则》为基础，按照《进出口税则商品及品目注释》《中华人民共和国进出口税则本国子目注释》以及海关总署发布的关于商品归类的行政裁定、商品归类决定的要求，确定进出口货物商品编码的活动。

商品归类不仅是海关开展税收征管、实施贸易管制、编制进出口统计和查缉走私违规行为等工作的重要基础，也是进出口企业办理各项进出口报关业务的重要基础。商品归类，除了确定商品编码之外，还能确定适用的关税税率、法定计量单位、监管条件等，这能大幅度提高企业的通关效率，降低物流成本和贸易风险。

一、商品名称及编码协调制度

阅读资料：江苏南通海关主动服务提高退税率助推合企发展

《商品名称及编码协调制度》（The Harmonized Commodity Description and Coding System），简称《协调制度》或“HS”，于 1988 年 1 月 1 日起正式生效。《协调制度》是由原海关合作理事会（现更名为世界海关组织）编制的，在《海关合作理事会商品分类目录》（CCCN）和联合国统计委员会编制的《国际贸易标准分类目录》（SITC）的基础上形成。该分类目录广泛应用于海关税则、国际贸易统计、原产地规则、国际贸易谈判、贸易管制等多个领域，所以又被称为“国际贸易的语言”。截至 2007 年，已有 200 多个国家、地区和国际组织采用《协调制度》分类目录。

1.《协调制度》的分类原则

《协调制度》是一部系统的国际贸易商品分类目录，所列商品名称的分类和编排有一定的规律。《协调制度》根据各种商品的生产类别、自然属性和功能用途将其分为 21 类 97 章，主要分类原则见表 4-1。

表4-1 协调制度的分类原则

分类原则	例 证
类：基本上是按社会生产的分工（或称生产部类）来划分，它将属于同一生产部类的产品归在同一类里	例如：农业在第一类和第二类；化学工业在第六类；纺织工业在第十一类；冶金工业在第十五类；机电制造业在第十六类等
章：基本上是按商品的属性或用途来划分，每章的前后顺序则是按照动、植、矿物质来排列的	第1～83章（第64～66章除外）基本上是按商品的自然属性来分章，如第1～5章是活动物和动物产品；第6～14章是活植物和植物产品；第50章和第51章是蚕丝、羊毛及其他动物毛；第52章和第53章是棉花、其他植物纺织纤维和纸纱线；第54章和第55章为化学纤维； 第64～66章和第84～97章是按货物的用途或功能来分章的，如第64章是鞋、第65章是帽、第84章是机械设备、第85章是电气设备、第87章是汽车、第89章是船舶等
品目：从品目的排列看，一般也是按动、植、矿物质顺序排列，而且更为明显的是，原材料先于产品；加工程度低的产品先于加工程度高的产品；列名具体的品种先于列名一般的品种	例如：在第44章内，品目4403是原木；4404～4408是经过简单加工的木材；4409～4413是木的半成品；4414～4421是木的制成品

2.《协调制度》的基本结构

《协调制度》的基本结构由以下三部分构成：归类总规则，类注释、章注释及子目注释和商品编码表。

（1）归类总规则。国际贸易中的商品成千上万，在商品分类目录中不可能一一列出，为使每一个商品都能归入这个分类目录中，同时又能使每一个商品仅与目录中单一的编码一一对应，必须采用一定的规则来保证，这规则便是归类总规则。

归类总规则作为指导《协调制度》商品归类的总的指导原则，明确了商品归类的法律依据，阐述了有关商品归类的原则和方法，是学习、掌握商品归类的最基本、最重要的原则。该部分内容将在本项目中详细叙述。

（2）类注释、章注释及子目注释。《协调制度》的绝大部分类、章项下均列有注释，分别为类注释（位于类标题下用于品目的归类）、章注释（位于章标题下用于品目的归类）和子目注释（位于类、章标题下用于子目的归类）。注释的作用在于准确限定子目、品目、章或类的范围，保证商品归类的唯一性和正确性。

（3）商品编码表。商品编码表是《协调制度》商品分类目录的主体，共21类，97章。《协调制度》采用6位数编码，商品编码的前2位数代表“章”，前4位数代表“品目”，第5、6位数代表“子目”。

解读：2017版《协调制度》调整了哪些？需要注意什么？

二、商品归类总规则

为使人们在对各种商品进行归类时有章可循，并使各类商品能准确无误地归入《协调制度》的恰当品目号项下，《协调制度》将商品分类的基本规律进行了归纳总结，作为规则列出，形成了《协调制度》的归类总规则，作为指导整个《协调制度》商品分类的总原则。

归类总规则位于《协调制度》的部首，共由 6 条构成，它们是指导并保证商品归类统一的法律依据。这里需要特别强调的是：归类总规则的使用顺序为规则一优先于规则二，规则二优先于规则三，依此类推，必须按次序使用。

（一）规则一的内容、含义、应用及实例

1. 规则内容

类、章及分章的标题，仅为查找方便而设；具有法律效力的归类，应按品目条文和有关类注或章注确定，如品目、类注或章注无其他规定，则按以下规则确定。

2. 规则含义及应用

（1）类、章及分章的标题，仅为查找方便而设。这句话说明类、章及分章的标题不具有法律效力，仅仅为查找提供方便。由于现实中的商品种类繁多，《协调制度》将一类或一章商品加以概括并冠以标题，但这不是说类章中的商品已经涵盖了全部符合标题特点的产品。例如：第十五类的标题为“贱金属及其制品”，但许多贱金属制品并不归入该类，如铜纽扣归入第 96 章“杂项制品”，贱金属制的机械设备归入第 84 章“核反应堆、锅炉、机器、机械器具及其零件”；第 22 章的标题为“饮料、酒及醋”，但是通常被我们认为是饮料的瓶装蒸馏饮用水却不归入该章，而应归入第 28 章“无机化学品”。

（2）具有法律效力的归类，应按品目条文和有关类注或章注确定。这句话包含了两层意思：第一，只有按品目条文、类注或章注确定的商品归类，才具有法律效力；第二，许多商品可直接按目录规定进行归类，类注、章注的作用在于限定类、章和品目的商品范围。《协调制度》常见的限定方法包括：

① 定义法。即以定义形式来界定类、章或品目的商品范围及对某些商品的定义作出解释。例如第 72 章章注一（五）将不锈钢定义为：按重量计含碳量在 1.2% 及以下，含铬量在 10.5% 及以上的合金钢，不论是否含有其他元素。而中国大百科全书“机械工程”手册中规定：不锈钢含铬量不小于 12%。显然两者规定不同，但作为《协调制度》归类的法律依据是前者。

② 列举法，即列举典型例子的方法。例如第 12 章章注一列举了归入品目 1207 的主要包括油料作物的果实；再如第 25 章章注四列举了归入品目 2530 的主要商品。

③ 详列法。即用详列具体商品名称来定义品目的商品范围，例如第 30 章章注四定义了编码 3006 的商品范围由 11 方面的商品组成。

④ 排他法。即使用排他条款列举若干不能归入某一类、章或编码的商品。例如第 1 章注释：“本章包括所有活动物，但下列各项除外……”，这样的例子在类注、章注中还有很多。

此外，在《协调制度》中某些注释综合运用上述几种注释方法。例如，有的注释既作了定义，又列举了一系列商品包括在内，或列出除外的商品。这样能使含义更加明确。第 40 章章注四关于“合成橡胶”的定义，就是同时使用了不同的限定方法进行归类。

（3）如品目、类注或章注无其他规定。这句话明确了品目条文及与其他相关的类、章注释是最重要的，是确定商品归类时应首先遵循的原则，只有在类、章注释无规定的情况下，才考虑使用其他规则。类、章注释与子目注释的应用次序为：子目注释、章注释、类注释，即子目注释优先于章注释，章注释优先于类注释。

3. 规则一实例

（1）鲜牛百叶（未经任何加工）的归类思路：

① 查阅类、章标题，初步归入第一类第 2 章“肉及食用杂碎”。

② 查阅第 2 章的注释一（二）可知动物的肠、膀胱、胃要归入品目 0504。因此，鲜牛百叶作为牛的胃，不能再作为牛的杂碎归入第 2 章，应归入第 5 章。

③ 查阅品目 0504“整个或切块的动物（鱼除外）的肠、膀胱及胃，鲜、冷、冻、干、熏、盐腌或盐渍的”三级子目录“胃”最终归入 05040029。

（2）儿童乘骑的自行车（两轮）的归类思路：

① 查阅类、章标题，“两轮儿童自行车作为儿童运动用品”，似乎应归入第 95 章。

② 查阅本章注释一（十四）可知：本章不包括儿童两轮车（要归入品目 8712）。

③ 查阅品目 8712 并按其尺寸（儿童自行车必定小于 16 英寸）归入 87120081。

（3）归纳查找商品编码的基本步骤（思路）是：首先分析商品，初步确定类、章；仔细阅读类注、章注的说明，确定商品品目；查阅品目条文，最终确定 8 位数商品编码。

（二）规则二的内容、含义、应用及实例

1. 规则内容

（1）品目所列货品，应包括该项货品的不完整品或未制成品，只要在进口或出口时该项不完整品或未制成品具有完整品或制成品的基本特征；还应包括该项货品的完整品或制成品（或按本款可作为完整品或制成品归类的货品）在进口或出口时的未组装件或拆散件。

（2）品目中所列材料或物质，应视为包括该种材料或物质与其他材料或物质混合或组合的物品。品目所列某种材料或物质构成的货品，应视为包括全部或部分由该种材料或物质构成的货品。由一种以上材料或物质构成的货品，应按规则三归类。

2. 规则含义及应用

规则二设立的目的是扩大货品品目条文的商品范围。规则二（1）包含了两层意思，第一部分将制成的某一些物品的品目范围扩大为不仅包括完整的或制成的物品，而且包括该物品的不完整品或未制成品，只要在进口或出口时它们具有完整品或制成品的基本特征。例如缺一个轮子的汽车，因其缺少的部件并不能影响产品本身的特征，故应按完整品归类，即归入汽车类。第二部分规定，完整品或制成品的未组装件或拆散件应归入已组装物品的同一品目号。这一条规则也适用于以未组装或拆散形式报验的不完整品或未制成品，只要按照本款第一部分的规定，它们可作为完整品或制成品看待。例如品目号 8470 所列的电子计算器，不仅包括不缺任何零件的未装配的电子计算器成套散件，还应包括仅缺少一些非关键零件（如：垫圈、导线、螺丝等）的已装配好的电子计算器或未装配的电子计算器套装散件。

注意下列词汇：

① 不完整品：是指某个商品还不完整，缺少某些零部件，但却具有完整品的基本特征。例如缺少一个轮胎或倒车镜等零部件的汽车，仍应按完整的汽车归类，并不因为缺少了一个轮胎而不叫作汽车；缺少键盘的便携式电脑仍应按完整的便携式电脑归类等。如没有这项规则，则需将每缺一个零部件的商品单列一个子目，一是难以列全，二是很烦琐且浪费目录资源。

② 未制成品：指已具备了成品的形状特征，但还不能直接使用，需经进一步加工才能使用的商品。例如已具有钥匙形状的铜制钥匙坯片。

③ 因运输、包装、加工贸易等原因，进口时未组装件或拆散的货品。例如机电产品的成套散件，此类成套散件只需简单组装即可成为完整成品。

规则二（2）是关于混合及组合的材料或物质以及由两种或多种材料或物质构成的货品的归类。这部分内容有两方面的含义，既包括单纯含有该种材料或物质的货品，还包括以该种材料或物质为主兼有或混有其他材料或物质的货品。这样，就将品目所列的适用范围扩大了，但其适用条件是加进去的东西或组合起来的东西不能使原来商品的特征或性质发生改变，例如加糖的牛奶还应按牛奶归类，因为添加了糖的牛奶并未改变牛奶的特性。在应用规则二时需要注意的是，本规则仅在品目条文和类、章注释无其他规定的条件下才能适用。对于混合及组合的材料或物质，以及由一种以上材料或物质构成的货品，如果看起来可归入两个或两个以上品目号的，则必须按规则三的原则进行归类。

3. 规则二实例

用巧克力包裹的华夫饼干的归类思路：华夫饼干用巧克力包裹后并不改变原来饼干的基本特征，根据归类规则二（2），仍要按华夫饼干归类。

① 华夫饼干作为糕饼点心，是由粮食粉加工制得的食品，查阅章标题应将其归入第19章。

② 按饼干类商品归入品目1905，查看该品目下的子目，按具体列名（华夫饼干）归入编码19053200。

（三）规则三的内容、含义、应用及实例

1. 规则内容

当货品按规则二（2）或由于其他原因看起来可归入两个或两个以上品目时，应按以下规则归类：

（1）列名比较具体的品目，优先于列名一般的品目。但是，如果两个或两个以上品目都仅述及混合或组合货品所含的某部分材料或物质，或零售的成套货品中的某些货品，即使其中某个品目对该货品描述得更为全面、详细，这些货品在有关品目的列名应视为同样具体。

（2）混合物、不同材料构成或不同部件组成的组合物以及零售的成套货品，如果不能按规则三（1）归类时，在本款可适用的条件下，应按构成货品基本特征的材料或部件归类。

（3）货品不能按规则三（1）或（2）归类时，应按号列顺序归入其可归入的最末一个品目。

2. 规则含义及应用

对于根据规则二（2）或由于其他原因看起来可归入两个或两个以上品目的货品，规则三规定了3条归类办法，即：

规则三（1）：具体列名；

规则三（2）：基本特征；

规则三（3）：从后归类。

这3条规定应按照其在本规则的先后次序加以运用。据此，只有在不能按照规则三（1）归类时，才能运用规则三（2）；不能按照规则三（1）和三（2）归类时，才能运用规则三（3）。

（1）规则三（1）是指当一个商品似乎在两个或更多的品目中都涉及的情况下，应该比较哪个品目对商品的描述更为具体或更为接近要归类的商品，就归入哪个品目，即“具体

列名优先”。但是，如果两个或两个以上品目都仅述及混合或组合货品所含的某部分材料或物质或零售的成套货品中的某些货品，即使其中某个税目对该货品描述得更为全面、详细，这些货品在有关品目的列名应视为同样具体。要想制定几条规定来确定哪个列名更具体是困难的，但作为一般原则可作如下理解：

① 商品的具体名称与商品的类别名称相比，商品的具体名称较为具体。比如，紧身胸衣是一种女内衣，有两个编码可归入，一个是6208女内衣，一个是6212妇女紧身胸衣，前一个是类名称，后一个是具体商品名称，故应归入62123000。

② 如果一个品目所列名称更为明确地包括某一货品，则该品目要比所列名称不完全包括该货品的其他品目更为具体。

（2）规则三（2）是指对不能按以上规则归类的混合物、组合货品以及零售的成套货品，如果能确定构成其主要特征的材料和部件，则应该按该种材料或部件归类。但是，不同的货品，确定其基本特征的基本因素会有所不同，需要视具体情况分析，既可根据其所含材料或部件的性质、价值、重量、体积等来确定货品的基本特征，也可根据所含材料、货品的主要用途等诸多因素综合考虑来确定货品的基本特征。

规则三（2）所指的“零售的成套货品”，是指同时符合以下3个条件的货品：

① 至少由两种看起来可归入不同编码的不同物品构成的。

② 为了适应某一项活动的特别需要而将几件产品或物品包装在一起的。

③ 其包装形式适于直接销售给用户而货物无须重新包装的。

（3）规则三（3）只能用于不能按规则三（1）或三（2）归类的货品。它规定商品应归入同样值得考虑的品目中的顺序排列为最后的品目内。但相互比较的编码或品目只能同级比较，也就是说如果看起来一个商品可以归入两个或两个以上品目时，比较起来每个品目都同样具体，那么就按在商品编码表中位置靠后的那个品目进行归类。

3. 规则三实例

（1）汽车车厢内铝合金制行李架的归类思路：

① 对于汽车车厢内铝合金制行李架既可按汽车零附件归入第87章，也可按贱金属杂项制品中的架座类商品归入第83章。

② 若按前者归类，应归入第87章的品目8708，查阅该品目下的子目，未发现有适合于此种功能的零附件的子目，故只能按未列名的车身用零附件归入编码87082990。若按后者归类，应归入第83章，查阅本章的品目条文，按座驾类归入品目8302，并按其他机动车辆用的贱金属制附件及架座归入编码83023000。

③ 比较以上两个编码可知后者描述更具体，故按归类总规则三（1）优先归入编码83023000。

（2）方便面（零售袋装）的归类思路：

① 方便面包含有面饼、调味包两种货品，由塑料袋包装，是一种零售包装成套货品，在归类时根据归类总规则三（2）应按本商品的基本特征——面饼归类，因调味包只起辅助的调味作用。

② 面饼是由面粉经进一步加工制作的面食品，已超出了第10章所包含商品的范围，要归入第19章。

③ 查阅本章品目1902条文后按即食或快熟的面条归入编码19023030。

（3）刺绣手帕（含棉 50%，丝 50%）的归类思路：

① 查阅类、章名称，归入第 62 章。

② 归入品目条文 6213。

③ 按棉制刺绣手帕归入 62132010，按其他纺织材料制刺绣手帕归入 62139020。

④ 根据规则三（3）从后归类，应归入 62139020。

（四）规则四的内容、含义、应用及实例

1. 规则内容

根据上述规则无法归类的货品，应归入与其最相类似的品目。

2. 规则含义及应用

这条规则所述的“最相类似”，是指名称、功能、用途或结构上的相似。实际操作中往往难以统一认识。一般来说，这条规则不常使用，尤其在 HS 编码中，每个品目都下设有“其他”子目，不少章节单独列出“未列名货品的品目”（例如编码 8479、8543、9031 等）来收容未考虑到的商品。因此，规则四的实际使用频率很低。

3. 规则四实例

一般来说，这条规则不常使用。

（五）规则五的内容、含义、应用及实例

1. 规则内容

除上述规则外，本规则适用于下列货品的归类：

（1）制成特殊形状仅适用于盛装某个或某套物品并适合长期使用的，如照相机套、乐器盒、枪套、绘图仪器盒、项链盒及类似容器，如果与所装物品同时进口或出口，并通常与所装物品一同出售的，应与所装物品一并归类。但本款不适用于本身构成整个货品基本特征的容器。

（2）除规则五（1）规定的以外，与所装货品同时进口或出口的包装材料或包装容器，如果通常是用来包装这类货品的，应与所装货品一并归类。但明显可重复使用的包装材料和包装容器可不受本款限制。

2. 规则含义及应用

规则五是一条关于包装物品归类的专门条款。

（1）规则五（1）仅适用于同时符合以下各条规定的容器：

① 制成特定形状或形式，专门盛装某一物品或某套物品的，专门设计的，有些容器还制成所装物品的特殊形状。

② 适合长期使用的，容器的使用期限与所盛装某一物品使用期限是相称的：“不使用期间，这些容器还起保护作用”。

③ 与所装物品一同进口或出口，不论其是否为了运输方便而与所装物品分开包装，单独进口或出口的容器应归入其应归入相应的品目。

④ 通常与所装物品一同出售的。

⑤ 包装物本身并不构成整个货品的基本特征，即包装物本身无独立使用价值。

规则五（1）不适用于本身构成整个商品基本特征的容器。例如，装有茶叶的银质茶叶罐，银罐本身价值昂贵，远远超出茶叶的价格，并已构成整个货品的基本特征，因此应按银制品归入税目 71141100；又如装有糖果的成套装饰性瓷碗应按瓷碗归类而不是按

糖果归类。

（2）规则五（2）实际上是对规则五（1）规定的补充。当包装材料或包装容器不符合规则五（1）条件时，如果通常是用来包装某类货品的，则应与所装货品一同归类。但本款不适用于明显可以重复使用的包装材料或包装容器，例如，装有压缩液化气体的钢瓶应按钢铁制品和液化气分别归类。由于HS编码列有五位数级、六位数级子目。因此，有必要对五、六位数级子目的归类规则作出规定，规则六就是这样产生的。

3. 规则五实例

（1）装有玻璃高脚杯的纸板箱的归类思路：

① 装着玻璃高脚杯的纸板箱属于明显不能重复使用的包装容器。这些容器都是货物的一次性包装物，当向海关验报时，它们必须是包装着货物的。当货物开拆后，包装材料或容器一般不能够再作原用途使用了。由于该纸板箱具有明显不可重复使用的特性，所以纸板箱该容器应与玻璃杯子该货品一并归类。

② 本题商品应按高脚杯归入商品编码70132800。

（2）长方形香皂装在长方形塑料肥皂盒内（每盒1块），该肥皂盒有底有盖并适合长期使用的归类思路：

① 根据归类总规则五（1）的规定，“适合于供长期使用的包装容器必须符合下列的要求：制成特定形状或形式；适合长期使用；与所装物品一同报验；与所装物品一同出售；不构成整个物品的基本特征”。

② 本题商品符合上述规定，属于适合于供长期使用的包装容器，由于肥皂盒本身只是物品的包装物，无论是从价值或是从作用来看，不构成整个物品的基本特征。

③ 因此，该容器应与物品一起归类，香皂和盒子应一并归入商品编码34011100。

（六）规则六的内容、含义、应用及实例

1. 规则内容

货品在某一品目项下各子目的法定归类，应按子目条文或有关的子目注释以及以上各条规则来确定，但子目的比较只能在同一数级上进行。除《协调制度》条文另有规定的以外，有关的类注、章注也适用于本规则。

2. 规则含义及应用

本规则是专门为商品在《商品名称及编码协调制度》的子目中的归类而制定的，它具有以下含义：

（1）以上规则一至五在必要的地方加以修改后，可适用于同一品目下的各级子目。

（2）规则六中所称“同一数级”子目，是指同为五位数级或同为六位数级的子目。据此，当按照规则三（1）规定考虑某一物品在同一品目项下的两个及两个以上五位数级子目的归类时，只能依据有关的五位数级子目条文来确定哪个五位数级子目所列名称更为具体或更为类似。只有在确定了列名更为具体的五位数级子目后，而且该子目项下又再细分了六位数级子目时，才能根据有关六位数级子目条文考虑物品应归入这些六位数级子目中的哪个子目。

（3）“除条文另有规定的以外”是指类、章注释与子目条文或子目注释不相一致的情况。例如，第71章注释四（二）所规定的“铂”的范围，与第71章子目注释二所规定的

"铂"的范围不相同。因此，在解释子目号 711011 及 711019 的范围时，应采用子目注释二，而不应考虑该章注释四（二）。即类、章注释与子目注释的应用次序为：子目注释—章注释—类注释。

（4）某个五位数级子目下所有六位数级子目的商品总和不得超出其所属的五位数级子目的商品范围；同样，某个四位数级税目下所有五位数级子目的商品总和也不得超出其所属的四位数级品目的商品范围。

总之，规则六表明，只有在货品归入适当的四位数级品目后，方可考虑将它归入合适的五位数级或六位数级子目，并且在任何情况下，应优先考虑五位数级子目后再考虑六位数级子目的范围或子目注释。此外，规则六注明只有属同一级别的子目才可作比较并进行归类选择，以决定哪个子目较为合适；比较方法为同级比较，层层比较。

3. 规则六实例

（1）金属制带软垫的理发用椅的归类思路：

① 查阅类、章标题和品目条文，可能涉及的子目有 940171 和 9402010。

② 因该两个子目不是同一品目下的子目，所以不能比较。

③ 先确定品目条文（即前面 4 位数），经比较 9401 和 9402 的商品名称，9402 品目下的商品名称更为具体，因此归入 9402。

④ 确定一级子目录"牙科、理发及类似用途的椅及其零件"，比较一级子目录项下的商品 94021010 和 94021090，94021010（理发用椅及其零件）更为具体、贴切，因此归入 94021010。

（2）白厂丝（未加捻）的归类思路：

① 查阅类、章标题，归入第 50 章。

② 进行品目比较（确定前 4 位数），归入品目 5002（生丝，未加捻）。

③ 在品目项下逐级比较，确定后 4 位数，归入 50020011（厂丝）。

三、我国海关进出口商品分类目录的基本结构

海关总署：海关归类补税 5.2 亿元　同比增长 73.4%

（一）我国海关进出口商品分类目录的产生

我国海关自 1992 年 1 月 1 日起开始采用《协调制度》，进出口商品归类工作成为我国海关最早实现与国际接轨的执法项目之一。

根据海关征税和海关统计工作的需要，我国在《协调制度》的基础上增设本国子目（三级子目和四级子目），制定了《本国子目注释》，形成了我国海关进出口商品分类目录，然后分别编制出《进出口税则》和《统计商品目录》。目前，我国海关采用的是根据 2017 年版《协调制度》编制的《进出口税则》和《统计商品目录》。

（二）我国海关进出口商品分类目录的基本结构

《协调制度》中的编码只有 6 位数，而我国进出口税则中的编码为 8 位数，其中第 7、8 位是我国根据实际情况加入的"本国子目"。我国商品编码表示例见表 4-2。

表 4-2 我国商品编码表示例

商品编码	商品名称	商品编码	商品名称
01.01	马、驴、骡	01.03	猪
	—改良种用	0103.1000	—改良种用
0101.1010	———马		—其他
0101.1020	———驴		——重量在 50 千克以下
	—其他	0103.9110	———重量在 10 千克以下
0101.9010	———马	0103.9120	———重量在 10 千克及以上，但在 50 千克以下
0101.9090	———驴、骡		
		0103.9200	——重量在 50 千克及以上
01.02	牛		
0102.1000	—改良种用	01.04	绵羊、山羊
0102.9000	—其他		—绵羊

从上表中可以看出，我国进出口商品编码表由商品编码和商品名称两部分构成。具体表示方法及含义如下例所示（以改良种用牛为例）：

编码：0　1　0　2　1　0　0　0

位数：①　②　③　④　⑤　⑥　⑦　⑧

含义：　章号　　顺序号　　一级子目　二级子目　三级子目　四级子目

编码含义：

（1）前 4 位数“0012”是“品目（税目）条文”，“01”表示该商品所在章号，“02”表示该商品在本章的顺序号。

（2）后 4 位数“1000”是“子目条文”：

① 第 5 位编码“1”代表一级子目，表示在 0102 品目（税目）条文下所含商品一级子目的顺序号，在商品编码表中的商品名称前用“—”表示。

② 第 6 位编码“0”代表二级子目，表示在一级子目下所含商品二级子目的顺序号，在商品编码表中的商品名称前用“——”表示，“0”表示在一级子目下未设二级子目。

③ 第 7、8 位含义依此类推，在商品编码表中分别用“———”和“————”表示，“0”表示未设有三、四级子目。

如果第 5~8 位上出现数字“9”，则通常代表未具体列名的商品，即在“9”的前面一般留有空序号以便用于修订时增添新商品。

四、我国进出口商品归类的海关管理制度

为了规范进出口货物的商品归类，保证商品归类结果的准确性和统一性，根据《海关法》《关税条例》，海关总署以第 158 号总署令发布了《中华人民共和国海关进出口货物商品归类管理规定》。

（一）归类的依据

进出口货物的商品归类应当遵循客观、准确、统一的原则。

具体来说，对进出口货物进行商品归类的依据是：

（1）《进出口税则》。

（2）《商品及品目注释》。

（3）《本国子目注释》。

（4）海关总署发布的关于商品归类的行政裁定。

（5）海关总署发布的商品归类决定。

（二）归类的申报要求

1. 如实申报

为了规范进出口企业申报行为，提高进出口商品申报质量，促进贸易便利化，海关总署制定了《中华人民共和国海关进出口商品规范申报目录》（以下简称《规范申报目录》）。《规范申报目录》按我国海关进出口商品分类目录的品目顺序编写，并根据需要在品目级或子目级列出了申报要素。

例如：品目 2204“鲜葡萄酿造的酒”下各子目的申报要素分别为：

子目 2204.1000“汽酒”：① 品名；② 种类；③ 加工方法。

子目 2204.2100“装入 2 升及以下容器的其他酒及加酒精抑制发酵的酿酒葡萄汁”：① 品名；② 品牌；③ 加工方法；④ 容器容积；⑤ 年份；⑥ 产区。

子目 2204.2900“装入 2 升以上容器的其他酒及加酒精抑制发酵的酿酒葡萄汁”：① 品名；② 种类；③ 加工方法；④ 容器容积。

子目 2204.3000“其他酿酒葡萄汁”：① 品名；② 加工方法。

2. 配合海关

2016 年《规范申报目录》申报要素主要变化情况

海关在审核收发货人或其代理人申报的商品归类事项时，可以依照《海关法》和《关税条例》的规定行使下列权力，收发货人或者其代理人应当予以配合：

（1）查阅、复制有关单证、资料。

（2）要求收发货人或者其代理人提供必要的样品及相关商品资料。

（3）组织对进出口货物实施化验、检验，并且根据海关认定的化验、检验结果进行商品归类。

海关可以要求收发货人或者其代理人提供确定商品归类所需的资料，必要时可以要求收发货人或者其代理人补充申报。

（三）归类的修改

收发货人或者其代理人申报的商品编码需要修改的，应当按照《中华人民共和国海关进出口货物报关单修改和撤销管理办法》等规定向海关提出申请。

海关经审核认为收发货人或者其代理人申报的商品编码不正确的，可以根据《中华人民共和国海关进出口货物征税管理办法》的有关规定，按照商品归类的有关规则和规定予以重新确定，并且根据《中华人民共和国海关进出口货物报关单修改和撤销管理办法》等有关规定通知收发货人或者其代理人对报关单进行修改。

（四）预归类

为加速货物通关，提高商品归类的准确性，便利报关单位办理海关手续，我国海关对进出口商品实行预归类制度。在海关注册登记的进出口货物经营单位，可以在货物实际进出口的 45 日前，向直属海关申请进出口货物预归类。

1. 申请预归类的条件

进行进出口商品预归类应符合以下两个条件：

（1）申请人是在海关注册的进出口货物的经营单位或其代理人。

（2）申请预归类的商品为一般进出口货物。

2. 预归类的申请

申请人申请预归类的，应当填写并提交《中华人民共和国海关商品预归类申请表》，见表4-3。

表4-3　中华人民共和国海关商品预归类申请表

（　）关预归类申请____号

申请人：	
企业代码：	
通信地址：	
联系电话：	
商品名称（中、英文）：	
其他名称：	
商品描述（规格、型号、结构原理、性能指标、功能、用途、成分、加工方法、分析方法等）	
进出口计划（进出口日期、口岸、数量等）	
随附资料清单（有关资料请附后）	
此前如就相同商品持有海关商品预归类决定书的，请注明决定书编号：	
申请人（章）：	海关（章）： 签收人： 接受日期：　　年　月　日

注：① 填写此申请表前应阅读《中华人民共和国海关进出口货物商品归类管理规定》；
② 本申请表一式两份，申请人和海关各一份；
③ 本申请表加盖申请人和海关印章方为有效。

3. 预归类受理和预归类决定

《进出口货物预归类服务操作规范》

申请预归类的商品归类事项，经直属海关审核认为属于《进出口税则》《商品及品目注释》《本国子目注释》以及海关总署发布的关于商品归类的行政裁定、商品归类决定有明确规定的，应当在接受申请之日起15个工作日内制发《中华人民共和国海关商品预归类决定书》，并且告知申请人。直属海关作出预归类决定在本关区范围内有效，海关总署做出的预归类决定在全国范围内有效。

《中华人民共和国海关商品预归类决定书》自海关签发之日起1年内有效，只准申请人使用，到期可再次申请。

4. 预归类服务

预归类服务，是指进出口商品预归类单位受在海关注册登记的进出口货物经营单位的委托，按照《归类管理规定》第二条之规定，对其拟进出口货物预先确定商品归类，并出具预归类意见书的活动。

此服务是以商品为单元的预归类意见书由预归类服务平台（http：//www. hshode. net）上传至海关总署 H2010 系统，为企业通关提供便利。

预归类服务人员，是指经中国报关协会组织的预归类专业技能培训并考试合格，取得预归类服务人员资格证，从事进出口货物预归类服务的人员。

预归类服务单位，是指经中国报关协会评估并授予“预归类服务单位”资质，从事进出口货物预归类服务的单位。

新能源车列入税目

任务实施

1. 完成步骤

（1）将学生分为 5～6 组，每组 6～8 人。

（2）以小组为单位，认领制作主要的五个规则中的一个，但又必须熟悉其他四个规则。

（3）分析归类总规则的内容、要点及应用。

（4）网上查找相关资料，充实各个规则的解读材料。

（5）制作完成解读归类总规则的 PPT。

（6）各组推荐 1 名学生在全班进行交流，并完成对这次任务的评价。

2. 考评标准（见表 4-4）

表 4-4　解读商品归类总规则考评标准表

<table>
<tr><td>被考评人</td><td colspan="7"></td></tr>
<tr><td>考评地点</td><td colspan="7"></td></tr>
<tr><td>考评内容</td><td colspan="7">解读商品归类总规则</td></tr>
<tr><td rowspan="3">考评标准</td><td>内　容</td><td>形式</td><td>分值</td><td>自我评价</td><td>他人评价</td><td>他组评价</td><td>教师评价</td></tr>
<tr><td>PPT 内容丰富，案例列举恰当、制作精良</td><td>电子</td><td>60</td><td></td><td></td><td></td><td></td></tr>
<tr><td>展示过程表现良好（讲解流畅、语言清晰易懂）</td><td>阐述答辩</td><td>40</td><td></td><td></td><td></td><td></td></tr>
<tr><td colspan="3">合　计</td><td>100</td><td></td><td></td><td></td><td></td></tr>
<tr><td colspan="3">实际得分</td><td colspan="5"></td></tr>
</table>

备注：

1. 实际得分 = 自我评价得分×20% + 他人评价得分×20% + 他组评价得分×20% + 教师评价得分×40%；

2. 考评满分为 100 分，60～74 分为及格，75～84 分为良好，85 分以上为优秀。

任务二　归类各类进出口商品

任务目标

学生能够分析1～21类进出口商品的性质、特征等，并能快速准确地进行归类。

案例引入

现拟定工作项目中的太仓捷达报关公司王经理，在小陈对《协调制度》有了一定掌握和实际操作了商品归类题的基础上，决定对小陈进行一次商品归类的测试。共有20道商品归类题，要求每题操作2～2.5分钟。请以实习生小陈的名义完成这次商品归类的测试，具体题目如下：

请对以下20题的商品进行归类，在下边中填写编码8位数。同时在每题后面写下归类思路和归类依据。

1	2	3	4	5	6	7	8	9	10
11	12	13	14	15	16	17	18	19	20

（1）普洱茶，净重1千克/包。

（2）“SKII”洗发香波，500毫升/瓶。

（3）涤纶弹力丝（由聚酯化学纤维丝加工成变形纱线），非供零售用。

（4）立体显微镜。

（5）高尔夫球。

（6）高速钢（一种合金钢）热轧制的圆钢，截面为实心圆形，直条状，直径4厘米，长4米。

（7）“达能”草莓果粒酸奶，125克/瓶。

（8）“惠普”静电感光式多功能一体机，具有复印、扫描、打印和传真功能，可通过与电脑连接进行激光打印，并与电话网连接发送传真。

（9）“立邦”梦幻系列硝基木器漆，以硝酸纤维素为基本成分，加上有机溶剂、颜料和其他添加剂调制而成。

（10）男式蓝色一次性浴衣（涤纶无纺织布制）。

（11）一种牛津布，用尼龙短纤织成机织物并染成黑色，然后其一面（此面作为背面）薄薄地涂上聚氨基甲醛酯（肉眼可见涂层）以防止雨水渗透，用于制作箱包。

（12）汽车发动机（点燃式内燃发动机）排气门用的螺旋弹簧（材料为合金钢）。

（13）“远洋牌”烤鱿鱼丝，用新鲜的鱿鱼配以白砂糖、盐、味精后烤制而成，125克/袋。

（14）纳米隔热膜，宽1.524米，成卷，一种新型的汽车用隔热膜，它将氮化钛材料用真空溅射技术在优质的聚对苯二甲酸乙二酯薄膜上形成的纳米级涂层，起隔热、防紫外线、防爆等效果。

(15) 快速吸水浴巾，由一种新型超细纤维（70% 涤纶和 30% 棉纶）织成的毛巾布制成。

(16) “宝马”2.8L 轿车用的汽油滤油器。

(17) 硫化汞。

(18) 利福平胶囊，24 粒/盒，抗结核病药品。

(19) “摩托罗拉”G20 型手机专用天线。

(20) 牛奶包装盒用纸板，由漂白过的纸（每平方米重 350 克）与塑料薄膜复合而成，其中纸构成了基本特征，宽 1.6 米，成卷。

知识链接

21 类 97 章进出口商品归类要点

对进出口商品进行正确归类，除了要真正理解商品归类总规则的条文含义以及相互关系外，更需要科学认知归类商品，对 21 类 97 章进出口商品有一个全面的认识和把握。以下对 21 类作简单介绍，详细内容请参见本书附录部分。

一、食品类商品（1～4 类，第 1～24 章）

（一）第一类　活动物、动物产品

本类共 5 章，除极少数特例外，包括了所有种类的活动物以及经过有限度的简单加工的动物产品。

1. 本类内容和结构

本类商品包括活动物和动物产品。

HS 将活动物基本分成两部分：

(1) 马、驴、骡、牛、猪、羊、家禽及第 3 章以外的其他活动物（第 1 章）。

(2) 鱼、甲壳动物、软体动物及其他水生无脊椎动物（第 3 章）。

HS 将动物产品分成简单加工和复杂加工两类，其中简单加工的动物产品归在第一类，它们分别是：

(1) 由第 1 章的活动物加工得到的肉及食用杂碎（第 2 章）。

(2) 由第 3 章的活动物加工得到的食用产品（第 3 章）。

(3) 一般作为食用的其他动物产品，如乳、蛋、蜂蜜、燕窝等（第 4 章）。

(4) 一般不作为食用的动物产品，如骨头、羽毛等（第 5 章）。

2. 本类与其他类的关系

本类的动物产品一般只能进行简单加工，对于复杂加工的产品，如果是加工成动物油脂则归入第三类；如果是加工成动物油脂之外的其他产品则归入第四类。例如生的冻牛肉归入本类的第 2 章，而牛油则归入第三类的第 15 章，炸牛排则归入第四类的第 16 章。

3. 本类归类原则和方法

活动物的归类一般并不困难，难的是动物产品的归类。其关键是根据动物的加工程度判断是一种可以归入本类的简单加工，还是应归入后面其他类（如第四类）的进一步深加工。

由于第2章到第5章的动物产品种类比较多，各有关章的产品加工程度规定的标准也各不相同，所以具体到某一种动物产品，比如“鸡”，加工到什么程度属“简单加工”归入第2章；加工到什么程度属超出“简单加工”的范围应归入第16章。一般情况下是首先查第2章的品目条文与相应的章注、类注，如果相符则归入第2章，否则归入第16章等。例如，“用盐腌制的咸鸡”应归入品目0210，“油炸鸡腿”经查第2章的品目条文与章注、类注得知，其加工程度已超出第2章的范围，因此归入品目1602。

（二）第二类 植物产品

1. 本类内容和结构

本类共9章，本类商品包括活植物和植物产品。主要按照植物的用途分类，其结构规律如下：

① 种植或装饰用植物（第6章）。

② 蔬菜（第7章）。

③ 水果（第8章）。

④ 咖啡、茶（第9章）。

⑤ 调味香料（第9章）。

⑥ 谷物（第10章）。

⑦ 谷物粉（第11章）。

⑧ 其他食用植物（第12章）。

⑨ 工业用的植物（第12章）。

⑩ 植物液汁（第13章）。

⑪ 其他植物（第14章）。

2. 本类与其他类的关系

与第一类的动物产品类似，本类的植物产品一般只能进行简单加工。对于复杂加工的产品：如果是加工成植物油脂则归入第三类；如果是加工成植物油脂之外的其他产品则归入第四类。例如生花生归入本类的第12章，而花生油则归入第三类的第15章，炒熟的花生则归入第四类的第20章。

3. 本类归类原则和方法

植物产品的归类与动物产品的归类基本思路一致，即对本类的植物产品也需特别注意其加工程度。

（三）第三类 动、植物油、脂及其分解产品；精制的食用油脂；动、植物蜡

1. 本类内容和结构

本类仅包括第15章。

2. 本类归类原则和方法

注意化学改性的定义。化学改性是指动、植物油、脂及其分离品，经化学加工后改变了化学结构以改善其某些方面的性能（如熔点、黏性），但这些产品必须仍然保持其原有的基本结构，不能进行改变其原有的组织和晶体结构的进一步加工。

（四）第四类 食品；饮料、酒及醋；烟草、烟草及烟草代用品的制品

1. 本类内容和结构

本类共9章。主要包括以动物、植物为原料加工得到的食品、饮料、酒、醋、动物饲

料、烟草等。按所加工的产品的不同分类，其结构规律如下：

① 动物产品（第 16 章）。

② 糖（第 17 章）。

③ 可可（第 18 章）。

④ 粮食产品（第 19 章）。

⑤ 其他植物产品（第 20 章）。

⑥ 杂项产品（第 21 章）。

⑦ 饮料、酒、醋（第 22 章）。

⑧ 饲料（第 23 章）。

⑨ 烟（第 24 章）。

2. 本类与其他类的关系

本类商品主要由第一类的动物产品与第二类的植物产品经过超出了第一类、第二类的加工程度或加工范围所得到。

3. 本类归类原则和方法

本类商品与第一类的动物产品、第二类的植物产品的区别见第一类、第二类的有关部分的内容。本类各章商品是用不同的原料加工制成的，各章商品特定不同，详见各章内容。

二、化工类商品、皮革木材纸商品（6～10 类，第 25～49 章）

（一）第五类　矿产品

本类共 3 章。归入本类的矿产品只能经过有限的简单加工（例如说洗涤、磨碎、研粉、淘洗、筛选和其他机械物理方法精选过的货品），如果超出这个限度而进行了进一步的深加工，则应该归入后面的章节。

1. 本类内容和结构

本类包括无机矿产品（第 25 章、第 26 章）和有机矿产品（第 27 章）。其中无机矿产品一般为天然状态，或只允许有限的加工方法；有机矿产品不仅包括天然状态的煤、矿物油，还包括它们的蒸馏产品及用任何其他方法获得的类似产品。其结构规律如下：

① 盐、硫黄、泥土及石料、石膏、石灰及水泥等（第 25 章）。

② 各种金属矿砂、矿渣等（第 26 章）。

③ 矿物燃料、矿物油及其蒸馏产品（第 27 章）。

2. 本类与其他类的关系

第五类的第 25 章非金属矿产品经过深加工，就是第十三类矿物、陶瓷、玻璃及其制品。而第五类的第 25 章非金属矿产品与第 26 章金属矿产品经过提纯合成，形成第六类的第 28 章无机化工品。第五类的第 27 章矿物燃料、油等经提炼形成第六类第 29 章有机化工品。

（二）第六类　化学工业及其相关工业的产品

1. 本类内容和结构

本类共 11 章。主要包括化学工业及其相关工业的产品。HS 将化工产品及其相关工业的产品分成以下两部分：

（1）第 28 章至第 29 章，主要为单独的已有化学定义的化学品，其结构规律如下：

① 化学元素及无机化合物（第 28 章）。

② 有机化合物（第 29 章）。

（2）第 30 章至第 38 章，主要为按用途分类的化工品及相关工业的产品，其结构规律如下：

① 药品（第 30 章）。

② 肥料（第 31 章）。

③ 香料、化妆品（第 33 章）。

④ 洗涤用品（第 34 章）。

⑤ 蛋白类物质（第 35 章）。

⑥ 易燃材料制品（第 36 章）。

⑦ 摄影用品（第 37 章）。

⑧ 其他（第 38 章）。

2. 本类归类原则和方法

如果一种化工品是单独的化学元素及单独的已有化学定义的化合物（包括无机化合物和有机化合物），则应归入第 28、29 章（纯净物）；如果不符合这一点，而是由几种不同化学成分混合配制而成，则应按其主要用途归类而归入第 30～38 章（混合物）。品目条文、章注、类注另有规定的除外。

（三）第七类　塑料及其制品；橡胶及其制品

1. 本类内容和结构

本类共 2 章。主要包括用于鞣制及软化皮革的鞣料，也包括植物、动物或矿物着色料及有机合成着色料，以及用这些着色料制成的大部分制剂（油漆、陶瓷着色颜料、墨水等），还包括清漆、干燥剂及油灰等各种其他制品。其结构规律如下：

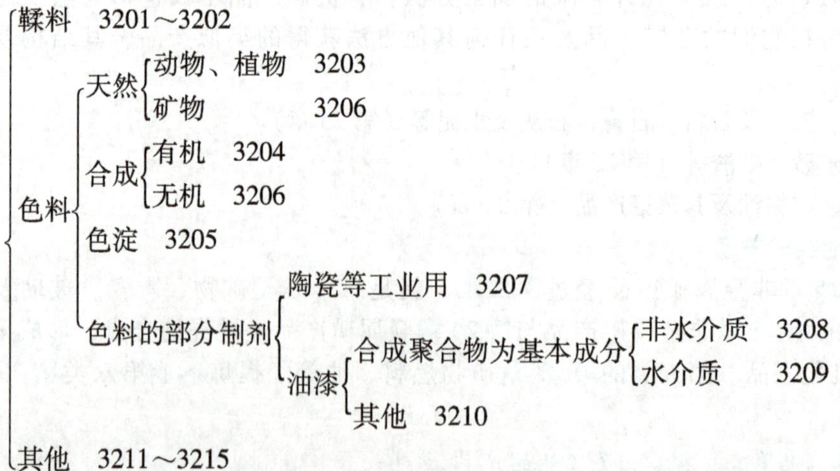

2. 本类归类原则和方法

本类两章所包括的原料都属于高聚物，是由高分子聚合物组成的塑料与橡胶以及它们的制品。除天然的以外，合成的高分子聚合物大多是由第 29 章的有机化合物聚合得到的。

（四）第八类　生皮、皮革、毛皮及其制品；鞍具及挽具；旅行用品、手提包及类似品；动物肠线（蚕胶丝除外）制品

1. 本类内容和结构

本类共 3 章。包括生皮、皮革、毛皮及其制品等商品。其结构规律如下：

① 生皮、皮革（第 41 章）。

② 皮革制品（第 42 章）。

③ 适合加工毛皮的带毛生皮、毛皮、毛皮制品（第 43 章）。

2. 本类与其他类的关系

本类商品的原料是第一类活动物被宰杀后剥下的生皮，对生皮进行保藏的加工、鞣制的加工及制造的加工后的产品都属于本类包括的商品，所以第八类的商品是在第一类商品的基础上进一步加工的产品。有些用皮革和毛皮加工的产品不归入本类。

3. 本类归类原则和方法

（1）本类中包括皮革及毛皮加工成的制品，但当制品的基本特征属于其他类所包括的范围时，该制品应归入其他类。如按第 42 章章注一和第 42 章章注二的规定，皮鞋归入第 64 章，皮帽子归入第 65 章。

（2）本类是用第一类活动物被宰杀后剥下的生皮作原料，按第 41 章章注一（三）的规定，分别归入第 41 章与第 43 章的动物生皮。

（3）第 41 章与第 42 章是加工顺序关系。

（4）第 43 章内品目按加工顺序编排。

（五）第九类　木及木制品；木炭；软木；软木及软木制品；稻草、秸秆、针茅或其他编结材料制品；篮筐及柳条编结品

1. 本类内容和结构

本类共 3 章。本类商品包括木材、软木及其制品；编结材料的制品。其结构规律如下：

① 木材、经加工的板材及其制品（第 44 章）。

② 软木及软木制品（第 45 章）。

③ 编结产品（第 46 章）。

2. 本类与其他类的关系

本类商品的原材料主要来自于植物（属第二类的商品），本类商品是对植物材料（尤其是木材）加工后的产品及制品，其加工程度已超过了第二类商品的加工程度，所以本类商品是对第二类的植物材料经加工后的产品，这两类商品之间有加工顺序的关系。但有些产品因已经具有其他章的基本特征，应归入其他章。

3. 本类归类原则和方法

本类商品的加工程度已超出了第二类的范围，例如：一棵树归入第 6 章；把树干锯下后作为木材的原料归入本类第 44 章；作为编结用的植物材料（如藤条、柳条）归入第 14 章；把它们变成篮子归入本类第 46 章。但木质家具应归入品目 9403。

（六）第十类 木浆及其他纤维状纤维素浆；回收（废碎）纸或纸板；纸、纸板及其制品

1. 本类内容和结构

本类共3章。本类商品包括造纸行业、印刷行业加工生产的产品。其结构规律如下：

① 造纸用的原料，即纸浆及回收（废碎）纸或纸板（第47章）。

② 由纸浆制成的各种纸（板）及它们的制品（第48章）。

③ 印刷品等（第49章）。

2. 本类归类原则和方法

本类商品的原料是纸浆，对纸浆进行加工制得各种纸（板），对制得的各种纸（板）进一步加工制得纸（板）的制品及印刷品等，因此，了解本类包括的三章商品是明显的按加工顺序编排，对理解本类三章的内容及掌握三章商品的归类有一定的帮助。

经加工制得的纸（板）的各种制品大部分包括在本类中，但某些经加工的纸（板）及制品的基本特征已属于其他章时，则应归入其他章。因此，并不是所有纸（板）及制品都归入本类，归类的原则是按商品的基本特征及各章所包括的加工范围和章内各商品的列名情况而决定，如：感光纸归入品目3703；肥皂纸归入品目3401。

三、纺织类商品、金属材料类商品（11～15类，第50～83章）

（一）第十一类 纺织原料及纺织制品

本类共14章，包括各种纺织原料、半制品、制成品。

1. 本类内容和结构

本类由十三条类注、两条子目注释和十四章构成。除注释规定除外的商品外，其余各种纺织原料及制品均归入本类。本类共14章（第50～63章），包括纺织原料、半成品及制成品。这14章可分成两部分：第一部分为第50～55章，包括普通的纺织原料、半成品，并按照纺织原料的性质分章；第二部分为第56～63章，包括以特殊的方式或工艺制成的或有特殊用途的半成品及制成品，并且除品目5809和5902外，品目所列产品一般不分纺织原料的性质。

2. 本类归类原则和方法

（1）马毛粗松螺旋花线（品目5110）和含金属纱线（品目5605），均应作为单一的纺织材料对待。

（2）同一章或同一品目所列的不同的纺织材料应作为单一的纺织材料对待。

（3）在机织物归类中，金属线应作为一种纺织材料。

（4）当归入第54章及第55章的货品与其他章的货品进行比较时，应将这两章作为单一的章对待，按照其中重量最大的那种纺织材料归类。当没有一种纺织材料按重量计是占主要地位时，应按可归入的有关品目中最后一个品目所列的纺织材料归类。

(二) 第十二类　鞋、帽、伞、杖、鞭及其零件；已加工的羽毛及其制品；人造花；人发制品

1. 本类内容和结构

本类包括日常生活用品，鞋、帽、伞、杖、鞭、人造花、人发制品等。本类共4章（第64～67章），每章包括一类特征相同或类似的商品。

2. 本类与其他类的关系

本类商品主要用第七类的塑料、橡胶，第八类的皮革、毛皮，第九类的木材，第十类的纸（板）及第十一类的纺织品作为原料经加工后制得，是加工顺序关系。因此，本类商品应排在第七类至第十一类之后。

3. 本类归类原则和方法

本类的商品按其特征归入相对应的章，它们主要用第七类至第十一类的不同商品作为原料经加工后制得，但制得的本类商品又不能归入第七类至第十一类，因为本类商品是具体列名的。归类时须注意本类各章不包括的商品。

(三) 第十三类　石料、石膏、水泥、石棉、云母及类似材料的制品；陶瓷产品；玻璃及其制品

1. 本类内容和结构

本类包括3章，其商品的原料是第25章的无机矿产品，经加工、烧结、熔融处理制成的产品、制品。

2. 本类与其他类的关系

本类商品基本都是以第25章的产品为原料加工而成的制品，包括：

(1) 第68章的产品和制品是用第25章的石料、石膏、水泥、石棉、云母及类似材料大多通过成形、模制，未经烘烧，仅改变了原来的形状，但没有改变其原料性质，其加工程度超出了第25章，第25章仅限于洗涤、破碎、磨碎等机械物理方法初级加工范围。

(2) 第69章的产品是用第25章的矿物黏土、高岭土、硅质化石粉等先成形，再经过烧制，烧结成陶瓷产品，品目6804的陶瓷研磨制品除外。

(3) 第70章的产品是用第25章的矿物砂、石英等原料经完全熔融后，制成玻璃及其制品。

3. 本类归类原则和方法

本类商品的加工程度都超出了第25章的加工程度，第25章章注一的规定可明确区分与本类商品在归类上的不同点。本类中的商品应按其特征归入相应的各章。

(四) 第十四类　天然或养殖珍珠、宝石或半宝石、贵金属、宝贵金属及其制品；仿首饰；硬币

本类内容和结构。本类共1章，包括3个分章。

(1) 未镶嵌或未成串（不论是否加工）的珍珠、宝石。

(2) 未锻造、半制成（如板、片等）或粉末状的贵金属、宝贵金属。

(3) 全部或部分用上述珍珠、宝石、贵金属制成的制品（如首饰、金银器等）。其中，

前两类货品为未制成品或半制成品，后一类货品为制成品。

（五）第十五类　贱金属及其制品

本类内容和结构。本类共11章，包括贱金属及这些贱金属的大部分制品，按材料成分和制品属性分类，结构规律如下：

① 钢铁及其制品（第72～73章）。

② 有色金属、金属陶瓷及其制品（第74～81章）。

③ 其他贱金属制品（第82～83章）。

四、机电类商品、运输工具类商品、仪器类商品、杂项类商品（17～21类，第84～97章）

（一）第十六类　机器、机械器具、电气设备及其零件；录音机及放声机、电视图像、声音的录制和重放设备及其零件、附件

本类是机械电子产品，包括所有用机械及电气方式操作的机器、装置、器具、设备及其零件，同时也包括某些既不用机械方式，也不用电气方式进行操作的装置和设备。

1. 本类内容和结构

本类由2章组成，第84章主要包含非电气的机器、机械器具，第85章主要包含电气电子产品。

2. 本类归类原则和方法

（1）本类商品归类要注意在了解商品结构、性能、用途及简单工作原理的基础上注意区分相似商品的归类情况。

（2）机器零件的归类。根据第十六类类注二零件的归类原则，机器零件的归类可按以下顺序来判断：① 通用零件，按第十五类类注二进行归类；② 第84、85章具体列名的通用零件，按具体列名归类；③ 专用零件，归入整机的零件专号；④ 目录既没有列名又难以确定主要用途的机器零件，归入品目8485、8548（未列名的机电零件）。

（3）组合机器和多功能机器的归类。根据第十六类类注三组合机器与多功能机器的归类原则，按机器的主要功能归类；当不能确定其主要功能时，按从后归类的原则归类。

（4）功能机组的归类。根据第十六类类注四功能机组的归类原则，组合后的功能明显符合第84章或第85章某个品目所列功能时，按其功能归入品目。

（二）第十七类　车辆、航空器、船舶及有关运输设备

本类内容和结构。本类包括陆路（分为有轨道和无轨道）、航空、水路3种类型的运输设备及与这些运输设备相关的某些具体列名的货品，如经特殊设计、装备适于一种或多种运输方式的集装箱、某些铁道或电车道轨道固定装置及附件和机械（包括电动机械）信号设备以及降落伞、航空器发射装置、甲板停机装置或类似装置和地面飞行训练器等。

本类共分为4章，并按照陆路、航空、水路的顺序排列，其结构规律如下：

① 轨道车辆及其零件、附件（第86章）。

② 其他车辆（无轨道）及其零件、附件（第87章）。

③ 航空器、航天器及其零件、附件（第88章）。

④ 船舶及浮动结构体（第 89 章）。

（三）第十八类　光学、照相、电影、计量、检验、医疗或外科用仪器及设备、精密仪器及设备；钟表；乐器；上述物品的零件、附件

本类内容和结构主要包括光学元件、光学仪器、医疗器械、计量、检验等用的精密仪器和钟表、乐器三大商品以及它们的零件、附件。本类按它们的用途分成 3 章。

（四）第十九类　武器、弹药及其零件、附件

本类内容和结构仅有 1 章，即第 93 章。本类主要包括供军队、警察或其他有组织的机构（海关、边防部队等）在陆、海、空战斗中使用的各种武器，个人自卫、狩猎等用的武器及导弹等。其他章已列名的武器及零件不应归入本章，如：第 87 章的坦克、装甲车，第 90 章的武器瞄准用的望远镜，品目 4202 的枪盒等。

（五）第二十类　杂项制品

本类内容和结构。本类所称杂项制品是指前述各类、章、品目未包括的商品，按商品的属性分成 3 章（第 94～96 章）。

（六）第二十一类　艺术品、收藏品及古物

1. 本类内容和结构

本章包括某种艺术品，如：完全用手工绘制的油画、绘画及粉画，拼贴画及类似装饰板，版画、印制画及石印画的原本、雕塑品的原件；邮票、印花税票及类似票证、邮戳印记、信封、邮政信笺；具有动植物学、矿物学、解剖学、考古学、钱币学等的收集品及珍藏品；超过 100 年的古物。

2. 本类归类原则和方法

（1）超过 100 年古物的归类。

① 除品目 9701～9705 以外的物品，若超过 100 年则优先归入品目 9706。如超过 100 年的乐器不按乐器归入第 92 章，而归入品目 9706。

② 品目 9701～9705 的物品即使超过 100 年，仍归入原品目。

（2）已装框的画的归类。已装框的本章各类画及类似装饰板，若框架的种类及其价值与作品相称时（即加上的框架不改变原来作品的基本特征），此时框架与作品一并归类；若框架的种类及其价值与作品不相称时，应分别归类。

（3）邮票的归类。

① 未经使用且在承认其面值的国家流通的邮票归入品目 4907。

② 已经使用的所有邮票归入品目 9704。

③ 超过 100 年的邮票仍归入品目 9704。

任务实施

1. 完成步骤

（1）每位学生准备好工具书《进出口商品名称与编码》。

（2）每位学生在 50 分钟之内独立完成 20 题归类题。

（3）每位学生上交一份归类答案。

（4）核对答案，进行批阅。

（5）任意挑选若干名学生，针对每题的解题思路进行讲解，并完成对这次任务的评价。

2. 考评标准（见表4-5）

表4-5 归类各类进出口商品考评标准表

被考评人							
考评地点							
考评内容	归类各类进出口商品						
考评标准	内　容	形式	分值	自我评价	他人评价	他组评价	教师评价
	商品归类题答案1份	电子	20				
	归类质量（正确率和速度）独立完成	批阅	60				
	展示过程表现良好（解题思路清晰，阐述流利）	阐述答辩	20				
合　计			100				
实际得分							

备注：
1. 实际得分=自我评价得分×20%+他人评价得分×20%+他组评价得分×20%+教师评价得分×40%；
2. 考评满分为100分，60～74分为及格，75～84分为良好，85分以上为优秀。

岗位操作必备知识点

1. 我国海关进出口商品分类目录的基本结构
2. 归类决定
3. 标题、品目条文、类注、章注的归类作用
4. 不完整品、未制成品、未组装件或拆散件的归类规定
5. 货品可归入两个或两个以上品目时的归类规定
6. 具体列名优先于一般列名的归类规定
7. 混合物、组合物、零售成套货品的归类规定
8. 零售成套货品的判断标准
9. 从后归类的归类规定
10. 构成整个货品基本特征的容器的归类规定
11. 一般包装容器和包装材料的归类规定
12. 子目的归类规定和归类方法
13. 总规则的运用顺序
14. 运用归类总规则，对各类进出口商品进行正确归类

能力迁移

［实训题一］

（一）选择题

（1）归类总规则一的正确含义是（　　）。

A. 类、章及分章的标题，仅为查找方便而设

B. 具有法律效力归类，应是品目条文

C. 类、章及分章的标题可作为商品归类的法律依据

D. 具有法律效力归类，应是有关类注或章注确定

（2）类注、章注的作用在于限定商品的准确范围，在《协调制度》中常用的限定方法有（　　）。

A. 定义法　　B. 列举法　　C. 详列法　　D. 排他法

（3）归类总规则二（一）的正确含义是（　　）。

A. 品目所列商品包括其不完整品或未制成品

B. 品目所列商品包括具有完整品或制成品基本特征的不完整品或未制成品

C. 品目所列商品包括运输、包装等原因进出口时的未组装件及拆散件

D. 品目所列商品包括完整品或制成品在运输、包装等原因进出口时的未组装件或拆散件

（4）归类总规则二（二）的正确含义是（　　）。

A. 品目所列商品包括以某种材料为主，兼有或混有其他材料或物质的商品

B. 品目所列商品包括兼有或混有的材料和物质并不改变原有商品的特征或性质为条件的

C. 如果所添加的材料或物质已改变了原商品的特征或性质，则应按规则三进行归类

D. 如果所添加的材料或物质已改变了原商品的特征或性质，而且根据混合物或组合物所含材料或物质可以归入两个及两个以上税号时，则应按规则三进行归类。

（5）归类总规则三的 3 款归类规定是（　　）。

A. 具体列名　　B. 半成品按成品归类

C. 基本特征　　D. 从后归类

（6）“零售成套货品”需同时符合的条件是（　　）。

A. 至少由两种看起来可归入不同品目的物品构成

B. 包装内的物品不论在使用上是否存在必然联系

C. 为了适应某种需要而将几件产品或物品包装在一起

D. 其包装形式适于直接销售给用户而货物无须重新包装

（7）适合供长期使用的包装容器，必须符合下列（　　）的要求，应与所装的物品一同归类。

A. 制成特定形状或形式　　B. 适合长期使用

C. 与所装物品一同报验　　D. 与所装物品一同出售

E. 不构成整个物品的基本特征

（8）归类总规则五（一）的正确含义是（　　）。

A. 除规则五（一）规定的以外，与所装货品同时进口或出口的包装材料或包装容器，

如果通常是用来包装这类货品的，应与所装货品一并归类

B. 与所装货品同时进口或出口的包装材料或容器，如果通常是用来包装这类货品的，应与所装货品一并归类

C. 明显可重复使用的包装材料和包装容器可不受本款限制

D. 明显可重复使用的包装材料和包装容器则受本款限制

（9）下列有关归类总规则六的正确表述是（　　）。

A. 货品在某一品目项下各子目的法定归类，应按子目条文来确定

B. 货品在某一品目项下各子目的法定归类，应按有关的子目注释来确定

C. 货品在某一品目项下各子目的法定归类，应按总规则的各条规则来确定

D. 货品在某一品目项下各子目的法定归类，应按子目条文或有关的子目注释以及以上各条规则来确定

（二）判断题

请判断正误并在题目后的括号内打“√”或“×”。

1. 依据归类总规则一规定，具有法律效力的商品归类应是：① 类、章及分章的标题；② 品目条文；③ 有关类注或章注确定归类。（　　）

2. 归类总规则一的含义包括：① 类、章及分章的标题，仅为查找方便而设；② 具有法律效力的归类，应按有关类注或章注确定；③ 如品目、类注或章注无其他规定，按品目条文确定。（　　）

3. 归类总规则二规定，不完整品是指一个物品主要的部分都有了，但缺少一些部分。（　　）

4. 根据归类总规则二规定，未制成品还不能直接使用，但只需经进一步加工即可使用的货品，即可按制成品归类。（　　）

5. 规则三（2）适用的条件是：① 混合物；② 不同材料的组合货品；③ 不同部件的组合货品；④ 零售的成套货品。（　　）

6. 规则三只有在不能按规则三（1）和（2）两款归类时，才能运用规则三（3）。因此，它们优先权的次序为：① 基本特征；② 具体列名；③ 从后归类。（　　）

7. 归类总规则五（1）的总体意思是：主要适用于供长期使用的包装容器，只要它们符合规则五（1）所提的条件，包装容器没构成整个物品的基本特征，应随物品一并归类；当包装容器构成整个容器的基本特征，则不随物品一并归类。（　　）

8. 归类总规则五（2）的总体意思是：当包装容器明显不能重复使用时，就应与物品一起归类；当包装容器明显能重复使用的，就不应与物品一起归类。（　　）

9. 所有的商品名称在《协调制度》中分为两大类，一类为品目，另一类为子目。总规则六是专门为商品在《协调制度》中子目的归类而制定的。（　　）

10. 总规则六规定商品在子目上归类的法律依据是子目条文和子目注释，在子目条文或子目注释没有规定的情况下，可按类注或章注的规定办理。（　　）

[实训题二] 请在题目后的括号内写出下列正确的商品编码

（1）用狭平板钢板螺旋形卷成并焊接成截面为圆形，外径50厘米的石油管道。（　　）

（2）铸铁制浴缸，外涂搪瓷。（　　）

（3）按重量计铜、锡、钽比例为2∶5∶3的合金丝。（　　）

（4）零售包装，内有钳子、锤子、螺丝刀、扳手、凿子、白铁剪等成套工具。（　　）
（5）花园切草机用刀片。（　　）
（6）手动家用小型不锈钢制果汁压榨机。（　　）
（7）不锈钢的便携数码锁。（　　）
（8）铜制软管。（　　）
（9）小轿车用的汽油发动机，排气量 1.3 升。（　　）
（10）分体挂壁式空调，制冷量 3 200 大卡/时。（　　）
（11）家用燃气快速热水器。（　　）
（12）电热的纸浆干燥器。（　　）
（13）在纸张表面压花纹的机器。（　　）
（14）内燃发动机的燃油过滤器。（　　）
（15）农田里除虫用手压喷雾器。（　　）
（16）载客升降电梯。（　　）
（17）小天鹅全自动波轮式洗衣机，干衣重量 5 千克。（　　）
（18）用激光加工金属的机床。（　　）
（19）17 英寸电脑彩色液晶显示器。（　　）
（20）针式打印机中的打印头。（　　）

项目五

进出口税费核算

能力目标

1. 能区分货物的完税价格和成交价格，能正确估算进出口货物的完税价格
2. 能确定进出口货物的原产地，并能选择适用的税率
3. 能够计算进出口环节的税费，以及能处理进出口税费的退补

知识目标

1. 掌握完税价格的内涵，理解进出口货物完税价格的审定原则
2. 掌握原产地认定标准，以及税率适用的相关规定
3. 掌握进出口税费计算公式，了解税费的减免、缴纳与退补

案例导入

太仓捷达报关公司除了接受日常的委托报关业务外，也时常会遇到关务咨询问题。其中有关于商品归类的，有关于许可证件申领的，也有关于进出口货物完税价格及税率适用的问题。小陈经常听到王经理对客户讲解这方面的专业知识。

完税价格方面的咨询问题，往往集中于完税价格的确定上，合适的完税价格能节约物流时间和物流成本。如什么要素要计算到完税价格里面，又有哪些要素是不能计入的。而确定要缴纳的关税金额，除了完税价格是一个重要因素外，另一个重要因素就是有关进口货物原产地的判定和采用适当税率。比如，昆山台塑公司从我国台湾进口的一批原料，适用什么税率，是普通税率、协定税率还是其他税率？在全球经济一体化和国际分工越来越细的情况下，确定货物的原产地对于货物的进口商来说能够规避不必要的成本支出。

小陈在细细聆听王经理讲解的过程中，明显感受到进出口税费是直接关系到进出口企业经济效益的重要部分，帮助企业解决成本是报关员义不容辞要做的事情，而且只有经验丰富的报关员才能做到。于是，小陈给自己订了个计划，学好进出口税费并学会如下 3 个方面的技能：

（1）能够合理确定货物的完税价格，为企业预算及缴纳税费做好准备。

（2）能够通过对原产地认定标准的学习，正确判定进口货物的原产地，为选择恰当的

税率做好准备。

（3）能够通过税率适用的时间和相关规定正确选择税率，为计算进出口关税、增值税、消费税、船舶吨税及滞纳金等做好准备。

任务一　确定进出口货物的完税价格

任务目标

使学生掌握完税价格的审定方法，能够正确估算进出口货物的完税价格。

案例引入

太仓捷达报关公司接到以下3个有关完税价格金额的确定的关务咨询业务。

第1个业务是太仓某公司从英国进口一套机械设备，发票列明如下：发票价格为CIF上海USD200 000，设备进口后的安装及调试费为USD8 000，设备进口后从上海运至太仓的运费为USD1 000，进口关税为USD1 000，上述安装调试费、上海运至太仓的运费、进口关税已包括在价款中。

第2个业务是太仓某企业以CIF成交方式购进一台砂光机，先预付设备款25 000港币，发货时再支付设备价款40 000港币，并另直接支付给境外某权利所有人专用技术使用费15 000港币，此外，提单上列名THC费为500港币（THC为码头装卸费的简称）。

第3个业务是太仓某公司从德国进口医疗检查设备一台，发票分别列明：CIF上海50 000美元/台，境外培训费3 000美元。此外，合同列明设备投入使用后买方从收益中另行支付给卖方20 000美元。

现在需要小陈分别对这3个咨询问题迅速作出解答，并能把具体理由提供给委托咨询的企业。请以小陈的名义完成此任务。

知识链接

进出口货物的完税价格

进出口货物完税价格是海关对进出口货物征收从价税时审查估定的应税价格，是凭以计征进出口货物关税及进口环节代征税税额的基础。我国绝大多数进出口货物实行的是从价税，因而确定完税价格十分重要。

一、海关审价的法律依据

自2001年12月11日我国加入世界贸易组织到现在，已走过了16年。目前，我国已全面实施世界贸易组织估价协定，我国对进口货物海关审价的法律法规已与国际通行规则衔接。审定进出口货物完税价格是贯彻关税政策的重要环节，也是海关依法行政的重要体现。

我国海关审价的法律依据可分为3个层次。第一个层次是法律层次，即《海关法》。《海关法》规定："进出口货物的完税价格，由海关以该货物的成交价格为基础审查确定。成交价格不能确定时，完税价格由海关估定。"第二个层次是行政法规层次，即《关税条例》。第三个层次是部门规章，如海关总署颁布施行的《审价办法》《中华人民共和国进出口货物征税管理办法》等。

二、进口货物完税价格的审定

进口货物完税价格的审定包括一般进口货物完税价格的审定和特殊进口货物完税价格的审定两方面的内容。

（一）一般进口货物完税价格的审定

海关确定进口货物完税价格共有进口货物成交价格法、相同货物成交价格法、类似货物成交价格法、倒扣价格法、计算价格法、合理方法6种估价方法。上述估价方法应当依次采用，但如果进口货物纳税义务人提出要求并提供相关资料，经海关同意可以颠倒倒扣价格法和计算价格法的适用次序。

1. 进口货物成交价格法

进口货物成交价格法是《关税条例》及《审价办法》规定的第一种估价方法，也是海关估价中使用最多的一种估价方法，进口货物的完税价格应首先以成交价格估价方法审查确定。这里应注意进口货物成交价格法中成交价格与完税价格两个概念的区别。

（1）完税价格。《审价办法》规定：进口货物的完税价格，由海关以该货物的成交价格为基础审查确定，并应包括货物运抵中华人民共和国境内输入地点起卸前的运输及相关费用、保险费。“相关费用”主要是指与运输有关的费用，如装卸费、搬运费等属于广义的运费范围内的费用。成交价格需满足一定的条件才能被海关所接受。

（2）成交价格。进口货物的成交价格，是指卖方向中华人民共和国境内销售该货物时买方为进口该货物向卖方实付、应付的，并按有关规定调整后的价款总额，包括直接支付的价款和间接支付的价款。此处的“实付或应付”是指必须由买方支付，支付的目的是获得进口货物，支付的对象既包括卖方也包括与卖方有联系的第三方，且包括已经支付和将要支付两者的总额。此外，成交价格不完全等同于贸易中实际发生的发票价格，需要按有关规定进行调整。

（3）关于“调整因素”。调整因素包括计入项目和扣除项目。

① 计入项目。下列项目若由买方支付，计入完税价格中，必须同时满足3个条件：由买方负担；未包括在进口货物的实付或应付价格中；有客观量化的数据资料。这些项目包括：

a. 除购货佣金以外的佣金和经纪费。佣金通常可分为购货佣金和销售佣金。购货佣金指买方向其采购代理人支付的佣金，按照规定购货佣金不应该计入进口货物的完税价格中。销售佣金指卖方向其销售代理人支付的佣金，但上述佣金如果由买方直接付给卖方的代理人，按照规定应该计入完税价格中。经纪费指买方为购进进口货物向代表买卖双方利益的经纪人支付的劳务费用，根据规定应计入完税价格中。

b. 与进口货物作为一个整体的容器费。与有关货物归入同一个税号的容器与该货物视作一个整体，比如说酒瓶与酒构成一个不可分割的整体，两者归入同一税号，如果没有包括在酒的完税价格中间，则应该计入。

c. 包装费。这里应注意包装费既包括材料费，也包括劳务费。

d. 协助的价值。在国际贸易中，买方以免费或以低于成本价的方式向卖方提供了一些货物或者服务，这些货物或服务的价值被称为协助的价值。协助价值计入进口货物完税价格中应满足以下条件：

——由买方以免费或低于成本价的方式直接或间接提供；

——未包括在进口货物的实付或应付价格之中；

——与进口货物的生产和向中华人民共和国境内销售有关；

——可按适当比例分摊。

下列 4 项协助费用应计入：

——进口货物所包含的材料、部件、零件和类似货物的价值；

——在生产进口货物过程中使用的工具、模具和类似货物的价值；

——在生产进口货物过程中消耗的材料的价值；

——在境外完成的为生产该进口货物所需的工程设计、技术研发工艺及制图等工作的价值。

e. 特许权使用费。特许权使用费是指进口货物的买方为取得知识产权权利人及权利人有效授权人关于专利权、商标权、专有技术、著作权、分销权或者销售权的许可或者转让而支付的费用。

以成交价格为基础审查确定进口货物的完税价格时，未包括在该货物实付、应付价格中的特许权使用费需计入完税价格，但是符合下列情形之一的除外：

——特许权使用费与该货物无关；

——特许权使用费的支付不构成该货物向中华人民共和国境内销售的条件。

f. 返回给卖方的转售收益。如果买方在货物进口之后，把进口货物的转售、处置或使用的收益的一部分返还给卖方，这部分收益的价格应该计入完税价格中。

② 扣减项目。进口货物的价款中单独列明的下列税收、费用，不计入该货物的完税价格：

a. 厂房、机械或者设备等货物进口后发生的建设、安装、装配、维修或者技术援助费用，但是保修费用除外；

b. 货物运抵境内输入地点起卸后发生的运输及其相关费用、保险费；

c. 进口关税、进口环节代征税及其他国内税；

d. 为在境内复制进口货物而支付的费用；

e. 境内外技术培训及境外考察费用。

此外，同时符合下列条件的利息费用不计入完税价格：

a. 利息费用是买方为购买进口货物而融资所产生的；

b. 有书面的融资协议的；

c. 利息费用单独列明的；

d. 纳税义务人可以证明有关利率不高于在融资当时当地此类交易通常具有的利率水平，且没有融资安排的相同或者类似进口货物的价格与进口货物的实付、应付价格非常接近的。

码头装卸费（英文缩写 THC）是指货物从船舷到集装箱堆场间发生的费用，属于货物运抵中华人民共和国境内输入地点起卸后的运输相关费用，因此不应计入货物的完税价格。

思考：

CIF到港交易条件下，船公司向收货人另外收取的EBS（紧急燃油附加费）是否需计算到完税价格中？

扫一扫，知答案

（4）成交价格本身须满足的条件。成交价格必须满足一定的条件才能被海关所接受，否则不能适用成交价格法。根据规定，成交价格必须具备以下四个条件：

① 买方对进口货物的处置和使用不受限制。如果买方对进口货物的处置权或者使用权受到限制，则进口货物就不适用成交价格法。有下列情形之一的，应当视为对买方处置或者使用进口货物进行了限制：

a. 进口货物只能用于展示或者免费赠送的；

b. 进口货物只能销售给指定第三方的；

c. 进口货物加工为成品后只能销售给卖方或者指定第三方的；

d. 其他经海关审查，认定买方对进口货物的处置或者使用受到限制的。

② 进口货物的价格不应受到某些条件或因素的影响而导致该货物的价格无法确定。有下列情形之一的，应当视为进口货物的价格受到了使该货物成交价格无法确定的条件或者因素的影响：

a. 进口货物的价格是以买方向卖方购买一定数量的其他货物为条件而确定的；

b. 进口货物的价格是以买方向卖方销售其他货物为条件而确定的；

c. 其他经海关审查，认定货物的价格受到使该货物成交价格无法确定的条件或者因素影响的。

③ 卖方不得直接或间接从买方获得因转售、处置或使用进口货物而产生的任何收益，除非上述收益能够被合理确定。

④ 买卖双方之间没有特殊关系，或虽有特殊关系但不影响成交价格。根据规定，有下列情形之一的，应当认定买卖双方有特殊关系：

a. 买卖双方为同一家族成员；

b. 买卖双方互为商业上的高级职员或董事；

c. 一方直接或间接地受另一方控制；

d. 买卖双方都直接或间接地受第三方控制；

e. 买卖双方共同直接或间接地控制第三方；

f. 一方直接或间接地拥有、控制或持有对方5%以上（含5%）公开发行的有表决权的股票或股份；

g. 一方是另一方的雇员、高级职员或董事；

h. 买卖双方是同一合伙的成员。

此外，买卖双方在经营上相互有联系，一方是另一方的独家代理、经销或受让人，若与以上规定相符，也应当视为有特殊关系。

满洲里海关查获利用企业特殊关系逃税大案

2. 相同及类似货物成交价格法

相同及类似进口货物成交价格法，即以与被估货物同时或大约同时向中华人民共和国境内销售的相同货物及类似货物的成交价格为基础，审查确定进口货物完税价格的方法。

（1）相同货物和类似货物的含义。相同货物，指与进口货物在同一国家或者地区生产的，在物理性质、质量和信誉等所有方面都相同的货物，但是表面的微小差异允许存在。类似货物，指与进口货物在同一国家或者地区生产的，虽然不是在所有方面都相同，但是却具有相似的特征、相似的组成材料、相同的功能，并且在商业中可以互换的货物。

（2）相同或类似货物的时间要素。时间要素是指相同或类似货物必须与进口货物同时或大约同时进口，其中的“同时或大约同时”是指在海关接受申报之日的前后各 45 天以内。

（3）关于相同及类似货物成交价格法的运用。在运用这两种估价方法时，首先应使用和进口货物处于相同商业水平、大致相同数量的相同或类似货物的成交价格，只有在上述条件不满足时，才可采用以不同商业平和不同数量销售的相同或类似进口货物的价格，但不能将上述价格直接作为进口货物的价格，还须对由此而产生的价格方面的差异做出调整。这种建立在客观量化的数据资料基础上的差异调整主要表现在由于运输距离和运输方式不同而在成本和其他费用方面。

同时还应注意，运用这两种估价方法时，首先应使用同一生产商生产的相同或类似货物的成交价格，只有在没有同一生产商生产的相同或类似货物的成交价格的情况下，才可以使用同一生产国或地区不同生产商生产的相同或类似货物的成交价格。如果有多个相同或类似货物的成交价格，应当以最低的成交价格为基础估定进口货物的完税价格。

3. 倒扣价格法

倒扣价格法即以进口货物、相同或类似进口货物在境内第一环节的销售价格为基础，扣除境内发生的有关费用来估定完税价格。第一环节是指有关货物进口后进行的第一次转售，且转售者与境内买方之间不能有特殊关系。

（1）用以倒扣的上述销售价格应同时符合的条件。

① 在被估货物进口时或大约同时，将该货物、相同或类似进口货物在境内销售的价格。

② 按照该货物进口时的状态销售的价格。

③ 在境内第一环节销售的价格。

④ 向境内无特殊关系方销售的价格。

⑤ 按照该价格销售的货物合计销售总量最大。

（2）倒扣价格法的核心要素。

① 按进口时的状态销售。必须首先以进口货物、相同或类似进口货物按进口时的状态销售的价格为基础。如果没有按进口时的状态销售的价格，应纳税义务人要求，可以使用经过加工后在境内销售的价格作为倒扣的基础。

② 时间要素。必须是在被估货物进口时或大约同时转售给国内无特殊关系方的价格，其中“进口时或大约同时”为在进口货物接受申报之日的前后各 45 天以内。如果进口货物、相同或者类似货物没有在海关接受进口货物申报之日前后 45 天内在境内销售，可以将在境内销售的时间延长至接受货物申报之日前后 90 天内。

③ 合计的货物销售总量最大。必须使用被估的进口货物、相同或类似进口货物售予境内无特殊关系方合计销售总量最大的价格为基础估定完税价格。

（3）倒扣价格法的倒扣项目。确定销售价格以后，在使用倒扣价格法时，还必须扣除一些费用，这些倒扣项目根据规定有以下4项：

① 该货物的同级或同种类货物在境内第一环节销售时通常支付的佣金以及利润和一般费用。

② 货物运抵境内输入地点之后的运输及其相关费用、保险费。

③ 进口关税、进口环节代征税及其他国内税。

④ 加工增值额，如果以货物经过加工后在境内转售的价格作为倒扣价格的基础，则必须扣除上述加工增值部分。

4. 计算价格法

计算价格法是以发生在生产国或地区的生产成本作为基础的价格。

（1）计算价格的构成项目。按有关规定采用计算价格法时进口货物的完税价格由下列各项目的总和构成：

① 生产该货物所使用的料件成本和加工费用。

② 向境内销售同等级或者同种类货物通常的利润和一般费用（包括直接费用和间接费用）。

③ 货物运抵中华人民共和国境内输入地点起卸前的运输及其相关费用、保险费。

（2）运用计算价格法的注意事项。计算价格法按顺序为第五种估价方法，但如果进口货物纳税义务人提出要求，并经海关同意，可以与倒扣法颠倒顺序使用。此外，海关在征得境外生产商同意并提前通知有关国家或者地区政府后，可以在境外核实该企业提供的有关资料。

5. 合理方法

合理方法，是指当海关不能根据成交价格估价法、相同货物成交价格估价法、类似货物成交价格估价法、倒扣价格估价法和计算价格估价法确定完税价格时，根据公平、统一、客观的估价原则，以客观量化的数据资料为基础审查确定进口货物完税价格的估价方法。

海关在采用合理方法确定进口货物的完税价格时，不得使用以下价格：

（1）境内生产的货物在境内的销售价格；

（2）可供选择的价格中较高的价格；

（3）货物在出口地市场的销售价格；

（4）以本办法第二十四条规定之外的价值或者费用计算的相同或者类似货物的价格；

（5）出口到第三国或者地区的货物的销售价格；

（6）最低限价或者武断、虚构的价格。

（二）特殊进口货物完税价格的审定

特殊进口货物完税价格的审定主要包括：出境修理复运进境货物的估价方法、出境加工复运进境货物的估价方法、暂时进境货物的估价方法、租赁进口货物的估价方法、减税或者免税进口的货物应当补税的估价方法、软件介质的估价方法等。本教材对于这部分内容不展开学习。如有需要，可以参考海关总署令第213号（《中华人民共和国海关审定进出口货物完税价格办法》）中的第三部分。

三、出口货物完税价格的审定

（一）出口货物的完税价格含义

出口货物的完税价格由海关以该货物的成交价格为基础审查确定，包括货物运至中华人民共和国境内输出地点装载前的运输及其相关费用、保险费。

（二）出口货物的成交价格

出口货物的成交价格，是指该货物出口销售时，卖方为出口该货物向买方直接收取和间接收取的价款总额。

（三）不计入出口货物完税价格的税收、费用

（1）出口关税；

（2）在货物价款中单独列明的货物运至中华人民共和国境内输出地点装载后的运费及其相关费用、保险费；

（四）出口货物其他估价方法

出口货物的成交价格不能确定的，海关经了解有关情况，并与纳税义务人进行价格磋商后，依次以下列价格审查确定该货物的完税价格：

（1）同时或者大约同时向同一国家或者地区出口的相同货物的成交价格。

（2）同时或者大约同时向同一国家或者地区出口的类似货物的成交价格。

（3）根据境内生产相同或者类似货物的成本、利润和一般费用（包括直接费用和间接费用）、境内发生的运输及其相关费用、保险费计算所得的价格。

（4）按照合理方法估定的价格。

四、海关估价中的价格质疑程序和价格磋商程序

（一）价格质疑程序

在确定完税价格过程中，海关对申报价格的真实性或准确性有疑问，或有理由认为买卖双方的特殊关系可能影响到成交价格时，向纳税义务人或者其代理人制发《中华人民共和国海关价格质疑通知书》，将质疑的理由书面告知纳税义务人或者其代理人。

纳税义务人或者其代理人应自收到价格质疑通知书之日起5个工作日内，以书面形式提供相关资料或者其他证据，证明上述疑问，如无法在规定时间内提供资料或证据的，可以在规定期限届满前以书面形式向海关申请延期。除特殊情况外，延期不得超过10个工作日。

价格质疑程序的履行是为了核实成交价格的真实性、准确性和完整性，如进出口货物没有成交价格，海关无须履行价格质疑程序，可直接进入价格磋商程序。

（二）价格磋商程序

价格磋商是指海关在使用除成交价格以外的估价方法时，在保守商业秘密的基础上，与纳税义务人交换彼此掌握的用于确定完税价格的数据资料的行为。目的是向进出口货物的纳税义务人了解有关情况，充分交流双方掌握的价格信息，便于得到海关估价的适当依据。

海关通知纳税义务人进行价格磋商时，纳税义务人需自收到《中华人民共和国海关价格磋商通知书》之日起5个工作日内与海关进行价格磋商。未在规定时间内与海关进行磋商的，视为放弃价格磋商的权利，海关可以直接按照《审价办法》规定的方法审查确定进出口货物的完税价格。

对符合下列情形之一的，经纳税义务人书面申请，海关可以不进行价格质疑或价格磋商，依法审定进出口货物的完税价格：

（1）同一合同项下分批进出口的货物，海关对其中一批货物已经实施估价的。

（2）进出口货物的完税价格在人民币10万元以下或者关税及进口环节代征税总额在人民币2万元以下的。

（3）进出口属于危险品、鲜活品、易腐品、易失效品、废品、旧品等的。

思考：

近几年，通过海外代购、境外线上购物海淘、跨境电商网站购物等途径，消费者跨境购物的物品越来越多，比如奶粉、化妆品、电子产品等，那么他们的完税价格是怎样的呢？

海关总署公告2016年第25号

新政解读

任务实施

1. 完成步骤

（1）此任务不分组，学生个人在学习知识链接内容的基础上实施任务。

（2）对第1题进行解析，给予审定的完税价格金额以及说明理由，列出计入项目和不计入项目。

（3）对第2题进行解析，给予审定的完税价格金额以及说明理由，并列出计入项目和不计入项目。

（4）再次对第3题进行解析，给予审定的完税价格金额以及说明理由，并列出计入项目和不计入项目。

（5）对（2）～（4）每一个咨询问题做完后，进行交流并进行点评。

（6）提交最终的咨询结果、附上依据，并完成对这次任务的评价。

2. 考评标准（见表5-1）

表5-1　确定进出口货物的完税价格考评标准表

被考评人	
考评地点	
考评内容	确定进出口货物的完税价格

续表

	内　　容	形式	分值	自我评价	他人评价	他组评价	教师评价
考评标准	完税价格的审定要素	电子	30				
	估价过程阐述完整	电子	20				
	咨询结果（估价结果）正确，依据充分	电子	30				
	展示过程表现良好	阐述答辩	20				
合　　计			100				
实际得分							

备注：

1. 实际得分＝自我评价得分×20%＋他人评价得分×20%＋他组评价得分×20%＋教师评价得分×40%；
2. 考评满分为100分，60～74分为及格，75～84分为良好，85分以上为优秀。

任务二　确定进出口货物的原产地

任务目标

学生掌握原产地认定标准，能够确定进出口货物的原产地。

案例引入

太仓捷达公司接受了以下报关咨询业务。委托方是太仓一家外商独资企业，该企业向韩国某公司订购进口设备300套（经查属于自动许可证管理、法定检验的商品），该企业向海关出具的发票价格为CIF 40 000美元/台。但在该货物进口的同期，海关掌握的相同货物的进口成交价为CIF 50 000美元/台；另外，货物进口后该企业在境内将设备售出，并将其所得价款的10%（100 000美元/台）返还给境外的分公司。经查该设备适用的税率为复合税：其中CIF 40 000美元/台以下（含40 000美元/台）的关税税率为单一从价税；CIF 40 000美元/台以上的关税税率为12 420元人民币/台再加5%的从价税。且当期汇率为1美元=7元人民币。

现在太仓这家公司向捷达报关公司请求帮助，请捷达报关公司先预先计算出海关应征的税款，从而为这家公司预算做好工作。请以小陈的名义完成此任务。

知识链接

进出口货物的原产地

随着世界经济一体化和生产国际化的发展，准确认定进出口货物的原产地变得越来越重要。确定了进口货物的原产地，就直接确定了其依照进口国的贸易政策所适用的关税和非关税待遇，原产地的不同决定了进口商品所享受的待遇不同。

一、原产地规则的含义

各国为了适应国际贸易的需要，并为执行本国关税及非关税方面的国别歧视性贸易采取措施，必须对进出口商品的原产地进行认定。但是，货物原产地的认定需要以一定的标准为依据。为此，各国以本国立法形式制定出其鉴别货物“国籍”的标准，这就是原产地规则。

WTO公布的《原产地规则协议》将原产地规则定义为：一国（地区）为确定货物的原产地而实施的普遍适用的法律、法规和行政决定。

二、原产地规则的类别

（一）优惠原产地规则

优惠原产地规则是指一国为了实施国别优惠政策而制定的法律、法规，是以优惠贸易协定通过双边、多边协定形式或者是由本国自主形式制定的一些特殊原产地认定标准，因此也称为协定原产地规则。

优惠原产地规则主要有以下两种实施方式：一是通过自主方式授予，如欧盟普惠制（GSP）、中国对最不发达国家的特别优惠关税待遇；二是通过协定以互惠性方式授予，如北美自由贸易协定、中国—东盟自贸区协定等。由于优惠原产地规则是用于认定进口货物有无资格享受比最惠国更优惠待遇的依据，因此其认定标准通常会与非优惠原产地规则不同，其宽或严的程度完全取决于成员方。进口国（地区）为了防止此类优惠措施被滥用或规避，一般都制定了货物直接运输的条款。

目前，我国已与23个国家或地区签署了15个优惠贸易安排或自贸协定。这些优惠原产地规则主要有：

（1）《亚太贸易协定》，又称《亚洲及太平洋经济和社会委员会发展中成员国关于贸易谈判的第一协定》，前身为《曼谷协定》，主要成员国为中国、孟加拉国、印度、老挝、韩国、斯里兰卡和蒙古七国。

（2）《中国—东盟全面经济合作框架协议》，主要成员国为中国与越南、泰国、新加坡、马来西亚、印度尼西亚、文莱、缅甸、老挝、柬埔寨、菲律宾等东盟10国。

（3）《内地与香港关于建立更紧密经贸关系的安排》（又称香港CEPA）。

亚太贸易协定内容

中国—东盟全面经济合作框架协议内容

香港CEPA内容

（4）《内地与澳门关于建立更紧密经贸关系的安排》（又称澳门CEPA）。

（5）《中国—智利自由贸易协定》。

（6）《中国—新加坡自由贸易协定》。

澳门 CEPA 内容

中国—智利自由贸易协定内容

中国—新加坡自由贸易协定内容

(7)《中国—哥斯达黎加自由贸易协定》。
(8)《中国—瑞士自由贸易协定》。
(9)《中国—澳大利亚自由贸易协定》。

中国—哥斯达黎加自由贸易协定内容

中国—瑞士自由贸易协定内容

中国—澳大利亚自由贸易协定内容

(10)《中国—巴基斯坦自由贸易区服务贸易协定》。
(11)《中国—新西兰自由贸易协定》。
(12)《中国—秘鲁自由贸易协定》。

中国—巴基斯坦自由贸易区服务贸易协定内容

中国—新西兰自由贸易协定内容

中国—秘鲁自由贸易协定内容

(13)《中国—冰岛自由贸易协定》。
(14)《中国—韩国自由贸易协定》。
(15)《中国—格鲁吉亚自由贸易协定》。

中国—冰岛自由贸易协定内容

中国—韩国自由贸易协定内容

中国—格鲁吉亚自由贸易协定内容

(二) 非优惠原产地规则

非优惠原产地规则，是一国根据实施其海关税则和其他贸易措施的需要，由本国立法自主制定的，因此也称为自主原产地规则。按照世界贸易组织的规定，适用于非优惠性贸易政策措施的原产地规则，其实施必须遵守最惠国待遇原则，即必须普遍地、无差别地适用于所有原产地为最惠国的进口货物。

非优惠原产地规则包括实施最惠国待遇、反倾销和反补贴税、保障措施、数量限制或关税配额、原产地标记或贸易统计、政府采购时所采用的原产地规则。今后，我国将以《WTO 协调非优惠原产地规则》取代各国自主制定的非优惠原产地规则。

三、原产地认定标准

在认定货物的原产地时，会出现以下两种情况：一种是货物完全是在一个国家（地区）获得或生产制造，另一种是货物由两个或两个以上国家（地区）生产或制造。无论是优惠原产地规则还是非优惠原产地规则，都要确定这两种货物的原产地认定标准。

对于完全在一国（地区）获得的产品，如农产品或矿产品，各国的原产地认定标准基本一致，即以产品的种植、开采或生产国为原产国，这一标准通常称为“完全获得标准”。

对于经过几个国家（地区）加工、制造的产品，各国多以最后完成实质性加工的国家为原产国，这一标准通常称为“实质性改变标准”。实质性改变标准包括税则归类改变标准、从价百分比标准（或称增值百分比标准、区域价值成分标准等）、加工工序标准、混合标准等。税则归类改变标准是指在某一国家（地区）对非该国（地区）原产材料进行加工、制造后，所得货物在《协调制度》中的某位数级税目归类发生了变化；从价百分比标准是指在某一国家（地区）对非该国（地区）原产材料进行加工、制造后的增值部分超过了所得货物价值的一定比例；加工工序标准是指在某一国家（地区）进行的赋予制造、加工后所得货物基本特征的主要工序。

（一）优惠原产地认定标准

1. 完全获得标准

完全获得，即从优惠贸易协定成员国或者地区（以下简称“成员国”或者“地区”）直接运输进口的货物是完全在该成员国或者地区获得或者生产的，这些货物指：

（1）在该成员国或者地区境内收获、采摘或者采集的植物产品。

（2）在该成员国或者地区境内出生并饲养的活动物。

（3）在该成员国或者地区领土或者领海开采、提取的矿产品。

（4）其他符合相应优惠贸易协定项下完全获得标准的货物。

2. 税则归类改变标准

税则归类改变，是指原产于非成员国或者地区的材料在出口成员国或者地区境内进行制造、加工后，所得货物在《商品名称及编码协调制度》中税则归类发生了变化。

3. 区域价值成分标准

区域价值成分，是指出口货物船上交货价格（FOB）扣除该货物生产过程中该成员国或者地区非原产材料价格后，所余价款在出口货物船上交货价格（FOB）中所占的百分比。不同协定框架下的优惠原产地规则中的区域价值成分标准各有不同，部分贸易协定的区域价值成分标准如下：

（1）《亚太贸易协定》项下的原产地规则要求在生产过程中所使用的非成员国原产的或者不明原产地的材料、零件或产物的总价值不超过该货物船上交货价（FOB 价）的 55%，原产于最不发达受惠国（即孟加拉国）的产品的以上比例不超过 65%。

（2）《中国—东盟合作框架协议》项下的《中国—东盟自由贸易区原产地规则》规定，用于所获得或生产产品中的原产于任一成员方的成分不低于该货物 FOB 价的 40%，或者非中国—东盟自由贸易区原产的材料、零件或者产物的总价值不超过所获得或者生产产品 FOB 价的 60% 且最后生产工序在成员方境内完成。

(3) 港澳 CEPA 项下的原产地规则要求，在港澳获得的原料、组合零件、劳工价值和产品开发支出价值的合计，与在港澳生产或获得产品 FOB 价的比例应不低于 30%。

(4)“特别优惠关税待遇”项下进口货物原产地规则的从价百分比标准是指在受惠国对非该国原产材料进行制造、加工后的增值部分不小于所得货物价值的 40%。

4. 制造加工工序标准

制造加工工序，是指赋予加工后所得货物基本特征的主要工序。

5. 其他标准

其他标准，是指除上述标准之外，成员国或者地区一致同意采用的确定货物原产地的其他标准。

6. 直接运输规则

“直接运输”是指优惠贸易协定项下进口货物从该协定成员国或者地区直接运输至中国境内，途中未经过该协定成员国或者地区以外的其他国家或者地区。原产于优惠贸易协定成员国或者地区的货物，经过其他国家或者地区运输至中国境内，不论在运输途中是否转换运输工具或者作临时储存，同时符合下列条件的，视为“直接运输”。

(1) 该货物在经过其他国家或者地区时，未做除使货物保持良好状态所必须处理以外的其他处理。

(2) 该货物在其他国家或者地区停留的时间未超过相应优惠贸易协定规定的期限。

(3) 该货物在其他国家或者地区作临时储存时，处于该国家或者地区海关监管之下。

不同协定框架下的优惠原产地规则中的直接运输规则各有不同。

(二) 非优惠原产地认定标准

1. 完全获得标准

完全在一个国家（地区）获得的货物，以该国（地区）为原产地；两个以上国家（地区）参与生产的货物，以最后完成实质性改变的国家（地区）为原产地。以下货物视为在一国（地区）“完全获得”：

(1) 在该国（地区）出生并饲养的活的动物。

(2) 在该国（地区）野外捕捉、捕捞、搜集的动物。

(3) 从该国（地区）的活的动物身上获得的未经加工的物品。

(4) 在该国（地区）收获的植物和植物产品。

(5) 在该国（地区）采掘的矿物。

(6) 在该国（地区）获得的上述 (1) ～ (5) 项范围之外的其他天然生成的物品。

(7) 在该国（地区）生产过程中产生的只能弃置或者回收用做材料的废碎料。

(8) 在该国（地区）收集的不能修复或者修理的物品，或者从该物品中回收的零件和材料。

(9) 由合法悬挂该国旗帜的船舶从其领海以外海域获得的海洋捕捞物和其他物品。

(10) 在合法悬挂该国旗帜的加工船上加工上述第 (9) 项所列物品获得的产品。

(11) 从该国领海以外享有专有开采权的海床或者海床底土获得的物品。

(12) 在该国（地区）完全从上述 (1) ～ (9) 项所列物品中生产的产品。

2. 实质性改变标准

以税则归类改变为基本标准，税则归类改变不能反映实质性改变时，以从价百分比、制造或者加工工序等为补充标准。税则归类改变，是指在某一国家（地区）对非该国（地区）原产材料进行制造、加工后，所得货物在《进出口税则》中的4位数税号一级的税则归类发生改变；制造或者加工工序，是指在某一国家（地区）进行的赋予制造、加工后所得货物基本特征的主要工序；从价百分比，是指在某一国家（地区）对非该国（地区）原产材料进行制造、加工后的增值部分，不低于所得货物价值的30%。上述实质性改变标准适用于非优惠性贸易措施项下两个及以上国家（地区）所参与生产的货物原产地的确定。

四、原产地证书

原产地证书是证明产品原产于某地的书面文件。它是受惠国的产品出口到给惠国时享受关税优惠的凭证，同时也是进口货物是否适用反倾销、反补贴税率及保障措施等贸易政策的参考凭证。

（一）适用优惠原产地规则的原产地证书

适用优惠原产地规则的原厂地证书包括《亚太贸易协定》原产地证书、《中国—东盟合作框架协议》原产地证书、港澳CEPA的原产地证书、“特别优惠关税待遇”原产地证书及ECFA原产地证书等。

（二）适用非优惠原产地规则的原产地证书

1. 对适用反倾销、反补贴措施的进口商品的要求

（1）进口经营单位申报进口与实施反倾销措施的被诉倾销产品（以下简称“被诉倾销产品”）相同的货物时，应向海关提交原产地证书。

（2）对于进口经营单位确实无法提交原产地证书的，海关可以通过实际查验确定货物的原产地，海关按与该货物相同的被诉倾销产品的最高反倾销税率或保证金征收比率征收反倾销税或现金保证金。

（3）对于加工贸易保税进口与被诉倾销产品相同的货物，进口经营单位在有关货物实际进口申报时，也应向海关提交原产地证书。

（4）对于在反倾销措施实施之前已经申报进口的加工贸易和其他保税进口货物，因故申报内销是在反倾销措施实施期间的，进口经营单位应在申报内销时向海关提交原产地证书。对于进口经营单位确实无法提交原产地证书，经海关实际查验不能确定货物的原产地的，海关按与该货物相同的被诉倾销产品的最高反倾销税率或保证金征收比率征收反倾销税或现金保证金。

2. 对适用最终保障措施的进口商品的要求

自海关总署公告规定的加征关税之日起，进口企业申报进口涉案产品时，不能提供不适用最终保障措施的国家（地区）的原产地证书或尚不应加征关税的适用最终保障措施的国家（地区）的原产地证书，或者海关对其所提供的原产地证书的真实性有怀疑的，如经海关审核有关单证（包括合同、发票、提运单等）及对货物实际验估能够确定原产地的，应按照相关规定处理；如仍不能确定原产地，且进口企业也不能进一步提供能够证明原产地的其他材料的，应在现行适用的关税税率基础上，按照相应的涉案产品适用的加征关税税率加征关税。

在海关审核认定原产地期间，进口企业可在提供相当于全部税款的保证金担保后，要求先行验放货物。原产地证书并不是确定货物原产地的唯一标准。若海关通过查验货物或审核单证认为所提供的原产地证书可能不真实，海关可以请求出口国（地区）的有关机构对该货物的原产地进行核查。

五、原产地预确定制度

进口货物的收货人或经营单位在有正当理由的情况下，可以向直属海关申请对其将要进口的货物的原产地进行预确定。申请人申请原产地预确定时，应当填写《进口货物原产地预确定申请书》并提交下列文件材料：

（1）申请人的身份证明文件。

（2）能说明将要进口货物情况的有关文件资料，包括进口货物的商品名称、规格、型号、税则号列、产品说明书等；出口国（地区）或者货物原产地的有关机关签发的原产地证书或其他认定证明；进口货物所使用的原材料的品种、规格、型号、价格和产地等情况的资料；能说明进口货物的生产加工工序、流程、工艺、加工地点以及加工增值等情况的资料。

（3）说明该项交易情况的文件材料，比如进口合同、意向书、询价和报价单以及发票等。

（4）海关要求提供的其他文件资料。

海关将在接到申请人的书面申请和全部必要文件资料后150天内，根据《原产地条例》做出原产地的预确定决定，并告知申请人。

六、税率适用

税率适用是指进出口货物在征税、补税或退税时选择适用的各种税率。

（一）税率设置的主要种类

我国对进口关税设置最惠国税率、协定税率、特惠税率、关税配额税率、普通税率等常规税率，其具有规范性、相对稳定性的特点。一般情况下，上述税率均在《进出口税则》中体现。

（1）最惠国税率。原产于共同适用最惠国待遇条款的WTO组织成员的进口货物，原产于与中华人民共和国签订含有相互给予最惠国待遇条款的双边贸易协定的国家或者地区的进口货物，以及原产于中华人民共和国境内的进口货物，适用最惠国税率。

（2）协定税率。原产于与中华人民共和国签订含有关税优惠条款的贸易协定的国家或者地区的进口货物，适用协定税率。进口货物适用协定税率必须能够提交符合规定的原产地证书、符合“直接运输”规定的条件并在进口时按照报关单填制要求准确申报。

（3）特惠税率。原产于与中华人民共和国签订含有特殊关税优惠条款的贸易协定的国家或者地区的进口货物，或者原产于中华人民共和国自主给予特别优惠关税待遇的国家或者地区的进口货物，适用特惠税率。进口货物适用特惠税率必须能够提交符合规定的原产地证书、符合“直接运输”规定的条件并在进口时按照报关单填制要求准确申报。

（4）普通税率。上述之外的国家或者地区的进口货物及原产地不明的进口货物，适用普通税率。

（5）关税配额税率。按照国家规定实行关税配额管理的进口货物，关税配额内的，适用关税配额税率。目前，我国对小麦、玉米、大米等农产品执行关税配额内税率，进口时需提交符合规定的关税配额证明并按照报关单填制要求准确申报。关税配额外的，其税率的适用按其所适用的其他相关规定执行。

除此之外，国家还针对某些特殊情况下进口货物的税款征收规定了反倾销税率、反补贴税率、保障措施税率、报复性关税税率等附加税率。这些附加税率具有临时性特点，一般由国务院关税税则委员会作出决定，海关负责征收。

国家对征收出口关税的货物设置出口税率，部分征收出口关税的货物还设有暂定税率。在计算出口关税时，出口暂定税率的执行优先于出口税率。

（二）税率适用规定

在复式税率设置下，同一税则号列可能有不同的适用税率。按照《关税条例》的相关规定，对于同时适用多种税率的进口货物，在选择适用的税率时，基本的原则是“从低适用”。但适用普通税率的进口货物例外，因普通税率货物不适用暂定税率，此时不能执行“从低适用”原则，而是采用“从高适用”，详见表5-2。

表5-2　同时有两种及以上税率可适用的进口货物最终适用的税率汇总表

进口货物可选用的税率	税率适用的规定
同时适用最惠国税率、进口暂定税率	应当适用暂定税率
同时适用协定税率、特惠税率、进口暂定税率	应当从低适用税率
同时适用国家优惠政策、进口暂定税率	按国家优惠政策进口暂定税率商品时，以优惠政策计算确定的税率与暂定税率，两者取低计征关税，但不得在暂定税率基础上再进行减免
适用普通税率的进口货物，存在进口暂定税率	适用普通税率的进口货物，不适用暂定税率
适用关税配额税率、其他税率	关税配额内的，适用关税配额税率；关税配额外的，适用其他税率
同时适用ITA税率、其他税率	适用ITA税率
反倾销税、反补贴税、保障措施关税、报复性关税	适用反倾销税、反补贴税、保障措施关税、报复性关税

（三）税率适用时间

《关税条例》规定，进出口货物应当按照收发货人或者其代理人申报进口之日实施的税率征税。在实际运用时应区分以下不同情况：

（1）进口货物到达前，经海关核准先行申报的，适用装载该货物的运输工具申报进境之日实施的税率。

（2）进口转关运输货物，适用指运地海关接受该货物申报进口之日实施的税率；货物运抵指运地前，经海关核准先行申报的，适用装载该货物的运输工具抵达指运地之日实施的税率。

（3）出口转关运输货物，适用起运地海关接受该货物申报出口之日实施的税率。

（4）经海关批准，实行集中申报的进出口货物，适用每次货物进出口时海关接受该货物申报之日实施的税率。

（5）因超过规定期限未申报而由海关依法变卖的进口货物，其税款计征适用装载该货物的运输工具申报进境之日实施的税率。

（6）因纳税义务人违反规定需要追征税款的进出口货物，适用违反规定的行为发生之日实施的税率；行为发生之日不能确定的，适用海关发现该行为之日实施的税率。

（7）已申报进境并放行的保税货物、减免税货物、租赁货物或者已申报进出境并放行的暂时进出境货物，有下列情形之一需缴纳税款的，适用海关接受纳税义务人再次填写报关单申报办理纳税及有关手续之日实施的税率。

① 保税货物经批准不复运出境的；

② 保税仓储货物转入国内市场销售的；

③ 减免税货物经批准转让或者移作他用的；

④ 可暂不缴纳税款的暂时进出境货物，经批准不复运出境或者进境的；

2017 年 1 月 1 日起我国调整部分商品进出口关税

⑤ 租赁进口货物，分期缴纳税款的。

进出口货物关税的补征和退还，按照上述规定确定适用的税率。

任务实施

1. 完成步骤

（1）将学生分为 5~6 组，每组 6~8 人。

（2）以小组为单位，确定该设备进口是否属于一般进口货物，从而来把握是否需要征税。

（3）根据已知相关信息和完税价格确定的 6 种方法，选择合适的方法计算出其金额。

（4）网上查找有关优惠原产地规定涉及的相关协定及其内容，并掌握原产地认定标准，做出一份我国优惠贸易协定介绍的 PPT（主要涉及中国香港、澳门 CEPA，亚太贸易协定、东盟框架协议等）。

（5）采用税率适用的规定，选择税率并利用税费计算的公式，计算出应征的税款金额。

（6）在各组推荐的基础上，选定若干名学生在全班进行 PPT 交流，以及计算结果应征税款金额的交流，并完成对这次任务的评价。

2. 考评标准（见表 5-3）

表 5-3　确定进出口货物的原产地考评标准表

被考评人	
考评地点	
考评内容	确定进口货物原产地规则

续表

	内　容	形式	分值	自我评价	他人评价	他组评价	教师评价
考评标准	我国优惠贸易协定介绍 PPT（重点突出，内容丰富，有利于项目的学习）	电子	70				
	税费计算的结果（正确）	电子	10				
	展示过程表现良好（讲解流畅、答辩清晰易懂）	阐述答辩	20				
合　计			100				
实际得分							

备注：

1. 实际得分=自我评价得分×20%+他人评价得分×20%+他组评价得分×20%+教师评价得分×40%；
2. 考评满分为100分，60～74分为及格，75～84分为良好，85分以上为优秀。

任务三　计算进出口税费

任务目标

学生掌握进出口税费计算公式，能够计算进出口环节的税费。

案例引入

太仓捷达公司接受了以下3项与进出口税费核算有关的报关咨询业务。分别如下：

1. 太仓某公司从香港购进一批日本产富士彩色胶卷8 000卷（宽度35毫米，长度2米之内），成交价格为CIF上海HKD12/卷。设外汇折算价为1元港币=1.2元人民币，以上规格胶卷0.05平方米/卷。该批商品的最惠国税率为30元人民币/平方米，则应征进口关税税额是多少？

2. 太仓某企业从太仓港出境铜废碎料100吨，成家价格为FOB太仓700美元/吨。设外汇折算价1美元=7元人民币，出口税率为30%，出口暂定税率为15%，则应征出口关税税额是多少？

3. 太仓某公司从澳大利亚进口冻牛肉。太仓海关于2016年2月4日（星期五）填发海关专用缴款书。由于该公司春节放假至元宵节，故在元宵节后的第二天2016年2月23日（星期二）缴纳税款（注：根据国务院的节假日休息安排，2月7—13日放假），应计算的滞纳天数是多少？

现在需要小陈分别对这3个咨询问题迅速作出解答，并能把具体理由提供给委托咨询的企业。

请以小陈的名义完成此任务。

知识链接

进出口税费

进出口税费是指在进出口环节中由海关依法征收的关税、消费税、增值税等税费。依法征收税费是海关的任务之一，依法缴纳税费是有关纳税义务人的基本义务，缴纳进出口税费也是报关员应该具备的报关技能之一。进出口税费征收的法律依据主要是《海关法》《关税条例》及其他有关法律、行政法规。

一、税费概述

（一）关税

1. 关税的含义

关税是国家税收的重要组成部分，是由海关代表国家按照国家制定的关税政策和有关法律、行政法规的规定，对准许进出关境的货物和物品向纳税义务人征收的一种流转税。关税的征收主体是国家，由海关代表国家向纳税义务人征收；课税对象是进出关境的货物和物品。关税纳税义务人，是进口货物的收货人、出口货物的发货人、进（出）境物品的所有人。

2. 关税的特点

关税是国家财政收入的一个重要组成部分。和其他税收一样，它具有强制性、无偿性和预定性的特点。除此之外，关税还有自身的一些特点。

（1）关税的征收对象是进出境的货物和物品。税收主体也称课税主体，是指在法律上根据税法规定负担纳税的自然人或法人，也称纳税人；税收客体也称课税客体或课税对象，关税的课税对象就是进出境的货物和物品。

（2）关税具有涉外性，是对外贸易政策的重要手段。进出口商品不仅与国内的经济和生产有着直接关系，而且与世界其他国家和地区的政治、外交、经济、生产和流通等方面也有着密切关系。关税措施体现了一国对外贸易政策，关税税率的高低影响着一国经济和对外贸易的发展。

（3）关税能调节进出口贸易。关税在进口方面可以通过调整税率的高低，依据一国国内市场的需求，增加或减少进口商品的数量；同时在出口方面也可以通过低税、免税或退税来增加出口商品的数量，促使一国贸易顺差的产生。

3. 关税的种类

（1）按征收的对象流向分为：进口税、出口税、过境税。

① 进口税。进口关税是指一国海关以进境货物和物品为课税对象所征收的关税。在国际贸易中，它一直被各国公认是一种重要的经济保护手段。即通常所说的“关税壁垒”，通过对进口商品征收高额关税，以此提高其成本，从而削弱其竞争力，起到限制进口的作用。

进口关税分为进口正税和进口附加税：进口正税是指按《进出口税则》中的进口税率征收的关税；进口附加税是指国家由于特定需要对进口货物除征收关税正税之外另行征收的一种进口税。进口附加税一般具有临时性，包括反倾销税、反补贴税、保障措施关税、报复性关税等特别关税在内。

反倾销税是指为抵制外国商品倾销进口，对实行倾销的进口货物所征收的一种临时性进口附加税。征收反倾销税目的在于抵制外国商品倾销，保护本国产业和国内市场。反倾销税由海关负责征收，其税额不超出倾销幅度。我国目前征收的进口附加税主要是反倾销税。

反补贴税又称反津贴税、抵销税或补偿税，是指对于直接或间接接受任何津贴或补贴的外国商品在进口时所征收的一种进口附加税。凡是进口商品在生产、制造、加工、买卖、输出过程中所接受的直接或间接的津贴都构成征收反补贴税的条件，不管给予这种津贴的是外国政府还是其他组织。

报复性关税是指为了应对他国对我国出口产品实施的歧视性关税或待遇，而相应地对其产品所征收的一种进口附加税。《关税条例》规定：任何国家或者地区违反与我国签订的或者共同参加的贸易协定及相关协定的，对我国在贸易方面采取禁止、限制、加征关税或者其他影响正常贸易的措施的，对原产于该国家或者地区的进口货物可以征收报复性关税，并适用报复性关税税率。征收报复性关税的货物、适用国别、税率、期限和征收办法，由国务院关税税则委员会决定并公布。

② 出口税。出口关税是指海关以出境货物、物品为课税对象所征收的关税。征收出口关税的主要目的是限制和调控某些商品的过度、无序出口，特别是防止本国一些重要自然资源和原材料的无序出口。为鼓励出口，世界各国一般不征收出口税或仅对少数商品征收出口税。除法律法规有明确规定可以免征出口关税外，对出口应税商品一律照章征收出口关税。

③ 过境税。过境税又称通过税或转口税，是一国对于通过其关境运往第三国的外国货物所征收的关税。由于过境货物对本国市场和生产没有影响，所征税额很低，并且外国货物过境时，可使本国的铁路、港口仓储等从中获利，故很多国家包括我国都已经废除对过境税的征收。

（2）按计征方法分为：从价税、从量税、复合税、滑准税。

① 从价税。从价税是以货物、物品的价格作为计税标准，以应征税额占货物价格的百分比为税率，价格和税额成正比例关系的关税。从价税是包括中国在内的大多数国家使用的主要计税标准。我国进出口关税主要采用从价税计税标准。

② 从量税。从量税是以货物和物品的计量单位（如重量、数量、容量等）作为计税标准，按每一计量单位的应征税额征收的关税。我国目前对冻整鸡及鸡产品、石油原油、啤酒、胶卷等进口商品征收从量税。

③ 复合税。复合税是指在《进出口税则》中，一个税目中的商品同时使用从价、从量两种标准计税，计税时按两者之和作为应征税额征收的关税。我国目前对广播级磁带录像机、其他磁带录像机、磁带放像机、非特种用途广播级电视摄像机及其他电视摄像机等进口商品征收复合关税，对旺季期间出口的肥料（如尿素及其他氮肥、磷酸氢二铵、磷酸二氢铵等）征收复合关税。

④ 滑准税。滑准税是在《进出口税则》中预先按产品的价格高低分档制定若干不同的税率，然后根据进口商品价格的变动而增减进口税率的一种关税。当商品价格上涨时采用较低税率，当商品价格下跌时则采用较高税率，其目的是使该种商品的国内市场价格保持稳定。目前，我国对关税配额外进口的一定数量的棉花实行滑准税。

（二）进口环节海关代征税

所谓进口环节海关代征税，是指进口货物、物品通关放行进入国内流通领域的视同国内货物，而需海关代为征收的一些国内税。目前，进口环节海关代征税（简称“进口环节代征税”）主要有增值税、消费税两种。

1. 增值税

（1）增值税的含义。增值税是以商品的生产、流通和劳务服务各个环节所创造的新增价值为课税对象的一种流转税。我国自 1994 年全面推行并采用国际通行的增值税制。征收增值税的意义在于，有利于促进专业分工与协作，体现税负的公平合理，稳定国家财政收入，同时也有利于出口退税的规范操作。

（2）增值税的征纳。进口环节的增值税由海关征收，其他环节的增值税由税务机关征收。进口环节增值税的起征额为人民币 50 元，低于 50 元的免征。进口环节增值税的减免项目，必须由国务院做出规定，任何地区或部门无权决定。进口货物以及在境内销售货物或者提供加工、修理、修配劳务的单位和个人为增值税的纳税义务人。

（3）增值税的征收范围和适用税率。在我国境内销售货物（销售不动产或免征的除外）、进口货物以及提供加工、修理修配劳务的单位或个人，都要依法缴纳增值税。在我国境内销售货物，是指所销售的货物的起运地和所在地都在我国境内。

我国增值税的征收原则是中性、简便、规范，采取了基本税率再加一档低税率的征收模式。对纳税人销售或进口低税率以外的货物，提供加工、修理修配劳务的，适用基本税率（17%）；对于纳税人销售或者进口下列货物，适用低税率（11%）计征增值税。主要有以下内容：

① 粮食、食用植物油。

② 自来水、暖气、冷气、热水、煤气、石油液化气、天然气、沼气以及居民用煤炭制品等。

③ 图书、报纸、杂志。

④ 饲料、化肥，农药、农机、农膜。

⑤ 国务院规定的其他货物。

（4）增值税的计算公式。进口环节的增值税以组成价格作为计税价格，征税时不得抵扣任何税额。其组成价格由关税完税价格加上关税组成，对于应征消费税的品种，其组成价格还要加上消费税。现行增值税的组成价格和应纳税额计算公式为：

增值税组成价格=进口关税完税价格+进口关税税额+消费税税额

应纳增值税税额=增值税组成价格×增值税税率

2. 消费税

（1）消费税的含义。消费税是以消费品或消费行为的流转额作为课税对象而征收的一种流转税。我国开征消费税的目的是调节我国的消费结构，引导消费方向，确保国家财政收入，它是在对货物普遍征收增值税的基础上，选择少数消费品再予征收的税。

（2）消费税的征纳。在中华人民共和国境内生产、委托加工和进口《消费税暂行条例》规定的消费品（以下简称“应税消费品”）的单位和个人，以及国务院确定的销售《消费税暂行条例》规定的消费品的其他单位和个人，为消费税的纳税义务人。消费税由税务机关征收，进口环节的消费税由海关征收。进口环节消费税的起征额为人民币 50 元，低于 50

元的免征。进口的应税消费品，由纳税义务人向报关地海关申报纳税。

（3）消费税的征收范围。消费税的征税范围，主要是根据我国经济社会发展现状和现行消费政策、人民群众的消费结构以及财政需要，并借鉴国外的通行做法确定的。消费税的征收范围，仅限于少数消费品。应税消费品大体可分为以下4种类型：

① 一些过度消费会对人的身体健康、社会秩序、生态环境等方面造成危害的特殊消费品，如烟、酒、酒精、鞭炮、焰火等。

② 奢侈品、非生活必需品，如贵重首饰及珠宝玉石、化妆品等。

③ 高能耗的高档消费品，如小轿车、摩托车、汽车轮胎等。

④ 不可再生和替代的资源类消费品，如汽油、柴油等。

（4）消费税的计算公式。我国消费税采用从价、从量的方法计算应纳税额。

① 实行从价征收的消费税是按照组成的计税价格计算，其计算公式为：

消费税组成计税价格=(进口关税完税价格+进口关税税额)÷(1-消费税税率)

应纳消费税税额=消费税组成计税价格×消费税税率

② 实行从量征收的消费税的计算公式为：

应纳消费税税额=应征消费税消费品数量×消费税单位税额

③ 同时实行从量、从价征收的消费税是上述两种征税方法之和，其计算公式为：

应纳消费税税额=应征消费税消费品数量×消费税单位税额+消费税组成计税价格×消费税税率

（三）滞报金

1. 征收范围

进口货物收货人超过规定期限向海关申报产生滞报，海关依法应当征收滞报金。滞报金应当由进口货物收货人于当次申报时缴清。进口货物收货人要求在缴清滞报金前先放行货物的，海关可以在其提供与应缴纳滞报金等额的保证金后放行。

征收进口货物滞报金应当按日计征，以自运输工具申报进境之日起第15日为起征日，以海关接受申报之日为截止日，起征日和截止日均计入滞报期间，滞报金的计征起始日如遇法定节假日或休息日，则顺延至第一个工作日。

2. 征收标准

滞报金的日征收金额为进口货物完税价格的0.5‰，以人民币“元”为计征单位，不足人民币1元的部分免予计征。滞报金的起征点为人民币50元。征收滞报金的计算公式如下：

滞报金=进口货物完税价格×0.5‰×滞报天数

（四）税款滞纳金

1. 征收范围

滞纳金是海关税收管理中的一种行政强制措施，关税、进口环节增值税、消费税、船舶吨税等的纳税人或其代理人，应当自海关填发税款缴款书之日起15日内缴纳税款，逾期缴纳的，海关依法在原应纳税款的基础上，按日加收滞纳税款0.5‰的滞纳金。征收滞纳金的目的是使纳税义务人通过承担增加的经济制裁责任，促使其尽早履行纳税义务。

根据规定对逾期缴纳税款的应征收滞纳金的，有以下几种情况：

（1）进出口货物放行后，海关发现因纳税义务人违反规定造成少征或者漏征税款的，可以自缴纳税款或货物放行之日起3年内追征税款，并从缴纳税款或货物放行之日起至海关发现之日止，按日加收少征或者漏征税款0.5‰的滞纳金。

（2）因纳税义务人违反规定造成少征或漏征税款的，海关发现后，应当自纳税义务人应缴纳税款之日起3年内追征税款，并自应缴纳税款之日起至海关发现违规之日止，按日加收少征或者漏征税款0.5‰的滞纳金。

这里所指的应缴纳税款之日是指纳税义务人违反规定的行为发生之日，该行为发生之日不能确定的，应当以海关发现该行为之日作为应缴纳税款之日。

（3）租赁进口货物，分期支付租金的，纳税义务人应当在每次支付租金后的15日内向海关申报办理纳税手续，逾期办理申报手续的，海关除了征收税款外，还应当自申报办理纳税手续期限届满之日起至纳税义务人申报纳税之日止，按日加收应缴纳税款0.5‰的滞纳金。

租赁进口货物自租期届满之日起30日内，应向海关申请办结海关手续，逾期办理手续的，海关除按照审定进口货物完税价格的有关规定和租期届满后第30日该货物适用的计征汇率、税率，审核确定其完税价格、计征应缴纳的税款外，还应当自租赁期限届满后30日起至纳税义务人申报纳税之日止按日加收应缴纳税款0.5‰的滞纳金。

（4）暂时进出境货物未在规定期限内复运出境或者复运进境，且纳税义务人未在规定期限届满前向海关申报办理进出口及纳税手续的，海关除按照规定征收应缴纳的税款外，还应当自规定期限届满之日起至纳税义务人申报纳税之日止按日加收应缴纳税款0.5‰的滞纳金。

海关对滞纳天数的计算是自滞纳税款之日起至进出口货物的纳税义务人缴纳税费之日止，其中的法定节假日不予扣除。缴纳期限届满日遇星期六、星期日等休息日或者法定节假日的，应当顺延至休息日或法定节假日之后的第一个工作日。

2. 征收标准

海关按每票货物的关税、进口环节增值税、消费税单独计征0.5‰的滞纳金，起征点为人民币50元，不足人民币50元的免予征收。计算公式如下：

关税滞纳金金额=滞纳关税税额×0.5‰×滞纳天数

进口环节海关代征税滞纳金金额=滞纳进口环节海关代征税税额×0.5‰×滞纳天数

二、税费计算

关税、进口环节增值税、进口环节消费税、船舶吨税、滞纳金一律以人民币计征。起征点均为人民币50元，50元以下免征。货物的完税价格以及应征税额应四舍五入计算到分。

进出口货物的成交价格如以外币计价的，应以中国人民银行公布的基准汇率折合成人民币计算。海关每月使用的计征税率为上一个月的第3个星期三（第3个星期三为法定节假日时，顺延采用第4个星期三）中国人民银行公布的外币对人民币的基准汇率。以基准汇率以外的外币计价的，采用同一时间中国银行公布的现汇买入价和现汇卖出价的中间值（人民币元后采用四舍五入法保留4位小数）。如上述汇率发生重大波动，海关总署认为必要时，可发布公告，另行规定计征汇率，并对外公布。

（一）进出口关税计算

1. 进口关税税款的计算

（1）从价税。

① 从价关税是以进口货物的完税价格作为计税依据，以应征税额占货物完税价格的百分比作为税率，货物进口时，以此税率和实际完税价格相乘计算应征税额。

② 计算公式：

应征税额=进口货物完税价格×进口从价税税率

减税征收的进口关税税额=进口货物完税价格×减按进口关税税率

③ 计算程序：

a. 按照归类原则确定税则归类，将应税货物归入适当的税号；

b. 根据原产地规则和税率适用规定，确定应税货物所适用的税率；

c. 根据完税价格的审定办法和规定，确定应税货物的完税价格；

d. 根据汇率适用规定，将以外币计价的 CIF 价格折算成人民币（完税价格）；

e. 按照计算公式正确计算应征税款。

④ 计算实例：

进口某货物一批，完税价格为 100 万美元，该批进口货物的关税以完税价格的 5% 进行征收，计算应缴纳多少进口关税？（汇率折算价为 1 美元=7 元人民币）。

解：因该货物进口时以从价税计量关税，所以，

进口关税=从价税应征税额=货物的完税价格×从价税税率

=100×5%×7

=35（万元）

（2）从量税。

① 从量税是以进口商品的数量、体积、重量等计量单位计征关税的方法。计税时以货物的计量单位乘以每单位应纳税金额即可得出该货物的关税税额。

② 计算公式：

应征税额=进口货物数量×单位税额

③ 计算程序：

a. 按照归类原则确定税则归类，将应税货物归入适当的税号；

b. 根据原产地规则和税率适用规定，确定应税货物所适用的税率；

c. 确定其实际进口量；

d. 根据完税价格审定办法和规定，确定应税货物的完税价格（在计征增值税时需要）；

e. 根据汇率适用规定，将外币折算成人民币；

f. 按照计算公式正确计算应征税款。

④ 计算实例：

从某国进口一批 5 000 公吨的石油，查询知从该国进口的石油实行优惠税率，其税率为每公吨 16 元，计算应缴纳多少关税？

解：因该货物进口时以数量为计量关税的标准，所以，

进口关税=从量税应征税额=货物数量×单位税额

=5 000×16

=80 000（元）

（3）复合税。

① 复合关税是对某种进口商品混合使用从价税和从量税计征关税。

② 计算公式：

应征税额=进口货物数量×单位税额+进口货物完税价格×进口从价税税率

③ 计算程序：

a. 按照归类原则确定税则归类，将应税货物归入适当的税号；

b. 根据原产地规则和税率适用规定，确定应税货物所适用的税率；

c. 确定其实际进口量；

d. 根据完税价格审定办法和规定，确定应税货物的完税价格；

e. 根据汇率适用规定，将外币折算成人民币；

f. 按照计算公式正确计算应征税款。

④ 计算实例：

现进口一批某国生产的摄像机，完税价格为 20 万美元，共 10 台。已知从该国进口的摄像机采用复合税，且完税价格低于或等于 3 000 美元/台的：执行单一从价税，税率为 60%；完税价格高于 3 000 美元/台的：每台征收从量税，税额为 16 000 元，再加上 3% 的从价税，计算进口关税。（汇率折算价为 1 美元=7 元人民币）

解：已知该摄像机采用复合税，因此应缴纳关税为

复合税应征税额=货物的完税价格×从价税税率+货物数量×单位税额

=20×3%×7+10×16 000

=20. 5（万元）

（4）滑准税。滑准税的计算不作要求，故不展开学习。

2. 出口关税税款的计算

（1）计算公式：

出口关税税额=FOB 离岸价格÷(1+出口关税税率)×出口关税税率

（2）计算程序：

① 按照归类原则确定税则归类，将应税货物归入适当的税号。

② 根据完税价格审定办法和规定，确定应税货物的完税价格。

③ 根据汇率适用规则，将外币折算成人民币。

④ 按照计算公式正确计算应征税款。

（3）计算实例：

国内某企业从珠海出口一批某商品，申报出口量 100 吨，每吨价格为 FOB 珠海 100 美元。已知外汇汇率折算价为 1 美元=7 元人民币，要求计算出口关税。

解：经查该商品出口关税税率为 5%，并审定确实 FOB 价格属实，因此，

出口关税税额=FOB÷(1+出口关税税率)×出口关税税率

=100×100×7÷(1+5%)×5%

=3 333. 33（元）

三、进口环节税计算

（一）消费税税款的计算

1. 计算公式

（1）实行从价定率办法计算纳税额，采用价内税的计税方法，即计税价格的组成中包括了消费税税额。其计算公式为：

消费税组成计税价格=(进口货物完税价格+进口关税税额)/(1-消费税比例税率)

消费税应纳税额=消费税组成计税价格×消费税比例税率

（2）从量征收的消费税的计算公式为：

消费税应纳税额=应征消费税消费品数量×消费税单位税额

（3）实行从价定率和从量定额复合计税办法计算纳税的组成计税价格，其计算公式为：

消费税组成计税价格=(关税完税价格+关税+进口数量×消费税定额税率)/(1-消费税比例税率)

消费税应纳税额=消费税组成计税价格×消费税比例税率

2. 计算程序

（1）按照归类原则确定税则归类，将应税货物归人适当的税号。

（2）根据有关规定，确定应税货物所适用的消费税税率。

（3）根据审定完税价格的有关规定，确定应税货物的 CIF 价格。

（4）根据汇率适用规定，将外币折算成人民币（完税价格）。

（5）按照计算公式正确计算消费税税款。

3. 计算实例

某贸易公司从某国进口了6 000箱啤酒，规格为24支×330毫升/箱，申报价格为FOB神户USD10/箱，发票列明：运费为USD6 000，保险费率为0.3%。经海关审查属实。(外汇汇率折算价为1美元=7元人民币)

解：经相关资料证明该啤酒为麦芽酿造的，经查从该国进口的啤酒关税税率为0，其消费税税率为：进口完税价格≥370美元/吨的麦芽酿造啤酒，税率为250元/吨；进口完税价格<370美元/吨的麦芽酿造啤酒，税率为220元/吨。并已知1吨啤酒为988升。

完税价格=(10×6 000+6 000)/(1-0.3%) = 66 198.60（美元）

重量=(6 000×24×330/1 000)/988=48.097 2（吨）

完税价格=((10×6 000+6 000)/(1-0.3%))/48.097 2

=66 198.60/48.097 2

=1 376.35(美元/吨)>370（美元/吨）

消费税税额=48.097 2×250

=12 024.30（元）

（二）增值税税款的计算

1. 计算公式

应纳税额=增值税组成计税价格×增值税税率

增值税组成计税价格=进口关税完税价格+进口关税税额+消费税税额

2. 计算程序

（1）按照归类原则确定税则归类，将应税货物归入适当的税号。

（2）根据有关规定，确定应税货物所适用的增值税税率。

（3）根据审定完税价格的有关规定，确定应税货物的 CIF 价格。

（4）根据汇率适用规定，将外币折算成人民币（完税价格）。

（5）按照计算公式正确计算关税税款。

（6）按照计算公式正确计算消费税税款、增值税税款。

3. 计算实例

上海某公司从美国购进一批轿车，成交价格共 FOB 上海 100 000.00 美元，另付港商佣金 3%（非买方佣金），运费 6 000.00 美元，保险费率 3‰，经查该汽车适用税率为 50%，消费税税率为 10%，增值税税率 17%。计算增值税额。（外汇汇率折算价为 1 美元=7 元人民币）

解：首先计算关税税额，然后计算消费税税额；最后再计算增值税税额。

计算关税税额：

完税价格=[（100 000.00+6 000.00）/(1-3‰)+100 000.00×3%)]×7

=765 232.70（元）

应征关税税额=完税价格 ×关税税率

=765 232.70×50%

=382 616.35（元）

计算消费税税额：

应征消费税税额=(完税价格+关税税额)÷(1 -消费税税率)×消费税税率

=(765 232.70+382 616.35)÷(1-10%)×10%

=127 538.78（元）

计算增值税税额：

应征增值税税额=(关税完税价格+关税税额+消费税税额)×增值税税率

=(765 232.70+382 616.35+127 538.78)×17%

=216 815.93（元）

（三）滞报金的计算

1. 计算公式

滞报金=进口货物完税价格×0.5‰×滞报天数

进口货物应自装载货物的运输工具申报进境之日起 14 日内向海关申报，未按规定期限向海关申报的，由海关征收滞报金。实际操作中，滞报金的征收，以自运输工具申报进境之日起第 15 日为起征日，以海关接受申报之日为截止日。规定的申报期限内含有星期六、星期天或法定节假日不予扣除，规定的计征起征日如遇有休息日或法定节假日，则顺延至其后的第一个工作日。

2. 计算实例

装载货物的运输工具于 6 月 2 日（周五）申报进境，进出口货物收发货人于 6 月 20 申报，海关于当天接受申报。该批货物的完税价格为人民币 80 000 元。现计算应征的滞报金。

首先确定滞报天数，然后再计算应征收的滞报金。

先算滞报的天数，6月2加上14天，是6月16日（周五），6月16日为申报的截止日。6月17日为滞报的起始日（周六），滞报金的计征起始日如遇法定节假日或休息日，则顺延至第一个工作日。因此计征起始日顺延至6月19日，滞报的起始日和截止日都计入滞报期间。因此6月19日、20日滞报了2天。

滞报金=进口货物的完税价格×0.5‰×滞报天数
=80 000×0.5‰×2
=80（元）

四、滞纳金的计算

1. 计算公式

关税滞纳金金额=滞纳关税税额×0.5‰×滞纳天数

进口环节税滞纳金金额=滞纳的进口环节税税额×0.5‰×滞纳天数

《海关法》规定，进出口货物的纳税义务人，应当自海关填发税款缴款书之起15日内缴纳税款；逾期缴纳的，由海关征收滞纳金。在实际计算纳税期限时，应从海关填发税款缴款书之日的第二天起计算，当天不计入。缴纳期限的最后一日是星期六、星期天或法定节假日，则关税缴纳期限顺延至周末或法定节假日过后的第一个工作日。如果税款缴纳期限内含有的星期六、星期天或法定节假日不予扣除。滞纳天数按照实际滞纳天数计算，其中的星期六、星期天或法定节假日一并计算。

2. 计算实例

某进出口公司进口一批货物，经海关审核其成交价格总值为CIF上海USD4 000.00，已知该批货物应征关税税额为人民币25 260.00元，应征增值税税额为人民币18 123.20元。海关于2017年5月14日填发海关专用缴款书，该公司于2017年6月9日缴纳税款。现计算应征的滞纳金。

首先确定滞纳天数，然后再计算应缴纳的关税和增值税的滞纳金金额。

税款缴款期限为2017年5月29日，5月30日至6月9日为滞纳期，共滞纳11天。

滞纳金计算公式为：

关税滞纳金金额=滞纳关税税额×0.5‰×滞纳天数
=25 260.00×0.5‰×11
=138.93（元）

代征税滞纳金金额=滞纳代征税税额×0.5‰×滞纳天数
=18 123.20×0.5‰×11
=99.68（元）

应缴纳滞纳金总金额=138.93+99.68
=238.61（元）

五、税费减免

进出口税费的减免分为3大类，分别是法定减免、特定减免和临时减免。

（一）法定减免税

法定减免税是按照《海关法》《关税条例》及其他法律法规规定的减免，属于法定减免范围的进出口货物，海关放行后一般不进行后续管理。

下列进出口货物、进出境物品，减征或者免征关税：

（1）关税税额在人民币 50 元以下的一票货物。

（2）无商业价值的广告品和货样。

（3）外国政府、国际组织无偿赠送的物资。

（4）在海关放行前遭受损坏或者损失的货物。

（5）进出境运输工具装载的途中必需的燃料、物料和饮食用品。

（6）中华人民共和国缔结或者参加的国际条约规定减征、免征关税的货物、物品。

（7）法律规定减征、免征关税的其他货物、物品。

（二）特定减免税

特定减免税是指海关根据国家规定，对特定地区、特定用途和特定企业给予的减免关税和进口环节海关代征税的优惠，也称政策性减免税。特定减税或者免税的范围和办法由国务院规定，海关根据国务院的规定单独或会同其他中央主管部门制定具体实施办法并加以贯彻执行。

申请特定减免税的单位或企业，应在货物进出口前向海关提出申请，由海关按照规定的程序进行审理。符合规定的由海关发给一定形式的减免税证明，受惠单位或企业凭证明申报进口特定减免税货物。海关需要对其进行后续管理。

为配合全国增值税转型改革规范税制，自 2009 年 1 月 1 日起，我国对部分进口税收优惠政策进行相应调整。目前实施特定减免税的项目主要有：

（1）外商投资项目投资额度内进口自用设备。

① 根据对外商投资的法律法规规定，在中国境内依法设立并领取中华人民共和国外商投资企业批准证书和外商投资企业营业执照等有关法律文件的外商投资企业，所投资的项目符合《外商投资产业指导目录》中鼓励类或《中西部地区外商投资优势产业目录》列明的产业条目，在投资总额内进口的自用设备及随设备进口的配套技术、配件、备件（以下简称自用设备），除《外商投资项目不予免税的进口商品目录》《进口不予免税的重大技术装备和产品目录》所列商品外，免征关税，进口环节增值税照章征收。

② 下列情况中，所投资项目符合《外商投资产业指导目录》中鼓励类或《中西部地区外商投资优势产业目录》列明的产业条目，在投资总额内进口的自用设备，除《国内投资项目不予免税的进口商品目录》《进口不予免税的重大技术装备和产品目录》所列商品外，可以免征关税，进口环节增值税照章征收，具体如下：

a. 外国投资者的投资比例低于 25% 的外商投资企业；

b. 境内内资企业发行 B 股或发行海外股（H 股、N 股、S 股、T 股或红筹股）转化为外商投资股份有限公司；

c. 外商投资企业向中西部地区再投资设立的外资比例低于 25% 的企业，以及向中西部以外地区再投资设立的企业。

（2）外商投资企业自有资金项目。属于国家鼓励发展产业的外商投资企业（外国投资者的投资比例不低于 25%）、外商研究开发中心、先进技术型、产品出口型的外商投资企业，在企业投资额以外的自有资金（指企业储备基金、发展基金、折旧、税后利润）内，对原有设备更新（不包括成套设备和生产线）和维修进口国内不能生产或性能不能满足需要的设备，以及与上述设备配套的技术、配件、备件，除《国内投资项目不予免税的进口商品目录》《进口不予免税的重大技术装备和产品目录》所列商品外，可以免征进口关税，进口环节增值税照章征收。

（3）国内投资项目进口自用设备。属国家重点鼓励发展产业的国内投资项目，在投资总额内进口的自用设备，以及按照合同随设备进口的技术及配套件、备件，除《国内投资项目不予免税的进口商品目录》《进口不予免税的重大技术装备和产品目录》所列商品外，免征进口关税，进口环节增值税照章征收。

（4）贷款项目进口物资。外国政府贷款和国际金融组织贷款项目，在项目额度或投资总额内进口的自用设备，以及按照合同随设备进口的技术及配套件、备件，除《外商投资项目不予免税的进口商品目录》《进口不予免税的重大技术装备和产品目录》所列商品外，免征进口关税；如对贷款项目进口自用设备，经确认按有关规定增值税进项税额无法抵扣的，还可同时免征进口增值税。

（5）贷款中标项目进口零部件。国际招标活中，国内中标单位为生产中标机电设备而进口国内不能生产或性能不能满足需要的零部件免征进口关税，照章征收进口环节增值税和消费税。

（6）重大技术装备。自2009年7月1日起，对经认定符合规定条件的国内企业为生产国家支持发展的重大技术装备和产品进口规定范围的关键零部件、原材料商品，除《进口不予免税的重大技术装备和产品目录》所列商品外，免征关税和进口环节增值税。

（7）特定区域物资。保税区、出口加工区等特定区域进口的区内生产性基础设施项目所需的机器、设备和基建物资可以免税；区内企业进口企业自用的生产、管理设备和自用合理数量的办公用品及其所需的维修零配件，生产用燃料，建设生产厂房、仓储设施所需的物资、设备可以免税；行政管理机构自用合理数量的管理设备和办公用品及其所需的维修零配件，可以免税。

（8）科教用品。以科学研究和教学为目的，在合理数量范围内进口国内不能生产或者性能不能满足需要的科学研究和教学用品，免征进口关税和进口环节增值税、消费税。

（9）科技开发用品。在2010年12月31日前，在合理数量范围内进口国内不能生产或者性能不能满足需要的科技开发用品，免征进口关税和进口环节增值税、消费税。

（10）无偿援助项目进口物资。我国履行国际条约规定减免税进口。

（11）救灾捐赠物资。对外国民间团体、企业、友好人士和华侨、港澳居民和台湾同胞无偿向我境内受灾地区（限于新华社对外发布和民政部中国灾情信息公布的受灾地区）捐赠的直接用于救灾的物资，在合理数量范围内，免征关税和进口环节增值税、消费税。

（12）扶贫慈善捐赠物资。对境外捐赠人（指中华人民共和国关境外的自然人、法人或者其他组织）无偿向受赠人捐赠的直接用于扶贫、慈善事业的物资，免征进口关税和进口环节增值税。

（13）残疾人专用品。相关单位进口国内不能生产的残疾人专用物品，免征进口关税和进口环节增值税、消费税。

（14）集成电路项目进口物资。我国对集成电路生产企业进口自用生产性原材料及净化室专用建筑材料等实施税收优惠政策，对在中国境内设立的投资额超过80亿元或集成电路线宽小于0.25微米的集成电路生产企业进口自用生产性原材料、消耗品，净化室专用建筑材料、配套系统，集成电路生产设备零、配件，免征进口关税，进口环节增值税照章征收。

(15) 海上石油、陆上石油项目进口物资。凡在我国海洋和特定区域内进行石油和天然气开采作业的项目，进口直接用于开采作业的设备、仪器、零附件、专用工具，依照规定免征进口关税和进口环节增值税。

(16) 进口远洋渔船及船用关键设备和部件。继续对在国内订造、改造远洋渔船进口的船用关键设备和部件，进口少量带有人渔配额的二手远洋渔船，以及进口国内尚不能建造的特种渔船，实施进口税收优惠政策。

(17) 远洋渔业项目进口自捕水产品。对经农业部批准获得《农业部远洋渔业企业资格证书》的远洋渔业企业运回的品种及产地符合要求的自捕水产品执行不征进口关税和进口环节增值税的政策。

此外，国家还根据不同时期的需要制定相关的减免税政策。

（三）临时减免税

临时减免税是指法定减免税和特定减免税以外的其他减免税，是由国务院根据某个单位、某类商品、某个时期或某批货物的特殊情况，按规定给予特别的临时性的减免税优惠。临时性减免税一般实施“一案一批”。

六、税费的缴纳与退补

（一）缴纳方式

纳税方式主要以进出口地纳税为主，也有部分企业经海关批准采取属地纳税方式。进出口地纳税是指货物在设有海关的进出口地纳税。进出口货物进（出）口时纳税人必须向海关申报，海关按照规定的程序查验、放行，纳税人按照规定缴纳税款或办理进出口手续。属地纳税是指进出口货物应缴纳的税款由纳税人所在地主管海关征收，纳税人在所在地缴纳税款。

海关缴纳税款的方式主要有两种：一种是持缴款书到指定银行营业柜台办理税费交付手续（即“柜台支付税费”）；另一种是向签有协议的银行办理电子交付税费手续（即“网上支付税费”）。网上支付税费是指纳税义务人按银行、中国电子口岸数据中心和海关按照网上支付项目管理规定，通过中国电子口岸数据平台办理进出口税费缴纳手续的付税方式。

目前，实行网上支付的税费有：进出口关税、反倾销税及其他特别关税、进口增值税、进口消费税以及缓税利息。网上支付税费银行担保是税费网上支付和税收担保制度的结合，是根据进出口税费担保的有关规定，由银行对纳税义务人在一定时期内通过网上支付方式申请缴纳的进出口税费提供的总担保。

（二）缴纳凭证

1. 进出口关税和进口环节税的缴纳凭证

海关征收进出口货物关税和进口货物进口环节税时，应向纳税人或其代理人填发《海关专用缴款书》(含关税、进口环节税)。纳税人或其代理人持凭《海关专用缴款书》向银行缴纳税款。

海关填发的《海关专用缴款书》第一联为“收据”，由国库收款签章后交缴款单位或缴纳人；第二联为“付款凭证”，由缴库单位开户银行作付出凭证；第三联为“收款凭证”，由收款国库作收入凭证；第四联为“回执”，由国库盖章后退回海关财务部门；第五联为

“报查”，关税由国库收款后将退回海关，进口环节税送当地税务机关；第六联为“存根”，是由填发单位存查。进出口货物收货人或其代理人缴纳税款后，应将盖有“收讫”章的《海关专用缴款书》第一联送签发海关验核，海关凭予办理有关手续。

2. 退补税凭证

（1）退税凭证。海关退还已征收的关税和进口环节税时，应填发《收入退还书（海关专用）》，同时通知原纳税人或其代理人。海关将《收入退还书（海关专用）》送交指定银行划拨款。

（2）补税凭证。海关补征进出口货物关税和进口环节税时，应向纳税人填发《海关专用缴款书》（含关税、进口环节税）。纳税人持凭《海关专用缴款书》向指定银行或开户银行缴纳税款。进口货物收货人或其代理人缴纳税款后，应将盖有“收讫”章的《海关专用缴款书》第一联送签发海关验核，海关凭予办理有关手续。

（3）滞纳金的缴纳凭证。滞纳金缴款书的格式与税款缴款书相同。海关征收进出口货物的关税、进口环节增值税、消费税、船舶吨税等的滞纳金时，应向纳税人或其代理人填发《海关专用缴款书》。纳税人或其代理人应持凭《海关专用缴款书》向银行缴纳税款。

（4）监管手续费的缴纳凭证。海关征收监管手续费时，应向收货人或其代理人填发《海关行政事业收费专用票据》。收货人或其代理人应持凭《海关行政事业收费专用票据》，向海关指定部门或指定银行办理缴款手续。货物收货人或其代理人缴纳监管手续费后，应将盖有“收讫”章的《海关行政事业收费专用票据》交给签发《海关行政事业收费专用票据》的海关，海关凭予核销并办理有关手续。

（三）强制执行

根据《海关法》规定，纳税人或其代理人应当在海关规定的缴款期限内缴纳税款（费），逾期缴纳的由海关依法征收滞纳金。纳税人、担保人超过3个月仍未缴纳税款的，海关可以依法采取强制措施扣缴。强制措施主要有强制扣缴和变价抵扣两种。

1. 强制扣缴

强制扣缴是指海关依法自行或向人民法院申请采取从纳税（费）人的开户银行或者其他金融机构的存款中将相当于纳税人应纳税款的款项强制划拨入国家金库的措施，即书面通知其开户银行或者其他金融机构从其存款中扣缴税款。

2. 变价抵扣

变价抵扣是指如果纳税人的银行账户中没有存款或存款不足以强制扣缴时，海关可以将未放行的应税货物依法变卖，以销售货物所得价款抵缴应缴税款。如果该货物已经放行，海关可以将该纳税人的其他价值相当于应纳税款的货物或其他财产依法变卖，以变卖所得价款抵缴应缴税款。

强制扣缴和变价抵扣的税款含纳税人未缴纳的税款滞纳金。

（四）税款的退补

进出口关税和进口环节税的退补主要有两大方面的原因。一种是由于进出口人的申报或提供的报关单证不实、不清，货物经海关征税放行后再补办减免手续，或原进口减免税货物因故需要移作他用，或者转让、出售等造成的；另一种是海关因工作差错、政策规定本身不明确等造成的。进出口关税和进口环节税的退补税也是一项重要的工作，必须本着“严肃退补”的原则，严格依法办理。

1. 退税的范围

退税是指纳税义务人或其代理人缴纳税款后，由海关依法退还误征、溢征和其他应退还的款项的行为。以下情况经海关核准可予以办理退税手续：

① 已缴纳进口关税和进口环节代征税税款的进口货物，因品质或者规格原因原状退货复运出境的。

② 已缴纳出口关税的出口货物，因品质或者规格原因原状退货复运进境，并已重新缴纳因出口而退还的国内环节有关税收的。

③ 已缴纳出口关税的货物，因故未装运出口，已退关的。

④ 已征税放行的散装进出口货物发生短卸、短装，如果该货物的发货人、承运人或者保险公司已对短卸、短装部分退还或者赔偿相应货款的，纳税义务人可以向海关申请退还进口或者出口短卸、短装部分的相应税款。

⑤ 进出口货物因残损、品质不良、规格不符的原因，由进出口货物的发货人、承运人或者保险公司赔偿相应货款的，纳税义务人可以向海关申请退还赔偿货款部分的相应税款。

⑥ 因海关误征，致使纳税义务人多缴税款的。

2. 退税的期限及要求

纳税人在缴纳税款后发现有以上退税情形的，应在缴纳税款之日起 1 年内，向海关申请退税，逾期海关不予受理。

海关发现多征税款的，应当立即通知纳税义务人办理退还手续。纳税义务人发现多缴税款的，自缴纳税款之日起 1 年内，可以书面形式要求海关退还多缴的税款并加算银行同期活期存款利息。所退利息按照海关填发收入退还书之日中国人民银行规定的活期储蓄存款利息计算，计算所退利息的期限自纳税义务人缴纳税款之日起至海关填发收入退还书之日止。进口环节增值税已予抵缴的除国家另有规定外不予退还。已征收的滞纳金不予退还。

海关应当自受理退税申请之日起 30 日内查实并通知纳税义务人办理退还手续，纳税义务人应当自收到通知之日起 3 个月内办理有关退税手续。退税必须在原征税海关办理。办理退税时，纳税义务人应填写《退税申请表》并持凭原进口或出口报关单、原盖有银行收款章的税款缴纳收据正本及其他必要单证（合同、发票、协议、商检机构证明等）送海关审核，海关同意后，应按原征税或者补税之日所实施的税率计算退税额。

3. 补税的范围、适用税率及期限

（1）追征和补征税款的范围。

① 进出口货物放行后，海关发现少征或者漏征税款的。

② 因纳税义务人违反规定造成少征或者漏征税款的。

③ 海关监管货物在海关监管期内因故改变用途按照规定需要补征税款的。

（2）追征、补征税款的期限和要求。

① 进出口货物放行后，海关发现少征税款的，应当自缴纳税款之日起 1 年内，向纳税义务人补征税款；海关发现漏征税款的，应当自货物放行之日起 1 年内，向纳税义务人补征税款。

② 因纳税义务人违反规定造成少征或者漏征税款的，海关可以自缴纳税款或者货物放行之日起 3 年内追征税款，并按规定加收滞纳金。

③ 海关发现海关监管货物因纳税义务人违反规定造成少征或者漏征税款的，应当自纳税义务人应缴纳税款之日起 3 年内追征，并按规定加收滞纳金。

4. 延期纳税

纳税义务人因不可抗力或者国家税收政策调整不能按期缴纳税款的，应当在货物进出口前向办理进出口申报纳税手续所在地直属海关提出延期缴纳税款的书面申请并随附相关材料，同时还应当提供缴税计划，由海关总署审核批准。

货物实际进出口时，纳税义务人要求海关先放行货物的，应当向海关提供税款担保。延期缴纳税款的期限，自货物放行之日起最长不超过6个月。纳税义务人在批准的延期缴纳税款期限内缴纳税款的，不征收滞纳金；逾期缴纳税款的，自延期缴纳税款期限届满之日起至缴清税款之，日止按日加收滞纳税款0.5‰的滞纳金。

进口汽车的价格构成

任务实施

1. 完成步骤

（1）此任务不分组，学生个人在学习单元一的基础上实施任务。

（2）对第一题进行解析，给予审定的进口关税税额以及说明理由，列出计算过程。

（3）对第二题进行解析，给予审定的出口关税税额以及说明理由，列出计算过程。

（4）对第三题进行解析，给予审定的滞纳天数以及说明理由，列出计算过程。

（5）对（2）～（4）每一个咨询问题做完后，进行交流并进行点评。

（6）提交最终的咨询结果，附上依据，并完成对这次任务的评价。

2. 考评标准（见表5-4）

表5-4 计算进出口税费考评标准表

被考评人							
考评地点							
考评内容	计算进出口税费						
考评标准	内容	形式	分值	自我评价	他人评价	他组评价	教师评价
	咨询结果（税费计算，主要包括关税、滞纳金等），依据充分	电子	70				
	展示过程表现良好（讲解流畅、答辩清晰易懂）	阐述答辩	30				
合计			100				
实际得分							

备注：

1. 实际得分=自我评价得分×20%+他人评价得分×20%+他组评价得分×20%+教师评价得分×40%；
2. 考评满分为100分，60～74分为及格，75～84分为良好，85分以上为优秀。

岗位操作必备知识点

1. 进出口税费的范围
2. 关税概念

3. 进口关税的含义
4. 进口关税的计征方法（从价税、从量税、复合税、滑准税）
5. 出口关税
6. 进口环节海关代征税（增值税、消费税）
7. 税款滞纳金
8. 进口货物完税价格的审定（一般进口货物、特殊进口货物）
9. 出口货物完税价格的审定（出口货物的完税价格、出口货物的成交价格、不计入出口货物完税价格的税收和费用）
10. 价格质疑程序和价格磋商程序
11. 原产地规则的含义
12. 原产地规则的类别
13. 原产地认定标准
14. 原产地申报要求
15. 原产地证明书
16. 税率的实际运用
17. 从价税税款的计算
18. 从量税税款的计算
19. 出口关税税款的计算
20. 滞纳金的计算
21. 税款退还（范围、期限、要求）
22. 税款追征和补征（范围、期限、要求）
23. 加工贸易保税货物缓税利息
24. 税收保全措施
25. 税收强制措施

能力迁移

[实训题一]

1. 下列关于海关征收滞报金的表述，正确的是（　　）。

A. 计征起始日为运输工具申报进境之日起第15日，截止日为海关接受申报之日（即申报日期），起始日计入滞报期间，但截止日不计入滞报期间

B. 滞报金的日征收金额为进口货物完税价格的5‰

C. 滞报金计算至人民币“分”

D. 滞报金的起征点为人民币50元

2. 某公司向国外某出租人以融资租赁的方式承租的一套机械设备，其CIF货值为30万美元，租赁期为3年，每月支付租金1万美元。租赁期满后，又支付给出租方5千美元作为留购该套设备的货款。承租人在货物进口时，申请一次缴清税款，海关以（　　）。

A. 36万美元作为完税价格　　B. 36.5万美元作为完税价格

C. 30万美元作为完税价格　　D. 1万美元作为完税价格

3. 根据中马两国政府的捕捞协议，大连远洋渔业公司的捕捞船在马来西亚所属经济专

属区域捕捞金枪鱼，在停靠菲律宾的港口时，在船上把金枪鱼加工成金枪鱼丝，并在该港通过冷藏集装箱发运到日本，该金枪鱼丝的原产国是（　　）。

A. 马来西亚　　B. 中国　　C. 菲律宾　　D. 日本

4. 兰州某公司从天津新港进口一批货物，在天津新港海关办理进口转关手续，货物由转关运输货物承运人按照海关要求运至兰州并在兰州海关报关进口。在转关通关制度中天津新港被称为（　　）。

A. 进境地　　B. 起运地　　C. 指运地　　D. 转关地

5. 以下关于我国增值税的说法正确的是（　　）。

A. 在我国境内提供加工、修理修配劳务的，增值税率为17%

B. 我国对出口的货物一律按11%的税率征收增值税

C. 对于进口的图书、报纸、杂志，增值税率为17%

D. 对于由残疾人组织直接进口供残疾人专用的物品一律按11%征收

6. 已缴纳出口关税的退关货物，应在缴纳税款之日起向海关书面申请办理退税手续的期限是（　　）。

A. 3个月内　　B. 6个月内　　C. 10个月内　　D. 12个月内

［实训题二］

1. 广西某公司从韩国进口绣花机1台，发票列明：交易单价为CIF南宁100 000美元/台，商标使用费10 000美元，经纪费3 000美元，则海关审定的成交价格是多少？

2. 我国某公司出口货物，成交价格为CIF纽约1 000美元，外汇汇率折算价为1美元=8元人民币，已知运费折合为1 500元人民币，保险费为50元人民币，出口税率为15%，则海关应征关税税额为多少？

3. 某公司进口货物应缴纳关税20 000元、增值税30 000元，海关于2013年4月28日（周五）开出缴纳通知单，该公司于5月18日缴纳，则海关应征收滞纳金为多少？

4. 境内某公司与中国香港某签订进口韩国产的彩色超声波诊断仪1台，直接由韩国运抵上海，成交价格CIF上海10 000美元/台。设外汇汇率折算价为1美元=7元人民币，最惠国税率为5%，普通税率为17%，亚太贸易协定税率为4. 5%，应征进口关税为多少？

5. 境内某公司从中国香港进口中国台湾产的切纸机2台，成交价格CIF上海5 000美元/台。设外汇汇率折算价为1美元=7元人民币，最惠国税率为12%，普通税率为50%，中国—东盟自由贸易协定税率8%，增值税税率为17%，计算应征进口税额是多少？

6. 境内某公司从日本进口按摩器一批，已知该批货物应征关税税额人民币10 000元，进口环节增值税税额为人民币40 000元。海关于2017年3月17日（星期五）填发海关专用缴款书，该公司于2017年4月7日缴纳税款（根据国务院的节假日休假安排，4月2—4日放假公休），应征的税款滞纳金是多少？

参 考 文 献

[1] 海关总署报关员资格考试教材编写委员会．报关员资格全国统一考试教材［M］．北京：中国海关出版社，2010.

[2] 海关总署报关员资格考试教材编写委员会．进出口商品名称与编码［M］．北京：中国海关出版社，2010.

[3] 郑俊田．中国海关通关实务［M］．北京：中国对外经济贸易出版社，2002.

[4] 陈代芬，姜宏．国际物流报关实务［M］．北京：人民交通出版社，2002.

[5] 孙跃兰．海关报关实务［M］．北京：机械工业出版社，2006.

[6] 罗兴武，文妮佳．通关实务［M］．北京：机械工业出版社，2006.

[7] 黄熠．海关通关管理［M］．北京：中国海关出版社，2002.

[8] 郑跃声，孟扬，程卉青．海关法律概论［M］．北京：中国海关出版社，2002.

[9] 徐道文．海关货运监管［M］．北京：中国海关出版社，2002.

[10] 邵铁民，徐兆宏，周和敏，陈大钢，王树清．报关实务手册［M］．上海：上海财经大学出版社，2004.

[11] 肖秋利，李坪．新编报关实务［M］．大连：大连理工出版社，2009.

[12] 胡波．海关报关实训［M］．北京：对外经济贸易大学出版社，2006.

[13] 谢国娥．海关报关实务［M］．上海：华东理工大学出版社，2003.

[14] 温朝柱．进出口商品归类实用训练手册［M］．北京：中国海关出版社，2002.

[15] 李鹏南，孙群，张皖生．海关保税监管［M］．北京：中国海关出版社，2002.

[16] 李鹏南，刘石桥．海关税收管理［M］．北京：中国海关出版社，2002.

[17] 苏州工业园区海关．报关实务一本通［M］．北京：中国海关出版社，2008.

[18] 报关水平测试教材编写委员会．报关基础知识［M］．北京：中国海关出版社，2014.

[19] 报关水平测试教材编写委员会．报关业务技能［M］．北京：中国海关出版社，2014.